J. B. WIND / V. A. GRAGER

Wer mordet schon in Niederösterreich?

Für dich

Herzlichst

Veronika

MORD IM INDUSTRIEVIERTEL! Wie flieh(g)t man aus dem Schatten seines Bruders? Was kann passieren, wenn eine Schülerin nicht von ihrem Lehrer ablässt? Wie kommt eine tote Flugbegleiterin in einen Frachtcontainer? Was macht ein Obdachloser in einem alten Bunker? Wie trifft man sich mit einem Mörder? Wie wird aus Liebe Hass? Diese Fragen und mehr werden in diesem Kurzkrimiband beantwortet. Zwei Autorinnen, »Die Triestingtaler Mordsfrauen«, morden in elf Kurzkrimis von Hainburg bis zum Schneeberg. Das Industrieviertel wird Schauplatz fieser Verbrechen und bietet viele Sehenswürdigkeiten, die man sich nicht entgehen lassen sollte. Die Geschichten sind so unterschiedlich wie die Autorinnen selbst: satirisch, blutig, philosophisch, humorvoll, emotional, psychotisch, ergreifend, aber immer spannend. Freuen Sie sich auf eine todernste Sightseeing-Tour durch eines der schönsten Viertel Niederösterreichs, gewürzt mit viel rabenschwarzem Humor und einem fulminanten satirischen Showdown.

»Die Triestingtaler Mordsfrauen«

Jennifer B. Wind und Veronika A. Grager könnten unterschiedlicher nicht sein, und doch überzeugt das Komplettpaket.

Jennifer, die vor überbordender Ideen ausbricht wie ein Vulkan, Energie in alle Richtungen schleudert und nicht aufhört, bis alle Kraft erschöpft ist.

Fotos: © Manfred Wasshuber

Veronika, mit der Ruhe eines fließenden Stroms, bremst die Eruptionen im richtigen Moment und kühlt den Vulkan auf gemäßigte Betriebstemperatur. Zwischen Hotspot und Cool Water finden sie sich zu einem kreativen Miteinander.

Gemeinsam ist ihnen die Freude am Erfinden mörderischer Storys und daran, Lesungen in fröhliche Events zu verwandeln, indem sie ihre Texte mit kurzen kabarettistischen Einlagen auflockern. Eine Mordsgaudi ist somit garantiert.

Bisherige Veröffentlichungen im Gmeiner-Verlag:
Von Zimtsternen und Zimtzicken (2016)
Wer mordet schon in der Steiermark? (2015)
Als Gott schlief (2014)

J. B. WIND / V. A. GRAGER

Wer mordet schon in Niederösterreich?

11 Krimis und 125 Freizeittipps

GMEINER SPANNUNG

Personen und Handlung sind frei erfunden.
Ähnlichkeiten mit lebenden oder toten Personen
sind rein zufällig und nicht beabsichtigt.

Besuchen Sie uns im Internet:
www.gmeiner-verlag.de

Im Ehnried 5, 88605 Meßkirch
Telefon 07575/2095-0
info@gmeiner-verlag.de

1. Auflage 2016

Lektorat: Claudia Senghaas, Kirchardt
Herstellung: Mirjam Hecht
Umschlaggestaltung: U.O.R.G. Lutz Eberle, Stuttgart
unter Verwendung eines Fotos von: © klammerfranz / photocase.de
Druck: CPI books GmbH, Leck
Printed in Germany
ISBN 978-3-8392-1964-5

INHALT

VORWORT VON GERHARD TÖTSCHINGER

Wer mordet schon in Niederösterreich? Wenn man das Land kennt und liebt, muss man sich sagen – niemand. Wer soll denn schon in solch gesegneter Region auf so teuflische Gedanken kommen? Bitte, vor längerer Zeit, bei den Kueningern auf Aggstein, da ja, und auch im Zuge der Völkerwanderung soll es manche unschöne Szene gegeben haben … Aber heutzutage?

Ja, aber die Realität – nein, danke, mich interessieren die 125 Freizeittipps weit mehr, und wenn 11 Krimis für sie als Zugpferde dienen, auf dass man neugierig werde, naja, dann! Denn jeder »Freizeittipp« ist eine Idee für wache Geister, für Neugierige, für Menschen, die etwas kennen lernen wollen. Ihre Neugier, ihre Spürnase für Kulturelles mag sich treffen mit der Spürnase für Kriminalgeschichten und ihre Lösungen. Und wer in einem schönen Gasthausgarten sitzt, auf die Donau schauen kann, von Zeit zu Zeit, und dazwischen diese 11 Geschichten liest – unendliches Vergnügen!

In Niederösterreich ist es eben schön, blöd nur, wenn man selber mit dem gewissen Rosengärtlein der Burg Aggstein* seine Erfahrungen machen muss!

Zugegeben, ich habe schon auf der Höhe des Semmering gemordet, in einer Sherlock Holmes nachempfundenen Geschichte. In einigen Monaten soll ich wieder so eine

---

* Sein Rosengärtlein nannte Scheck vom Walde, Lehensherr der Burg ab 1423, eine schmale Felsplatte in schwindelnder Höhe. Dort stieß er seine Gefangenen hinaus, so dass ihnen nur die Wahl blieb, entweder Hungers zu sterben oder ihr Leiden durch einen Sprung in die Tiefe zu beenden. Die Platte gibt es heute noch. (Sagen aus Niederösterreich)

Geschichte dem Druck überantworten … Vielleicht bestehle ich diesmal Agatha Christie und ihren »Tod auf dem Nil«. Und schreibe »Tod auf der Thaya«, oder »Tod auf der March«. Viel Vergnügen beim Reisen und Fürchten!

Gerhard Tötschinger
Baden, im März 2016

*

Zur Person:

Der Schauspieler, Regisseur, Moderator und Autor ***Prof. Gerhard Tötschinger*** *wurde 1946 in Wien geboren und war an zahlreichen Theatern in Österreich, Deutschland und der Schweiz als Schauspieler und Regisseur, später auch als Intendant tätig, wie etwa bei den Sommerspielen Perchtoldsdorf. Bekannt wurde er auch durch Auftritte in diversen TV-Serien im ORF und seine Moderation der Abendspielshow »Quiz in Rot weiß rot«. Seit 2009 ist er Mitglied im ORF-Publikumsrat und im ORF-Stiftungsrat und in beiden Programmausschüssen. Seit 2011 Mitglied im Kulturbeirat von ORF III. Gerhard Tötschinger lebt seit 1984 in Wien und Baden / NÖ mit seiner Lebensgefährtin Christiane Hörbiger.*

Er hat zahlreiche Bücher, darunter viele Reiseführer, verfasst. Aktuell: »Vom Schaumburgergrund ins Lichtental«, Amalthea Verlag 2016

EINE SATIRISCHE EINFÜHRUNG VON ANDREAS GRUBER

Wer mordet schon in Niederösterreich? Das dachte ich auch, als ich mit dreizehn Jahren ziemlich naiv von Wien nach Niederösterreich gezogen bin.

Das heißt, nicht ich, sondern meine Eltern sind von einer Wiener Wohnung in ein Haus auf dem Lande übersiedelt – und ich gezwungenermaßen mit ihnen. Und eine der ersten Geschichten, die ich über den Ort Kottingbrunn erfuhr, in dem wir damals lebten, war, dass ein Mann, der gerade ein Haus baute, die Leiche seiner Frau im Fundament der Garagenabfahrt einbetoniert hatte. Das neue Leben auf dem Land versprach spannend zu werden!

Kurz darauf hörte ich aus dem benachbarten Bad Vöslau, dass jemand die Leiche seiner Frau in einem Kanalschacht versenkt hatte. Im Sommer! Und die Nachbarn wunderten sich über den Geruch.

Und über den nächsten Ort Leobersdorf erzählte man sich, dass es dort eine Frau gab, die ihre Kinder in einem Plumpsklo über einer Jauchegrube zur Welt brachte – und nicht bloß nur ein paar!

Ekelhafte Vorfälle, ich weiß. Aber solche Geschichten erzählten sich die Jugendlichen damals. Mittlerweile weiß ich, dass es sich nur um so genannte urbane Legenden handelte, mit denen man uns Kindern Angst einjagen wollte.

Genauso wie die Geschichte von dem Jungen, der im Freibad vom Zehnmeter-Brett gestoßen wurde und einen Bauchfleck ins Becken machte, worauf ihm der Bauch aufplatzte und seine Gedärme im Wasser schwammen.

Urbane Legenden!

Oder doch nicht?

Wer mordet schon in Niederösterreich? Offensichtlich gar nicht so wenige. Jedenfalls ist Niederösterreich – und davon bin ich felsenfest überzeugt – viel morbider, düsterer, unheimlicher und gefährlicher als das niedlich verschlafene Burgenland, die freundliche Steiermark oder das grantig graue Wien.

In Niederösterreich ist die Welt halt noch nie in Ordnung gewesen. Hier werden Großmütter in der Dachkammer ihres Hauses verbrannt, um ans Erbe ranzukommen und gleichzeitig die Versicherungssumme zu kassieren, hier werden Leichen im Wald verscharrt, unliebsame Zeugen über die Felsen der Hohen Wand in die Tiefe gestürzt, Autos mitsamt Insassen in der Donau versenkt oder Menschenteile kurzerhand im Trog an Schweine verfüttert.

Ja, ja … die lieben urbanen Legenden. Ich könnte Ihnen noch viel mehr darüber erzählen, aber ich bin sicher, dass die beiden Autorinnen Veronika A. Grager und Jennifer B. Wind Ihnen bessere und viel spannendere Geschichten auftischen können.

Vieles ist wahr – einiges erfunden. Was, müssen Sie selbst herausfinden.

Allerdings gebürtige Niederösterreicher sind wir alle drei nicht! Jennifer B. Wind wurde in Leoben geboren und wuchs in der Steiermark auf, und Veronika A. Grager kam – wie ich – in Wien zur Welt.

Offensichtlich hat uns der Hang zum Morbiden nach Niederösterreich gezogen, wo wir heute mit unseren Familien und Haustieren sesshaft sind. Wir sind *Zugereiste*, ›Zuagraste‹ wie man auf dem Land so schön sagt. Touristen des Makabren, Biografen des Morbiden, Literaten des Kriminellen, die sich in die Höhle des Löwen gewagt haben, um dort vor Ort zu recherchieren und aus erster Hand neuen Stoff für unsere Geschichten zu schöpfen.

Es wurde längst Zeit, diesen kriminellen Reiseführer zu schreiben.

Ich wünsche Ihnen viel Spaß und schlaflose Nächte.

Ihr
Andreas Gruber
Grillenberg, im März 2016

*

Zur Person:

***Andreas Gruber**, geboren 1968 in Wien, lebt als freier Autor mit seiner Frau und fünf Katzen in Grillenberg in Niederösterreich. Er ist Erfinder der Maarten S. Sneijder-Reihe Todesfrist, Todesurteil und Todesmärchen. Seine Bücher wurden nominiert für den Leo Perutz Krimi-Preis der Stadt Wien und den Friedrich Glauser Krimi-Preis des Syndikats, und er ist dreifacher Gewinner des Deutschen Phantastik Preises.*

Weitere Infos: www.agruber.com oder www.facebook.com/Gruberthriller

NIEDERÖSTERREICH

Niederösterreich ist mit 19.186 Quadratkilometern das größte der neun Bundesländer Österreichs, hat fast so viele Einwohner wie Wien, nämlich 1,65 Millionen (zum Vergleich: Wien hat 1,8 Millionen).

St. Pölten ist seit 1986 die Landeshauptstadt und Sitz der Landesregierung. Vor 1986 hatte Niederösterreich keine eigene Hauptstadt, der Sitz der Landesregierung befand sich in Wien.

Das Bundesland Niederösterreich ist in vier Viertel geteilt: das Weinviertel, das Mostviertel, das Waldviertel und das Industrieviertel.

Aus dem Weinviertel stammen, wie der Name schon sagt, rund zwei Drittel der österreichischen Weine.

Im Mostviertel gibt es zahlreiche Obstverwertungsbetriebe. Hier befindet sich auch die Landeshauptstadt St. Pölten.

Der Hauptwirtschaftszweig des Waldviertels ist die Forstwirtschaft. Hier liegen auch viele Erholungsgebiete und Wanderstrecken.

Das Industrieviertel ist eine industrielle Kernzone Österreichs und gleichzeitig das Thermenland Niederösterreichs.

Im vorliegenden kriminellen Freizeitplaner finden Sie Kurzkrimis, die in diesem Viertel spielen. Trotz des wenig einladenden Namens ist es keineswegs so, dass sich in diesem Viertel ein Fabrikschlot neben den anderen reiht, im Gegenteil: Das Industrieviertel bietet viele tolle Sehenswürdigkeiten, kulturelle Veranstaltungen und Erholungsgebiete, die Sie im folgenden Band kennenlernen werden. Aber zuerst erfahren Sie noch etwas mehr über das Industrieviertel.

DAS INDUSTRIEVIERTEL

Die frühe Industrialisierung, die schon 1783 in der Gegend unter dem Wienerwald den Schwerpunkt der Wirtschaft bildete, gab dem Industrieviertel seinen Namen. Aufgrund der günstigen Standortfaktoren – das Vorhandensein der Rohstoffe Holz, Eisen und Kohle, der Energiequelle Wasserkraft sowie des Absatzmarktes der nahen Großstadt Wien – siedelten sich hier vermehrt Industrien an.

Die beiden Weltkriege hinterließen schwere Schäden im Industrieviertel, das nach dem Zweiten Weltkrieg der sowjetischen Besatzungszone angehörte. Die Sowjets beschlagnahmten zahlreiche Unternehmen und gliederten sie in die USIA–Betriebe ein. Im Zuge dessen wurden etliche Maschinen und ganze Fabriken komplett abmontiert, um sie in der Sowjetunion wieder aufzubauen.

Noch heute sind einige Industriezweige hier beheimatet. Vor allem entlang der Thermenlinie wurden nach 1955, nach dem Ende der sowjetischen Verwaltung der USIA, viele kleine und größere Industriezentren aufgebaut, wie beispielsweise das Industriezentrum Niederösterreich Süd von Eco Plus. So sind auch Betriebe aus der Stadt Wien als Erstes in diesen Bereich übersiedelt. Das führte dazu, dass der Bezirk Mödling, obwohl der kleinste Bezirk im Bundesland, das höchste Steueraufkommen in Österreich besitzt. Außerdem haben sich viele wohlhabende Wiener im sogenannten ›Speckgürtel‹ rund um Wien angesiedelt. Neben dem Bezirk Mödling ist der Bezirk Baden deshalb der reichste in Niederösterreich mit den höchsten Mieten.

Trotz des wenig einladenden Namens birgt das Industrieviertel auch viele Sehenswürdigkeiten und begehrte Ausflugsziele, vor allem für Wiener Familien, die aufgrund der Nähe zu Wien besonders die Wochenenden für einen Ausflug nach Niederösterreich nutzen. Ein beliebtes Ziel ist die Hohe Wand, die besonders für Familien mit Kindern sehr viele Möglichkeiten bietet, etwa einen Streichelzoo oder Lama-Wanderungen. Oder der Schneeberg, der mit 2.075 Metern der höchste Berg Niederösterreichs ist und dessen Quellgebiet gemeinsam mit dem der Rax das wunderbare Wiener Hochquellwasser für die Bundeshauptstadt liefert. Antike Ausgrabungen belegen, dass es hier entlang der Donau schon vor mehr als 2000 Jahren bedeutende Ansiedlungen gab.

Viele der Sehenswürdigkeiten und Ausflugsziele des Industrieviertels wollen wir im Folgenden vorstellen.

Wir freuen uns, dass Sie uns auf die kriminelle Reise durch das Viertel begleiten, und wünschen Ihnen gute Unterhaltung!

FLIEGEN UND FALLEN

FLIEG!

Von Veronika A. Grager

Seit mein Bruder Florian auf der Welt war, nervten meine Eltern mich damit, ihn überallhin mitzunehmen.

»Harry, du als der Ältere musst auch ein wenig Verantwortung für ihn übernehmen«, hieß es dann regelmäßig. *Wie komm ich dazu?* Wollte *ich* den Blödmann, der sich die ersten Jahre buchstäblich an meine Hosenbeine krallte und überall im Weg stand? Nein! Meine Eltern hatten beschlossen, ein weiteres Kind zu bekommen. Na fein, dann sollten sie sich auch darum kümmern!

Sie hatten es nicht getan, damals nicht und heute war noch immer ich derjenige, der sich um *den Kleinen* kümmern sollte. Nur war der inzwischen 17 Jahre alt und ein unkalkulierbares Risiko für sich und die Umwelt. Er wäre ein guter Schüler gewesen, hätte er wenigstens in der Schule aufgepasst. Er war nämlich intelligent. Aber faul, hinterhältig und mit allen Lastern behaftet, die der Teufel auf die Erde gebracht hat. Rief ich ihn zur Ordnung, konnte ich mir anhören: »Lass mich in Ruhe, du bist nicht mein Vater.« Oder: »Hör auf. Du gehst mir auf die Nerven!«

Und was taten meine Eltern dagegen? Sie seilten sich ab. Schoben die Verantwortung für den Nachzügler immer mehr mir zu. Seit Jahren fühlte es sich für mich so an, als wäre ich mit neun Jahren Vater geworden. *Unnatürlich ist das!*

In den letzten zwei Jahren wurde es immer ärger. Florian soff, nahm Drogen, blieb nächtelang fern von zu Hause, und wenn er da war, schlief er oder brüllte rum und verwüstete das Haus. Ich hatte mir längst abgewöhnt, ihn wegen irgendwelcher Kleinigkeiten zur Rede zu stellen. Aber hin und wieder riss auch mir der Geduldsfaden. »Verpiss dich, du Streber!«, war noch das Netteste, was ich mir dann anhören konnte. Wenn er betrunken oder zugekifft war, fielen auch schon mal die Worte: »Ich wollte, du wärst tot!«

Und *ich* wollte, *du* wärst nie geboren worden.

Unsere Eltern bekamen von all dem kaum etwas mit. Wie auch? Sie waren ja nie zu Hause. Vater arbeitete bei einer EU-Behörde in Brüssel und kam nur jedes zweite Wochenende heim, manchmal auch nur alle vier Wochen. Mutter war Leiterin einer kleinen Bankfiliale in Wien. Wir wohnten jedoch nahe Wiener Neustadt. Sie wollte nicht täglich pendeln und übernachtete unter der Woche in ihrer kleinen Garçonnière in Wien. Harry war ja da – das Kindermädchen vom Dienst. Und wenn sie mal mitkriegten, dass Zoff in der Luft lag, dann – wie könnte es anders sein – folgte nicht etwa ein Ordnungsruf an den kleinen Idioten. Es hieß vielmehr: »Ach Harry, sei doch nicht so streng mit Florian. Er ist doch noch ein Kind!«

Ach nein, wie konnte mir das entgehen? In seinem Alter war ich schon seit acht Jahren Vater und Mutter gleichzeitig gewesen. Ich durfte nie Kind sein! Woher sollte ich wissen, was ein Kind sich an Freiheiten nehmen durfte und was nicht?

Ich war 26, und seit Florian meine Freundin flachgelegt hatte, war es vorbei mit meinem letzten Goodwill. Susi war ein nettes Mädchen, wenn auch nicht gerade Einstein junior. Aber sie hielt es aus, wenn ich oft nicht weg konnte, weil ich hinter meinem Arschloch von Bruder herrennen musste, wenn er wieder mal auf der Polizeistation gelandet war. Betrunken Leute angepöbelt hatte. Oder mein Auto geklaut hatte und gegen einen Baum gefahren war. Zugekifft gegen das Portal eines Geschäftes gepinkelt hatte. Ich musste all meinen Charme, den Einfluss meines Vaters und alle möglichen und unmöglichen Ausreden ins Spiel bringen, um den Blödmann wieder freizukriegen. Zum Dank spuckte er mir ins Gesicht und deckte mich mit einer Flut unflätiger Ausdrücke ein, die ich noch nie im Leben gehört hatte. Ich wollte gar nicht wissen, wo er die aufgeschnappt hatte.

Erstaunlich war nur, was passierte, wenn meine Eltern gelegentlich zu Hause waren. Dann spielte er ihnen eine oscarreife Vorstellung des braven Söhnchens vor. Beklagte sich darüber, wie streng der große Bruder immer sei. Und ich konnte mir noch anhören, ich sollte doch ein wenig Verständnis zeigen. Ich wäre ja auch einmal jung gewesen. War ich nicht! Ich hatte keine Jugend. Ich war Vater, Mutter, Bruder, Erzieher, Kindermädchen, Köchin und Putzfrau für den irren Florian.

Und dann hatte er irgendwie Susi herumgekriegt. Keiner von beiden hatte mir etwas gesagt. Doch die Blicke, die sie wechselten, ihr gemeinsames Kichern hinter meinem Rücken, all das sprach Bände. Es war nicht so, dass dieses Mädchen meine große Liebe gewesen wäre. Aber sie war lieb, frech, unkompliziert und hatte viel Verständnis dafür, dass ich nicht immer für sie da war. Zudem war sie nicht eine von denen, die dauernd mit ihren Freundinnen chatten mussten und ununterbrochen auf dem Handy herumtippten. Ihre Kleidung bestand aus Jeans und T-Shirt, und sie trug kein Make-up. Nur Lipgloss. Die Haare naturblond. Susi war einfach ein ganz tolles Mädchen für einen Jungen wie mich. Sie forderte nie etwas ein. War stets bereit, sich meinem Zeitplan anzupassen. Ich hatte allerdings zwei Dinge übersehen. Erstens: Ich hätte nie gedacht, dass sie in das Beuteschema meines Bruders passte. Sie wirkte gegen die Tussis, die er sonst anschleppte, viel zu bieder. Zweitens hätte ich nie geglaubt, dass sie sich mit diesem Lügenbold und Versager einlassen würde. Sie wusste ja von mir, wie oft ich ihn irgendwo rauspauken musste. Wie er mich verhöhnte und beschimpfte, statt ein klein wenig Dankbarkeit zu zeigen. Ja, mein Fehler. Ich wusste genau, wie er jemanden umgarnen konnte, wenn er etwas erreichen wollte. Ich hätte Susi warnen müssen.

Als unsere Eltern, die zufällig beide am Wochenende zu Hause waren, einen Ausflug auf die Hohe Wand [1] vorschlugen, begann ich Pläne zu schmieden. Die Alten fuhren mit dem Auto über die Mautstraße hinauf und nahmen unsere Ausrüstung mit. Wir bezwangen die steile Wand mit Kletterseil und Haken. Vielleicht ergab sich eine Möglichkeit, Florian abstürzen zu lassen. Falls nicht, kam Plan B zum Zug.

Ich kletterte voraus und lockerte unauffällig einen Sicherungshaken, den Flo nach mir benutzen würde. Doch der Irre hakte das Sicherungsseil aus und kletterte Freestyle nach oben. Den anderen Kletterern in der Wand blieb vermutlich das Herz stehen. Meines raste freudig. Ich hoffte inständig, dass sich sein beschissener Lebenswandel endlich einmal rächen würde und er mit der Hand keinen Halt bekam oder sein Bein wegrutschte. Doch nichts davon geschah. Als ich oben ankam, lag er in der Sonne und maulte: »Dachte, du kommst überhaupt nicht mehr. Hast keine Kondi, oder?« Ich ersparte mir jede Antwort. Abgesehen davon, dass mir nichts einfiel, war ich ohnehin außer Atem. Was mich zusätzlich schwer verärgerte. Ich rollte mein Seil auf, warf es über die Schulter und hängte die Haken an den Gürtel.

»Gehen wir. Die Alten warten sicher schon beim Skywalk [2].«

»Und Papilein ist vermutlich schon gewaltig hungrig vom Autofahren.« Flo grinste schief.

»Wohin fahren wir zum Mittagessen?«, war daher die erste Frage, die Florian an die Eltern richtete, als wir bei dem Parkplatz ankamen.

»Ins ›Kohlröserlhaus‹ 3. Ich möchte einen Blick auf die Steinsammlung werfen«, antwortete Mutter. Das hieß im Klartext, dass sie wieder eine Anzahl verschiedener Mineralien und Halbedelsteine mit nach Hause schleppen würde. Als hätte sie nicht schon Laden voller Schmuck. Aber das Essen war hier ausgezeichnet, und von der Terrasse hatte man einen wundervollen Panoramablick ins Tal. Es sprach daher nichts gegen das Restaurant.

Der Weg führte uns vorbei am Alpin- und Heimatmuseum 4. Ich war noch nie drinnen gewesen. Es interessierte mich auch nicht. Ich hing nicht an der Vergangenheit, schon gar nicht an der, die ich gar nicht erlebt hatte. Ich träumte eher von einer Zukunft. Ohne Florian.

Irgendwo beim Tiergehege 5 gab es einen Streichelzoo und einen Erlebnispfad für Kinder. Dort konnte man auch kleine Touren mit Lamas buchen 6. Hatte ich vor Jahren mit Flo absolviert. Ein wahrer Albtraum. Denn als ihn eines von den Lamas anspuckte, rastete er völlig aus. Er trat das Tier gegen die Beine und riss an dessen Schwanz. Das Lama keilte aus und traf ein weiteres Tier sowie den Führer. Panik brach aus. Die Tiere rasten wild durch die Gegend. Der Tourführer wälzte sich vor Schmerzen am Boden. Alle Kinder schrien, und die Erwachsenen riefen nach der Polizei. Ich tat das, was ich damals für richtig hielt: Ich packte Flo am Kragen und schleppte ihn davon. Sobald er sich etwas beruhigt hatte, lachte er wie ein Irrer. »Hast du gesehen, wie die alle durcheinander gerannt sind? Die Gesichter? Herrlich!«

Im Nachhinein gesehen hätte ich warten sollen, bis die Polizei gekommen war. Möglicherweise hätten sie Flo mitgenommen, und er hätte im zarten Alter von elf Jahren schon einmal einen ordentlichen Schuss vor den Bug gekriegt. Vielleicht wäre dann alles anders gekommen? Wer weiß das schon.

Einen Kalkofen und einen Kohlenmeiler sollte es in der Nähe des Museums geben. Da wurden das Brennen von Kalk und die Herstellung von Holzkohle gezeigt. Beides wurde heute nicht mehr hergestellt. Zumindest nicht so. Also wozu sollten wir uns das ansehen? »Weil es eine alte Tradition ist«, würde unser Vater dazu sagen. Als könnte mir das helfen, nach meinem Studium einen Job zu bekommen. Ich habe Jura studiert nach meinem Wehrersatzdienst beim Roten Kreuz. Bin in der kürzesten Studienzeit fertig geworden. Und suchte seither Jahr für Jahr einen Job. Im Staatsdienst gab es Aufnahmestopp. In der Privatwirtschaft wollte man spezialisierte Anwälte, die sich mit internationalem Patentrecht oder Finanztransaktionsrecht auskannten. Dazu wären ein paar Auslandssemester Postgraduate studies an einer namhaften Universität sinnvoll gewesen.

»Das geht nicht, Schatz«, hatten meine Eltern unisono erklärt. »Wer soll denn dann auf Flo aufpassen?«

»Ihr, verdammt noch mal. Er ist euer Sohn, nicht meiner!« Natürlich hatte ich das nicht gesagt, aber ich war nahe dran. Und so gab ich Nachhilfestunden in Englisch und Mathematik, damit ich ein wenig eigenes Geld hatte.

Wobei es an Geld bei uns nie gemangelt hatte. Unsere Eltern stammten aus gut situierten Familien und verdienten selbst jede Menge. Aber ich wollte nicht immer von ihnen abhängig sein. Und ich wollte endlich *mein Leben* leben. Nicht das, was davon übrig blieb, wenn mein unnützer Bruder endlich erwachsen war. Falls er das überhaupt je werden würde.

Beim Essen saß ich als Einziger so, dass ich nicht die wunderbare Aussicht genießen konnte. Den besten Platz hatte, natürlich, Flo ergattert. Mutter und Vater zu beiden Seiten. Da blieb für mich nur mehr der Stuhl mit dem Rücken zum Tal. Ich kochte. Sie hatten es sich ja wieder mal alle fein gerichtet. Und der blöde Harry kriegte, was übrig blieb. Aber das alles würde sich bald ändern.

Nach dem Essen wollte Vater unbedingt zum Aussichtsturm **7**. Mutter hing eine Stunde in der Mineraliensammlung herum und trug einen Sack voll Halbedelsteine und was weiß der Kuckuck noch ins Auto, als sie endlich fertig war. Sie wollte unbedingt auf den Felsenpfad unterhalb des ›Kohlröserlhauses‹.

»Aber bitte schnell. Am Nachmittag ist der Aufwind am besten«, drängte ich.

Diesmal stand mir sogar Flo bei. »Je später wir wegfliegen, desto schneller sind wir unten. Da zahlt es sich dann gar nicht mehr aus. Also bitte macht Tempo.«

Mutter verzichtete großzügigerweise auf ihren Spaziergang. Was an sich nicht so bemerkenswert war, denn sie war sicher schon sechs Mal dort herumgestiefelt. Und es gab nichts zu sehen als den nackten Fels und eine kleine Höhle. Es war mir unverständlich, was einen dazu bringen konnte, sich das mehr als einmal zu geben.

Während unser Vater schnaufend den Turm hochkletterte und Mutter interessiert die Blumen am Wegesrand betrachtete – es handelte sich dabei allerdings um hochgiftige Tollkirschen, deren Blüten aber wie wunderschöne seltene Glockenblumen aussahen – begann sich in meinen grauen Zellen ein Plan C zu formieren. Ich steckte ein paar schwarze Früchte der Pflanze in meine Hosentasche. Nur für den Fall, dass Plan B schiefgehen sollte. Was allerdings nicht zu erwarten war.

Endlich langten wir auf dem Absprungplatz für die Paragleiter **8** an. Bis wir alles Zeug aus dem Auto geladen und uns mit den Goretexanzügen adjustiert hatten, war es kurz vor 16 Uhr. Flo entrollte seinen blau-weißen Schirm und schlüpfte in das Gurtzeug. Ich tat dasselbe mit meinem weißen, der in der Mitte eine rote Blume trug. Von Weitem sah er aus wie die Fahne von Nippon. Der Wind war gut, wir brauchten keinen langen Anlauf.

Flo blickte zu mir rüber. »Fertig, Harry?«

Ich zeigte ihm den erhobenen Daumen. »Wer als Erster unten ist, zahlt eine Runde.«

Florian lachte übermütig. »Also du!«

Wer zuletzt lacht, lacht am besten, dachte ich. Laut sagte ich: »Auf drei! Eins, zwei, …«

»Flieg!«, rief Florian und rannte los. Ich zuckelte hinterher. War ohnehin klar gewesen, dass er sich nicht an die Spielregeln hielt. Wie immer.

Der Wind erfasste seinen Schirm kurz vor meinem, und er hob sanft ab. Drehte eine Schleife Richtung Skywalk und stieg langsam höher. Ich folgte mit kleinem Abstand.

Ich bin gut in Mathematik, erwähnte ich das schon? Ich habe eine halbe Nacht getüftelt, wie ich die Leinen an Flos Schirm so manipulieren konnte, dass sie das Abheben problemlos überstanden, aber bei einem seiner waghalsigen Flugmanöver unter Belastung reißen mussten. Am Nachmittag, als Florian mit Susi losgezogen war, angeblich ins Bad, in der Realität aber wahrscheinlich zu ihr nach Hause, um mich einmal mehr zu hintergehen, schützte ich Nachhilfestunden vor. Ich nahm seinen Schirm, legte ihn im Garten aus und präparierte die Leinen, die dazu bestimmt waren, der Belastung nicht standzuhalten, und ihn nicht nur sehr schnell zu Tal, sondern auch vom Leben zum Tod zu befördern. Dann legte ich den Gleitschirm gewissenhaft wieder so zusammen, wie er das üblicherweise tat. Stopfte ihn in den Sack und verstaute ihn in der Rumpelkammer.

Und nun schraubte er sich höher und höher. Bald, sehr bald, müsste es passieren. Flo beschrieb eine enge Kurve. Kam ein wenig ins Trudeln, fing sich wieder, schmierte ab, fing sich erneut. Hatte ich zu wenig an den Seilen herumgeschnippelt? Das konnte nicht sein. Ich hatte alles genau berechnet. Sein Gewicht. Die Kraft des Windes. Es konnte doch gar nicht schiefgehen!

Tat es auch nicht. Denn jetzt begann er in eine Abwärtsspirale zu rutschen, aus der es kein Entkommen mehr gab. Lachend beobachtete ich seinen Absturz. Eine Böe erfasste mich, und ich musste austarieren. Da hörte ich ein peitschendes »Pling« und mein Schirm sackte nach links ab. Was war denn das? Gleich danach fing ich mich wieder. Schweiß trat auf meine Stirn, das Herz raste. Mit einem Blick nach oben überzeugte ich mich, dass ich nicht irrtümlich Florians Paragleiter erwischt hatte. Nein, Gott sei Dank, über mir grüßte die rote Blüte. Und doch schüttelte mich gleich darauf ein weiteres »Pling« wie von einem reißenden Seil aus meiner kurzzeitig gewonnenen Ruhe. Gefolgt von weiteren »Plings« und meinem Abschmieren über links.

Dieses verdammte Arschloch von Bruder hatte meinen Schirm präpariert! Während ich mich immer schneller abwärts drehte, blieb mir nur eine Genugtuung: Das Schwein würde vor mir aufschlagen und der Welt Adieu sagen.

1 Die Hohe Wand

Die Hohe Wand im südlichen Niederösterreich gehört zu den Gutensteiner Alpen und ist ein karstiges Hochplateau von acht Kilometern Länge. Die 1.135 Meter Hohe Wand kann man über eine Mautstraße befahren. Oder das Auto am Fuß stehen lassen und über eine Kletterwand, einen der Klettersteige oder die zahlreichen Wanderwege die Höhe erklimmen. Insgesamt 100 Kilometer markierte Wege stehen dem Wanderer zur Verfügung. Die Hohe Wand beherbergt einen Naturpark mit Wildtiergehege, Streichelzoo und Kinderspielplatz sowie einem Erlebnispfad für Kinder. Hier werden auch regelmäßig Wanderungen mit Alpakas und Lamas angeboten. Bei der Mautstation bekommen Sie einen Lageplan, wo sämtliche Angebote und Gasthöfe eingezeichnet sind. Der große Vorteil des Hochplateaus der Hohen Wand ist, dass fast alle Wege relativ eben und dadurch auch für Rollstuhlfahrer und Kinderwagen geeignet sind.

2 Skywalk

Die Aussichtsterrasse im Naturpark bietet eine besondere Attraktion. Sie ist über den Abgrund hinausgebaut. Man sieht bei gutem Wetter nicht nur kilometerweit ins Land, sondern blickt durch das Laufgitter auch 120 Meter in die Tiefe. Die Pkws auf dem Parkplatz am Fuße der Wand sehen aus wie Matchboxautos. Wenn Sie Glück haben, können Sie auch Kletterer auf ihrer mühsamen Tour nach oben beobachten. Tipp: Halten Sie Brillen, Schals oder Hüte bei Wind gut fest.

3 Kohlröserlhaus und Felsenpfad

Der Gasthof in 900 Meter Höhe, der seit 1935 besteht, bietet seinen Gästen nicht nur eine ausgezeichnete Küche und einen herrlichen Blick von der Terrasse. Man findet hier neben prähistorischen Funden aus der Einhornhöhle auch eine der größten privaten Mineraliensammlungen Österreichs. Die Exponate aus der ganzen Welt sind während der Öffnungszeit des Gasthofes zu besichtigen. Vieles kann auch käuflich erworben werden.

Unterhalb vom Kohlröserlhaus führt ein an den steil abfallenden Fels geschraubter Stahlweg mit gut 200 Stufen zu einer kleinen Höhle. Für Leute, die nicht klettern können, eine Gelegenheit, den Fels hautnah zu erleben. Sie sollten schwindelfrei sein, wenn Sie sich dort hinauswagen.

4 Alpin- und Heimatmuseum

Das ehemalige Wiener Neustädter Haus wurde 1926 von den Naturfreunden als Ferienlager errichtet. Seit 1987 ist es im Besitz der Gemeinde Hohe Wand und wurde zum Museum aus- und umgebaut. Hier werden nicht nur die Besonderheiten des Naturparks Hohe Wand gezeigt, es finden auch immer wieder Sonderausstellungen statt.

5 Tiergehege, Streichelzoo, Erlebnispfad für Kinder

In den Tiergehegen kann man Hirsche, Steinböcke und Rentiere in ihrer natürlichen Umgebung beobachten. Außerdem findet man hier Lamas und Alpakas, mit denen auch Wanderungen und Walderlebnisführungen angeboten werden.

Haben Sie schon mal ein Hängebauchschweinchen gestreichelt? Hier im Streichelzoo kann man das tun.

Aber auch Hasen, Zwergziegen, Esel und Ponys warten auf verschmuste Kinder (und deren Anhang). Parkplatz Naturpark Tiergehege.
Neben einem Erlebnisspielplatz mit einem Berg samt Rutsche darin lockt hier ein Kindererlebnisweg. Bunte Steine markieren den Kindern den Weg. Wetten, da wird keinem langweilig?
Kalkofen und Kohlenmeiler in Betrieb zu sehen, ist sicher nicht alltäglich. Das Kalkbrennen und die Herstellung von Holzkohle waren durch viele Jahrzehnte wichtige Einnahmequellen für die Bewohner der Hohen Wand.

6 **Wandern mit Lamas und Alpakas**

Die Tiere sind so zahm, dass die Kinder sie wie ein Hündchen an der Leine führen können. Zudem tragen sie auch das Gepäck. Die Lamas und Alpakas sind auch beliebte Fotomotive. Sie bezaubern schon allein wegen ihrer lustigen ›Frisuren‹. Die Tour dauert 1 ½ Stunden und findet jeden ersten Sonntag im Monat statt.

7 **Aussichtsturm**

Vom 18 Meter hohen Aussichtsturm sieht man nicht nur auf der einen Seite die eindrucksvolle Bergwelt, Schneeberg inklusive, sondern bei klarer Sicht auf der anderen Seite bis zum Neusiedler See. Ein ganz einmaliges Erlebnis und Fotomotiv können Sie hier im Herbst finden: Wenn unten im Tal Nebel liegt, Sie in der Sonne stehen und nur einige Erhebungen oder Baumwipfel aus dem Nebelmeer aufragen. Erinnert an die berühmten Nebelfotos des Chinesen Wang Wuscheng. (Der in China und Japan sehr bekannte zeitgenössische Kunstfotograf Wang setzte sich in faszinierenden Schwarz-

Weiß-Fotos mit einer der schönsten Landschaften Chinas, dem Huangshan-Gebirge, auseinander.)

8 **Absprungplatz für Gleitschirmflieger**

Der Traum vom Fliegen ist wahrscheinlich so alt wie die Menschheit. Nicht weit entfernt vom Skywalk liegt eine leicht abschüssige Wiese. Dass es sich um eine Start- und Landebahn für Paragleiter handelt, sieht man schon an den im Wind flatternden bunten Bändern. Und an den farbigen Schirmen, die sich darüber in den Himmel schrauben. Für alle, die gerne fliegen würden, es aber noch nicht können, gibt es die Flugschule ›Fly Hohe Wand‹ beim Gasthof Postl.

MARISA

Von Jennifer B. Wind

Vor zwei Tagen haben sie Marisa in einem Cargo-Container – einer silbernen Box, in der verschiedene Fracht in Flugzeugen befördert wird – am Flughafen Wien-Schwechat gefunden. Vermutlich lag sie bereits zwei Wochen dort. Die regionalen Tageszeitungen berichteten von dem Fund.

Marisa war meine Mitbewohnerin. Sie teilte die Wohnung mit mir, die gleich neben dem ›Museum für Fotografie‹ [9] in Fischamend [10] lag. Ich hatte Marisa auf ihrem ersten Flug kennengelernt. Damals war ich schon drei Jahre bei Relax-Air und wurde Marisa zur Seite gestellt, um ihr bei der Eingewöhnung in der Kabine zu helfen.

Die jungen Mädchen kamen anfangs mit hohen Erwartungen an Bord, die Theorie brav im Gehirn eingemeißelt, um dann festzustellen, dass doch alles anders war, als sie es sich vorgestellt hatten. Hunderte von Anwärterinnen waren an der Praxis gescheitert. Viele Mädchen hatte ich kommen und bald wieder gehen sehen.

Marisa war vom ersten Tag an die perfekte Flugbegleiterin. Nie stellte sie das falsche Essen vor einen Passagier, keine Tasse fiel ihr vom Tablett – auch nicht bei den schlimmsten Turbulenzen. Ihre Arbeit erledigte sie gewissenhaft und ordentlich, niemals machte sie einen unsicheren oder unbeholfenen Eindruck. Selbst in Notsituationen behielt sie einen klaren Kopf und war nach zwölf Stunden noch freundlich und höflich. Keine Haarsträhne löste sich aus ihrer Frisur und fiel ihr ins Gesicht, wie es mir oft passierte. Ihr Make-up war stets so, als käme sie soeben von der Kosmetikerin. Sie trug nie Parfum und roch immer angenehm frisch nach Seife und Shampoo.

Einen Griesgram vermochte sie innerhalb einer halben Stunde in einen völlig anderen Menschen zu verwandeln.

Sie hatte auch mich verändert.

Ich bin auf dem Weg zum Leichenschauhaus, um Marisa zu identifizieren. Die Polizei hat keine Papiere oder Ausweise bei der Leiche gefunden. Marisa hat keine Verwandten in unserem Land. Ihre DNA ist in keinem System gespeichert. Nicht einmal Zahnunterlagen gibt es von ihr. Sehr mysteriös, wie ich finde, und der Polizei dürfte es nicht anders gehen.

Nie hat Marisa über ihre Heimat oder ihre Familie erzählt, und ich habe sie nie danach gefragt. Das ist nicht ungewöhnlich. Mich interessieren andere Menschen nur bedingt, am liebsten sitze ich alleine in meinem Zimmer und lese oder male, wenn ich nicht gerade in fremden Ländern mit dem Mietwagen herumkurve und nach einsamen Plätzen Ausschau halte, den Skizzenblock immer dabei und eine leichte tragbare Feld-Staffelei, die man klein zusammenklappen kann. Schon als Kind tat ich mich schwer, Freunde zu finden oder sie zu halten. Irgendwie war es mir egal im Gegensatz zu meiner Mutter, die sich Sorgen machte und mich von Arzt zu Arzt schleppte. Die fanden nie etwas, denn es machte mir großen Spaß, mit Erwachsenen zu diskutieren. Mutter hatte irgendwann genug von den Scharlatanen, wie sie sie nannte, die ihrer Tochter Hochbegabung diagnostizierten und ihr damit aufzeigten, dass sie mich einfach nicht verstand. Als eine andere Ärztin die Möglichkeit des Asperger-Syndroms in Betracht zog, war Mutter endlich glücklich. Ich war einfach nicht normal. Damit konnte sie besser leben, als damit, einen niedrigeren IQ zu haben als ich. Mutter sorgte fortan für mein Sozialleben, indem sie ständig irgendwelche Kinder aus der Nachbarschaft einlud und Wanderungen organisierte. Wir wohnten damals in der Nähe der Araburg in Kaumberg [11], und das war ihr bevorzugtes Ausflugsgebiet. Ich habe erst sehr viel später erfahren, warum. Danach war mir klar, warum ich soziopathisch war, es handelte sich um eine Vererbungsgeschichte. Also wanderten wir, tranken Saft, aßen Wurstsemmeln und hatten uns doch nichts zu sagen. Und diese verhassten Radrunden am Triesting-Gölsental-Radwanderweg [12] gaben mir den Rest. Einzig die Trainingsstunden am Reiterhof in Kottingbrunn [13] liebte ich. Auf dem Rücken der Tiere fühlte ich mich frei und ich musste nicht mit ihnen reden. Sie verstanden mich auch so.

Vor fünf Tagen gab ich eine Vermisstenanzeige bei der Polizei auf, darum hat man mich verständigt. Die Kriminalpolizei muss die Identität der Leiche feststellen. Auch ohne diese zu sehen, weiß ich sicher, dass es Marisa ist.

Es ist ein weiter Weg mit den öffentlichen Verkehrsmitteln, und ich leide sehr darunter, dicht an dicht mit anderen Menschen in einer U-Bahn zu stehen, deshalb gehe ich so viel wie möglich zu Fuß. Von der Maria-Theresien-Straße biege ich in die Universitätsstraße ein. Der Wind bläst mir erbarmungslos ins Gesicht, es riecht nach frisch gefallenem Schnee. Die Kälte kriecht durch die weiten Ärmel meines Mantels über die Arme hinauf. Meine Finger sind steif, meine Wangen brennen, meine Augen tränen.

Als Marisa vor drei Jahren ihre Ausbildung mit Auszeichnung und die anschließende Probezeit bestand, suchte sie ein Zimmer. Sie zog zu mir in meine Wohnung, die ich von meinen Eltern, die fünf Jahre zuvor bei einem Autounfall ums Leben gekommen waren, geerbt hatte. Ich saß auch im Auto, war allerdings zehn Minuten vor dem Unfall ausgestiegen, um mich mit meinem damaligen Freund zu treffen.

Wir hatten vor, in ein Popkonzert zu gehen. ›The Police‹ sah ich an diesem Tag nicht mehr, stattdessen musste ich von meinen Eltern Abschied nehmen. Gut zehn Meter entfernt von unserem blauen VW-Passat – der ganze Stolz meines Vaters – lagen sie zerquetscht, blutverschmiert, mit Glassplittern in den Haaren, zerschnittenen Gesichtern und zerrissenen Kleidern auf dem heißen Asphalt. Diesen Sommer vergaß ich nie. Auch wenn ich Mutter nicht vermisste. Im Gegenteil. Seltsam leicht und friedlich fühlte ich mich nach diesem Tag. Aber immer noch nicht frei. In der Nacht kamen die Bilder zurück. Das Blut, die Glassplitter, der zerdrückte Körper meiner Mutter und der verdrehte Kopf meines Vaters mit den aufgerissenen Augen.

Wieder werde ich eine Leiche ansehen müssen. Ich fühle mich wie damals, nur ist mir diesmal kalt. Es ist November. Heute hat es zum ersten Mal geschneit. Ich schlage den knöchellangen Mantel fester um meinen Körper. Wärmer wird mir nicht davon. Mich schaudert, keine Ahnung, ob Angst oder Kälte die Ursache ist. Vor mir erhebt sich stolz die Votivkirche. Sie ist eines der bedeutendsten neogotischen Sakralbauwerke der Welt, das aus einem Architektenwettbewerb hervorgegangen war. Marisa war Mitglied der Pfarrgemeinschaft gewesen, sagte sie jedenfalls. Ganz in der Nähe befindet sich das Afro-Asiatische Institut mit Studierenden aus zahlreichen außereuropäischen Nationen. Die Pfarre legt viel Wert auf Integration und ein friedliches Miteinander der verschiedenen Kulturen. Ich nehme an, dass sich Marisa deshalb dort so wohl gefühlt hat. Ich überlege, ob ich für sie eine Kerze anzünden soll. Ein Blick auf die Uhr zeigt mir, dass ich dieses Vorhaben auf später verschieben muss. Eilig laufe ich weiter.

Gestern Nacht konnte ich kaum schlafen. Immer wieder ging ich in Marisas Zimmer, setzte mich auf ihr Bett, sah ihre Sachen durch und blätterte in ihrem Tagebuch, das ich beim Stöbern gefunden hatte. Als ›beste Freundin‹ hatte sie mich bezeichnet. Als ich das las, kämpfte ich mit den Tränen. Marisa war sensibel. Nicht nur deshalb leitete sie die Flugangstseminare bei unserer Airline [14]. Regelmäßig ging sie auf den Friedhof Kledering [15] und pflegte herrenlose Gräber, brachte Blumen, stellte Kerzen auf, jätete Unkraut. Gräber, in denen Menschen lagen, die sie nicht einmal kannte. Tote, die niemanden mehr hatten außer Marisa. Würde ihr Grab ebenfalls verrotten? Wie sie jetzt wohl aussah? Ich wagte nicht, mir das vorzustellen. Waren ihre Jadeaugen nur noch zwei dunkle Höhlen? Die Männer liebten ihre Augen. Und ihr Haar? Ich habe gehört, dass Haare nach dem Tod weiterwachsen. Ihr Haar war weich wie mein roter Kaschmirpullover. Die Männer liebten ihr Haar. Ich fand ihren Mund immer zu groß für ihr Gesicht. Weich, voll und ein bisschen trotzig wölbte er sich über ihrem Kinn. Die Männer liebten ihren Mund. Ihr Lachen war eine Spur zu laut für meinen Geschmack, und ihre Stimme schmerzte in meinen Ohren. Marisa war nur still, wenn sie schlief. Die Männer liebten ihre Stimme und ihr Lachen.

Endlich komme ich in der Sensengasse an. Ich drücke den rostigen Knopf unter dem Schild: DEPARTMENT FÜR GERICHTLICHE MEDIZIN. Summend öffnet sich die Tür. Ein Portier mit Vollbart sitzt hinter einer Glasscheibe und blättert in einem Magazin. Ich klopfe an die Scheibe, sage ihm, dass ich einen Termin habe. Er lässt sich meinen Namen geben, kreuzt ihn auf seiner Liste an, nickt mir kurz zu und deutet auf einen der Eisenstühle, die kalt und wenig einladend an der Wand stehen. Dann widmet er sich wieder der Klatschpresse. Ich setze mich.

Der letzte Tag, den ich mit Marisa verbracht habe, verlief anfangs ganz normal wie unzählige Male davor. In unseren Bademänteln saßen wir im Wohnzimmer und lackierten uns die Zehennägel, während wir über meine Lieblingssitcom ›Friends‹ im Fernsehen lachten. Ja, ich konnte über Komödien lachen und mochte auch Kabarett. Ganz so seltsam war ich also doch nicht. Marisa erzählte mir von ihrem Tag, den sie am Biberlehrpfad 16 verbracht hatte, anschließend hatte sie sich in der ›Eisbärenhöhle Heidinger‹ 17 ein Bananensplit genehmigt und ein paar unserer Kolleginnen getroffen. Während sie erzählte, bereiteten wir uns für den nächsten Tag vor, an dem Marisa nach Sydney fliegen sollte. Eine Rotation, die neun Tage dauerte und die ich mir ebenfalls von der Crew-Planung gewünscht, aber nicht erhalten hatte. Sydney war für mich schon immer die Stadt mit der besten Lebensqualität. Dort bummelte ich nach einem Flug stundenlang durch die Straßen, spazierte am Darling Harbour, dem Hafen mit der legendären Brücke, entlang, flanierte durch die schmucken Einkaufsmeilen oder ließ im Hyde Park meine Seele baumeln. Auf einer Decke liegend sah ich zu den dichten Baumkronen empor, die gerade genug Sonnenstrahlen durchließen, um mich zu wärmen, und war einfach glücklich. Mein ganzes Leben hätte ich in Sydney verbringen wollen. Die australische Einwanderungsbehörde hielt sich an strenge Gesetze. Da ich die Auflagen nicht erfüllte, musste ich mich damit begnügen, zweimal im Monat meinen Flug anzutreten, um jeweils drei bis fünf Tage in Australien zu verbringen. Da ich länger als Marisa in der Firma war, stand ich auch höher in der Rangordnung. Trotzdem bekam nicht ich, sondern sie den Flug. Mir teilte man den zwölf Stunden langen Bereitschaftsdienst zu. Der Grund war nicht nur mir bekannt, in der Firma wurde schon länger darüber getuschelt: Sie hatte mit dem Kapitän des Fluges eine Affäre. Dass sie nicht die Einzige in seinem Leben war, war ihr egal. Was kümmerten sie Ehefrau und Kinder. Er versprach Marisa, seine Ehefrau zu verlassen, und machte ihr auf einem Flug nach Paris einen

Heiratsantrag vor allen Passagieren und Kollegen. Stolz und glücklich kam sie an diesem Tag nach Hause. Ich bezweifelte, dass die betrogene Ehefrau schon von der geplanten Scheidung wusste, und fragte mich oft, warum Marisa keine Bedenken hatte, wenige Jahre später selbst durch eine Jüngere ersetzt zu werden.

»Sind Sie Marion Welters?«

Die Piepsstimme reißt mich aus meinen Gedanken. Ich sehe hoch und nicke. Eine Rothaarige, deren Alter ich nicht einzuschätzen vermag, steht vor mir. Sie trägt ihren Arbeitskittel offen über Jeans und T-Shirt.

»Mein Name ist Ina Lorent. Ich bin die Obduktionsassistentin. Dr. Kleist und Professor Reim sind bereits informiert worden, dass Sie da sind.«

Sie schüttelt mir die Hand, und ich folge ihr durch den kahlen Gang zur Abteilung für forensische Medizin. Schweigend gehen wir nebeneinander. Small Talk mit fremden Menschen ist, wie gesagt, keine meiner Stärken. Meine Gedanken schweifen wieder ab.

Während wir uns die Beine enthaarten, fragte ich Marisa, ob sie den Flug mit mir tauschen würde. Sie lachte: »Du wirst deiner besten Freundin den Flug gönnen. Du kommst sicher noch öfter nach Sydney, aber ich möchte aufhören zu fliegen, sobald ich verheiratet bin, damit ich zu Hause bei meinen Kindern bleiben kann. Die Pille habe ich schon vor zwei Monaten abgesetzt.« Dass ich vielleicht auch von einer Hochzeit oder Kindern träumen könnte, auf die Idee kam sie gar nicht. Wie auch, der einzige Mann, der sich ernsthaft für mich interessierte, war Sharif, ein gebürtiger Ägypter, der am Flughafen Wien-Schwechat [18] das Gepäck einlud. Keine meiner bisherigen Beziehungen hielt lange, und keiner der Männer hielt es für nötig, mir zu sagen, warum. Allerdings habe ich auch nie versucht, einen Mann zurückzuhalten. Alleine zu sein ängstigte mich nicht, darum konnte ich die Verzweiflung mancher Single-Frauen nicht verstehen.

Ina Lorent führt mich in einen Kühlraum. Zwei Metalltische stehen in der Mitte. Einer ist leer, auf dem anderen sehe ich die Silhouette eines menschlichen Körpers unter einem weißen Laken. Es sind sanfte weibliche Körperkonturen. Der burgunderfarbene Nagellack auf den Zehen, die hervorragen, kommt mir bekannt vor. Zwei Männer in Arztkitteln betreten den Raum. Sie grüßen nur kurz in unsere Richtung und setzen ihr Gespräch fort.

Ich empfand Marisa schon länger nicht mehr als Freundin. An diesem, ihrem letzten, Tag hasste ich sie mehr als je zuvor. Die perfekte, schöne Flugbegleiterin mit der perfekten Affäre und dem besten Flugplan. Bald würde sie auch noch die perfekte Ehefrau sein und perfekte Kinder um sich scharen, mit denen sie am Friedhof für perfekte Gräber sorgen und am Kulturwanderweg ›Ideenreich‹ 19 oder dem ›Natura 2000 Infopfad‹ 20 spazieren konnte. Bestimmt würde sie vor dem Flug mit ihrem Liebhaber ins ›Ceylon Curry‹ 21 essen gehen. Sie hatte alles und bekam alles, auch meinen Flug nach Sydney. Dafür hasste ich sie am meisten! Warum konnte Marisa nicht einfach krank werden? Dann würde ein Mitarbeiter der Kontrollstelle *mich* anrufen und nach Australien schicken.

Ein Mann im Regenmantel, der Danny DeVitos Doppelgänger sein könnte, kommt herein. Schweiß perlt auf seiner Stirn. Er blickt kurz in die Runde. »Entschuldigen Sie die Verspätung. Ich hatte noch einen Einsatz.« Nachdem er die Ärzte und Ina Lorent begrüßt hat, schüttelt er mir die Hand. »Sie müssen Marion Welters sein. Ich bin Chefinspektor Georg Kunze vom Referat 1 für Gewaltverbrechen. Vielen Dank, dass Sie gekommen sind.« Er mustert mich mit hochgezogenen Augenbrauen. »Ich hoffe, Sie haben später noch Zeit, mir ein paar Fragen zu beantworten.« Ich bejahe.

Die Obduktionsassistentin schließt die Eingangstür. Die Ärzte und der Chefinspektor treten näher an den Obduktionstisch.

Ina Lorent berührt meinen Oberarm. »Haben Sie schon einmal eine Leiche gesehen?« Ich nicke. »Jemand, der Ihnen nahestand?« Den Fliesenboden betrachtend, presse ich meine Lippen aufeinander.

Doktor Kleist sieht auf seine Armbanduhr: »Ina, diese Fragen sind unwichtig. Wenden wir uns besser gleich den Fakten zu. Den Anblick der Leiche können wir Frau Welters nicht ersparen.« Jetzt blickt er mich an. »Wir können Ihnen nur den Geruch erträglicher machen. Hier, probieren Sie das.«

Doktor Kleist reicht mir einen Cremetopf mit einer nach Menthol riechenden Masse. Ich tippe mit meinem Zeigefinger in die Salbe und betupfe mir die Stelle zwischen Nase und Oberlippe, wie ich es in einem Film gesehen habe.

Chefinspektor Kunze zeigt auf den Obduktionstisch. »Sind Sie bereit?«

Stille. Meine Hände zittern. Kann es sein, dass es in diesem Raum kälter ist als draußen?

Professor Reim greift nach dem Tuch und entblößt langsam Kopf, Hals und Oberkörper. Knapp oberhalb des Bauchnabels lässt er das Tuch zusammengerafft liegen, sodass es nur noch Bauch, Schamgegend und Beine bedeckt.

»Silikon!«, entfährt es mir plötzlich. Alle im Raum starren mich fassungslos an. »Ich hab mich immer gefragt, ob sie echt sind«, sage ich leise und deute auf Marisas Brüste. Gott, ich muss aufpassen, dass ich nicht vor Freude zu kichern anfange. Die perfekten Brüste sind nicht echt.

Als Marisa sich duschte, habe ich sie nach ihren Brüsten gefragt. Sie lächelte und sagte: »Ich liebe meine Brüste, natürlich gehören sie vollkommen zu meinem Körper.« Kopfschüttelnd ging ich in die Küche, um Teewasser aufzusetzen.

Beim Öffnen des Küchenschranks, der Teebeutel, Kaffeepulver und Gewürze enthielt, fiel mein Blick auf das Regal mit den Medikamenten. Es war überfüllt mit Schachteln, Tuben und Fläschchen, mehr als eine Hausapotheke, wie üblich bei Menschen mit meinem Beruf. Hier fanden sich auch Schlafmittel aus dem Ausland, die in Österreich gar nicht verkauft wurden.

Es begann vor fünf Jahren, dass ich plötzlich nicht mehr einschlafen konnte. Vielleicht war der Tod meiner Eltern schuld, vielleicht auch der Job, die Jahre in verschiedenen Zeitzonen – das stets unregelmäßige Leben. Anfangs probierte ich es mit Kräutertees und Baldrian. Ich meditierte, machte Yoga und kochte nach Ayurveda. Nichts schien zu helfen. Schließlich ging ich zum Arzt. Er verschrieb mir Valium, das ich nur dann nehmen sollte, wenn ich wirklich nicht einschlafen konnte. Ich brauchte die Tabletten täglich. Nach vier Wochen musste ich die Dosis steigern. Nach weiteren Wochen konnte ich trotzdem nicht mehr einschlafen. Tagsüber war ich dann unsagbar müde. Ich griff zu stärkeren Medikamenten, probierte Mittel, die ich mir in Miami besorgte, da sie bei uns verboten sind. Zusätzlich brauchte ich oft Schmerzmittel, um über den Tag zu kommen und arbeiten zu können. In meinem Kopf toste immer wieder ein Orkan.

Wieder höre ich mein Blut in den Ohren rauschen. »Beherrsch dich!«, ermahne ich mich, gehe zwei Schritte näher an den Tisch heran und sehe Marisa ins Gesicht. Ihre Augen sind geschlossen. Als ich über ihre roten Haare streiche, die ihre bleichen Wangen umrahmen, fühlen sie sich weich an – wie immer.

»Ja, es ist Marisa«, höre ich mich sagen.

Sie sieht immer noch schön aus, als ob sie nur kurz ein Nickerchen halten würde. Marisa ist auch die perfekte Leiche. Ich schlucke. Mein Speichel schmeckt gallig.

Die Ärzte beobachten mich eine Zeit lang, dann tritt der ältere der beiden näher und entblößt Marisa ganz. Eine frische Naht zieht sich von den Brüsten bis zum Schambein. Violette Stellen auf den Knien, Knöcheln, Fersen, Fußsohlen und sogar auf den Zehen von Marisa sind zu erkennen.

Ich sehe Professor Reim fragend an und deute auf die Flecken.

Dieser sieht zu Chefinspektor Kunze. Der Kriminalbeamte nickt ihm zu, worauf der Arzt zur Erklärung ansetzt. »Diese symmetrischen blauvioletten Flecken sind sehr charakteristisch bei einer Schlafmittelvergiftung. Man kann sie ganz klar von den üblichen Totenflecken unterscheiden. Die zusätzliche Blut- und Saftüberfüllung der Lunge deutet auf eine Entzündung hin, die sehr häufig bei Schlafmittelvergiftungen vorkommt. Aber das ist noch nicht alles. Ihre Mitbewohnerin hatte eine Herzmuskelentzündung, vermutlich chronischer Natur. Sie hätte also auch bei einer Normaldosis sterben können. Sie war jedenfalls nicht gesund und hätte fluguntauglich geschrieben werden müssen. Ich nehme an, ihre Firma wusste nichts davon?«

Entsetzt starre ich den Weißkittel an. »Ich war ihre Freundin und wusste nichts von ihrer Krankheit. Wie sollten es die anderen wissen?«

Mit dem Tablett, auf das ich die Thermoskanne mit dem Tee und einen Teller mit Keksen gestellt hatte, ging ich ins Wohnzimmer zurück. Marisa hatte ihren Koffer bereits fertig gepackt. Sie saß im Pyjama auf dem Sofa und band ihr Haar zu zwei Zöpfen. »Schon wieder Tee?«, fragte sie und schüttelte angewidert den Kopf: »Danke Marion, aber ich möchte heute lieber Orangensaft, falls wir so etwas Ausgefallenes dahaben.«

Wieder zurück in der Küche passierte es dann: Ich ärgerte mich. Asiaten tranken auch täglich Tee, und niemand beschwerte sich darüber. Was gab es Entspannenderes als eine Tasse Tee vor dem Schlafengehen? Missmutig goss ich Orangensaft in ein Wasserglas. *Schlafen*, schoss es mir durch den Kopf. Marisa sollte so gut schlafen, dass sie den Flug verpasste. Dann würde Lisa Klein von der Kontrollstelle mich anrufen. Wenn Marisa aufwachen würde, dann wäre ich längst auf dem Weg nach Sydney. Was für eine großartige Idee!

Chefinspektor Kunze steht neben mir. »Hätten wir Frau Reynier zu Hause in ihrem Bett gefunden, wären wir sogar von einem Selbstmordversuch ausgegangen. Mit den heute erlaubten Schlafmitteln kann man sich allerdings nicht so leicht umbringen. Dass Ihre Mitbewohnerin krank war, spielt hier ganz bestimmt eine große Rolle, obwohl es auf jeden Fall eine zu hohe Dosis war.«

Ich überlegte. Wie viele Tabletten müsste ich Marisa geben, damit sie lange und tief genug schlafen würde? Ich selbst brauchte fünf Stück und schlief dann maximal sechs Stunden durch. Manchmal wachte ich trotz allem zwischendurch auf. Marisa sollte nicht vorzeitig, zum Beispiel durch das Läuten des Telefons, aufwachen. Also nahm ich zehn Stück, zerrieb sie auf dem Küchentisch und rührte sie in den Orangensaft. Sie würde jetzt wirklich einen ausgefallenen Saft bekommen. Mindestens 14 Stunden musste Marisa tief schlafen. Um ganz sicher zu gehen, tat ich ihr vier weitere Tabletten in den Saft. Eine Tablette pro Stunde – das müsste reichen, dachte ich mir. Als ich das Glas mit dem Orangensaft auf dem Couchtisch abstellte, grinste ich. Marisa bedankte sich und leerte es in einem Zug. Sie bemerkte nichts. Erleichtert lehnte ich mich zurück und trank meinen Tee.

»Ich denke, Sie haben genug gesehen«, sagt Ina Lorent. »Um 15 Uhr haben wir hier einen Kurs für Medizinstudenten, deshalb ist es besser, wir gehen jetzt, dann können die Professoren den Raum schon vorbereiten.« Die Ärzte klap-

pen ihre Mappen zu, und Ina Lorent bedeckt Marisas Körper wieder mit dem Laken.

Georg Kunze betrachtet mich. »Kommen Sie bitte gleich mit. Dann können wir uns in Ruhe unterhalten.«

Wir verabschieden uns und gehen hinaus. Sobald wir im Freien sind, zündet sich der Kriminalbeamte eine Zigarette an und zieht erleichtert daran. Die Finger seiner rechten Hand und seine Zähne sind gelb verfärbt. Der Chefinspektor ist offensichtlich Kettenraucher. Er reicht mir die Packung. Dankbar fingere ich einen Glimmstängel heraus. Eigentlich rauche ich nicht, aber im Moment bin ich froh über die willkommene Ablenkung. Ich sehe mich nicht in der Lage, ein Gespräch zu beginnen. Georg Kunze raucht still vor sich hin, dann klatscht er plötzlich mit der Linken auf seinen Oberschenkel. »Warum gehen wir nicht ein Stück? Das macht den Kopf frei, außerdem sitze ich später noch lange genug im vernebelten Büro. An der stickigen Luft bin ich zum Teil selbst schuld, aber ich kann es einfach nicht lassen. Jeder Mensch hat sein Laster, meines ist das Nikotin. Und Ihres? Nikotin ist es jedenfalls nicht«, fragt er mit einem Seitenblick, seine Augenbrauen forschend hochgezogen.

Ich huste. »Wie kommen Sie darauf, dass ich ein Laster habe?« Ich überlege kurz. »Vielleicht bin ich ein Workaholic.«

»Das habe ich mir gedacht. Wissen Sie, was ich seltsam finde?«

»Sie werden es mir gleich sagen.« Ich drücke meine Zigarette aus. Es hat ja doch keinen Sinn, meine Lungen wehren sich gegen den Rauch.

»Marisa Reynier sollte am 4. November nach Sydney fliegen. Sie kam nicht zum Flug, und man erreichte sie auch nicht. Meine Nachforschungen haben ergeben, dass Sie den Flug übernommen haben. Zufall?«

»Was wollen Sie damit sagen?«

»Nichts. Ich bin noch nicht fertig.« Er wirft seinen Stummel in einen Gully. »Als die Firma Sie anrief und fragte, ob Sie den Flug nach Sydney übernehmen würden, weil sie Ihre Mitbewohnerin nicht erreichen konnten, haben Sie sich da nicht gewundert? Warum haben Sie gewartet, bis Sie aus Sydney zurückkamen, um Marisa Reynier zu suchen, oder die Polizei zu alarmieren?«

Ich schaue betreten auf den Gehsteig. »Dazu war keine Zeit. Ich musste doch so schnell wie möglich zum Flughafen.«

Am besagten Morgen stand ich sehr früh auf. Ich war voller Tatendrang. Da stellte ich fest, dass ich etwas aus Marisas Zimmer benötigte. Sie hatte das Zimmer mit dem anliegenden Schrankraum, den wir als Abstellraum für Sperrgut und Putzutensilien benutzten. Unsere Hartschalenkoffer bewahrten wir auch dort auf. Am Abend zuvor konnte ich den Koffer zwar nicht packen, um Marisa nicht stutzig zu machen, wollte ihn aber zumindest noch herausholen. Das hatte ich ganz vergessen. Nun flehte ich insgeheim, dass ihr Schlaf wirklich tief genug war. Nun, das Schlimmste, was passieren könnte, war, dass ich doch nicht flog, sondern sie. Ich ahnte nicht, wie schlimm es kommen würde! Als ich die Tür öffnete, schlug mir bereits ein säuerlicher Geruch entgegen. Marisa lag auf dem Rücken, das Gesicht war verklebt mit Erbrochenem, der Körper grotesk verdreht. Ich erschrak! Als ich näher kam, bemerkte ich, dass sich ihr Brustkorb nicht mehr hob und senkte. Einen Moment lang stand ich einfach nur da. Sollte ich sie einfach liegen lassen, als ob ich nichts bemerkt hätte? Ihr Tod ging mir nicht besonders nahe. Eigentlich kam er mir eher recht. Aber in meinem Kopf hörte ich diese Stimmen, die mir sagten, ich müsse meine Pflicht tun. Also begann ich alle erforderlichen Schritte anzuwenden, um festzustellen, ob ein Herz-Kreislauf-Versagen vorlag. Ich kniff sie und rief sie beim Namen, bekam jedoch keinerlei Reaktion. Ich legte meinen Kopf auf ihren Brustkorb, horchte und fühlte, ob er sich bewegte, suchte nach Anzeichen einer Herztätigkeit. Mein eigenes Schnaufen war das Einzige, was ich hörte. Nachdem ich ihre Mundhöhle gesäubert hatte, überstreckte ich ihren Kopf und begann mit den Reanimierungsversuchen. Nach etwa zehn Minuten klingelte das Telefon. Nachdem ich mein Mobiltelefon zugeklappt hatte, tastete ich noch einmal nach Marisas Karotispuls – dem Puls der Halsschlagader –, dann wankte ich ins Bad und übergab mich. Danach vermied ich es, noch einmal in Marisas Zimmer zu gehen. Ich hatte nur eine Stunde, um zu packen, mich anzuziehen, zu schminken und zum Flughafen zu fahren. Mir blieb keine Zeit, mich um eine Leiche zu kümmern.

»Das ist bitter«, sagt Chefinspektor Kunze. »Sie waren neun Tage unterwegs und wussten die ganze Zeit nicht, wie es Ihrer Freundin geht oder wo sie ist?«

»Ihr Liebhaber war ja auch in der Maschine«, sage ich. »Hat er nicht telefoniert? Als Kapitän hat er ja die Mittel dazu.«

»Der Kapitän des Fluges war Frau Reyniers Geliebter? Das ist ja ein Ding!« Georg Kunze klatscht in die Hände: »Wir haben nur einen einzigen Anruf erhalten, und der war von Ihnen. Sonst hat es offenbar niemanden gekümmert, dass Frau Reynier nicht zur Arbeit erschienen ist. Sie ist bei der Einwanderungsbehörde als gebürtige Belgierin gemeldet. Obwohl wir mit Interpol zusammengearbeitet haben, konnten wir keine Familie ausfindig machen.«

Dachte ich es mir doch. Der Kapitän hat sicher nie vorgehabt, sich von seiner Frau scheiden zu lassen. Allmählich beginnt mir Marisa leidzutun. Eine schwere Krankheit verheimlichen zu müssen, um den Traumjob zu bekommen, hat sichtlich an ihrem anscheinend kaum vorhandenen Selbstwertgefühl genagt. Hätte Sie sich sonst die Brüste vergrößern lassen? Oder hat sie gedacht, nur so einem Mann zu gefallen? Nein, sie ist alles andere als perfekt, vielleicht sind nicht einmal ihre roten Haare echt. Sie hat keine Freunde und Verwandten. Möglicherweise stammt sie nicht einmal aus Belgien. Ich, ihre einzige Vertraute, bin neidisch, missgünstig und habe ihr nicht einmal diesen Flug gegönnt! Für Sydney habe ich sie umgebracht. Nein! Es war nicht meine Schuld – hat das der Arzt nicht gemeint? Es ist ein Unfall gewesen.

»Wissen Sie, wer auch immer Marisa Reynier in diesen Container gelegt hat, hat damit einen großen Fehler begangen«, fährt Georg Kunze fort. »Ich nehme an, sie ist in einem Bett gestorben, vielleicht bei einem anderen Liebhaber, der ist dann nervös geworden und hat sie entsorgt. Wie einen alten Müllsack hat er sie ins Auto geworfen, wusste dann aber nicht, was er mit der Leiche machen sollte. Also brachte er sie dorthin, wo er sich auskennt – zum Flughafen –, und legte sie in einen alten ausrangierten Frachtcontainer, in der Hoffnung, dass der verschrottet wird, bevor jemand den grausigen Inhalt findet. Die Tatortgruppe hat jedenfalls genug Fingerabdrücke am Container gefunden und außerdem schwarze gekräuselte Haare auf Frau Reyniers Kleidung. Sehr vorsichtig war der Täter nicht. Wir sind gerade dabei, das Flughafenpersonal zu befragen und Fingerabdrücke zu nehmen. Das wird Tage dauern, aber ich bin mir sicher, wir finden den Kerl.«

Da ist sie wieder. Die Votivkirche. Anklagend steht sie vor mir.

»Ein Jammer, finden Sie nicht?« Georg Kunze zeigt auf das Gerüst, das an der rechten Seite der Kirche aufgebaut ist. »Die Stadt wird mit der Renovierung nicht fertig. Kaum ist ein Teil restauriert, bröckelt es woanders.«

Ich nicke. »Die Taubenplage macht es auch nicht gerade einfach. Sandsteinfiguren verwittern leicht. Die kleinen Zier-

türmchen, die Fialen, könnten jeden Moment abbrechen und auf Passanten fallen. Deshalb wurde die Kirche auch abgesperrt. Apropos, diese Pfarre war für Marisa wie eine Familie.«

»Erzählen Sie mir mehr davon«, fordert Georg Kunze mich auf. »Vielleicht hilft es mir bei den Ermittlungen. Hatte sie viele Freunde in der Pfarre?«

»Kann sein«, antworte ich. »Wir haben generell nicht über Religion gesprochen. Seit meine Eltern gestorben sind, war ich nicht mehr in der Kirche. Marisa hat das gewusst und wollte mich nicht behelligen.«

»Wie oft war Frau Reynier in der Pfarre?«, fragt Kunze.

»Mindestens einmal die Woche. Jeden Samstag um 18 Uhr wird eine heilige Messe in mehreren Sprachen gefeiert. Das gefiel ihr besonders. Sie mochte den Pfarrer Joseph sehr.«

»Ist Pfarrer Joseph von hier?«

»Nein, er ist Lateinamerikaner. In dieser Pfarre sind fast nur Ausländer tätig, deshalb nennt es sich auch kosmopolitisches Gotteshaus.« Ich lächle.

Georg Kunze seufzt. »Das macht die Suche für uns komplizierter. Bis jetzt haben sich die polizeilichen Ermittlungen auf die Flughafenmitarbeiter beschränkt. Der Mörder könnte aber auch aus der Pfarre sein.«

Schweigend sehe ich auf die bleiverglasten Fenster der Kirche – es sind insgesamt 111 Stück – und erinnere mich an die letzten Minuten vor meinem Abflug nach Sydney.

Sharif lud gerade das Gepäck ein, als ich ans Gate kam. Ich rief ihn zu mir. Freudestrahlend ließ er die Koffer fallen und lief die Treppe zum Gate hoch. Nur fünf Minuten blieben mir, ihm den Vorfall zu schildern und ihn um seine Hilfe zu bitten. Beteuerungen, dass ich Marisa nur beim Einschlafen helfen wollte und ich mir ihren Tod nicht erklären konnte, kommentierte er lediglich mit einem Schulterzucken. Mit der Bitte, sich um die notwendigen Schritte zu kümmern, reichte ich ihm, wenn auch mit einem mulmigen Gefühl, die Wohnungsschlüssel. Natürlich meinte ich, er solle die Rettung oder den Notarzt rufen. Dass er unter ›Hilfe‹ etwas anderes verstand, wurde mir erst zu spät klar.

»Sehen Sie zu, dass er seine gerechte Strafe bekommt, Herr Chefinspektor!« Ich tue so, als dächte ich nach. »Ich weiß nicht, ob es Ihnen weiterhilft, aber es gibt einen Ägypter, der beim Gepäck arbeitet und in Marisa verliebt war, aber natürlich wollte sie nichts von ihm. Das hielt ihn aber nicht davon ab, ihr weiter nachzustellen. Er war sozusagen ein Stalker. Bei mir hat er auch versucht zu landen. Ständig rief er an und wollte mit einer von uns essen gehen. Ich kenne leider nur seinen Vornamen. Eins sage ich ihnen gleich: Der Mann ist total verrückt! Völlig besessen von seiner Idee, unbedingt eine Flugbegleiterin zur Frau zu nehmen. Sein Arbeitsvisum läuft bald ab, und er hat Angst, abgeschoben zu werden.«

Chefinspektor Kunze lächelt. »Na, das ist ja eine heiße Spur. Ich hatte schon öfter mit Stalkern zu tun. Hat mich mein Instinkt auch diesmal nicht getäuscht. Wusste ich doch, dass Sie mir weiterhelfen können. Ich muss Ihre Aussage später noch zu Protokoll bringen. Vielen Dank, Frau Welters.« Er überreicht mir seine Visitenkarte. »Nur für den Fall, dass Ihnen noch etwas einfällt. Jetzt bräuchte ich nur noch den Vornamen des verdächtigen Ägypters.«

»Er heißt Sharif.«

»Geschrieben wie der Schauspieler? Omar Sharif?«

Ich kichere. »Ja genau, wie der Schauspieler.«

»Vielen Dank und schönen Tag noch. Was haben Sie jetzt vor?« Georg Kunze steckt sein Notizbuch ein.

»Ich werde in die Votivkirche gehen.«

»Ich dachte, Sie glauben nicht an Gott«, sagt Georg Kunze erstaunt.

»Vielleicht war es nur eine Beziehungspause. Ich werde eine Kerze für Marisa anzünden, ein Vaterunser beten und vielleicht beichten.«

»Sie wollen beichten? Haben Sie etwas verbrochen?«

»Wer ohne Sünde ist, werfe den ersten Stein, heißt es in der Bibel. Können Sie von sich behaupten, unschuldig und rein zu sein?«

»Nein.« Der Chefinspektor räuspert sich. »Natürlich nicht. Aber irgendwie habe ich das Gefühl, dass es sich bei Ihnen nicht nur um eine Kleinigkeit handelt. Haben Sie diese Miniaturspirituosen aus dem Flieger gestohlen?« Georg Kunze grinst. »Machen das nicht alle Flugbegleiter?«

»Sie haben zu viele schlechte Filme gesehen.« Ich lache. »Heute ist übrigens Buß- und Bettag. Wollen Sie nicht mitkommen, Herr Chefinspektor?«

»Keine Zeit. Ich muss noch auf das Revier. Außerdem bin ich katholisch und den Buß-und Bettag feiern Protestanten.«

»Das macht doch nichts. Gott ist das sicher egal.«

»Warum erzählen Sie mir nicht, was Sie auf dem Herzen haben?«

Flirtet er etwa mit mir?

Ich beuge mich vor und flüstere ihm ins Ohr: »Weil Sie nicht zur Verschwiegenheit verpflichtet sind.«

Der Chefinspektor schnalzt mit der Zunge. Ich wende mich von ihm ab und gehe durch den Votivpark Richtung Kircheneingang.

Ich höre Georg Kunze noch rufen: »Eine Frage noch: War es denn schön in Sydney?«

Ohne mich noch einmal umzusehen, rufe ich ihm zu: »Ja, sehr schön. Eine Reise nach Sydney zahlt sich immer aus.« Um jeden Preis, füge ich in Gedanken hinzu.

Beschwingt gehe ich die Treppen zur Kirche hoch.

Ich weiß nicht, wie lange es dauern wird, bis die Polizei wieder vor meiner Tür steht. Ich weiß nicht, was Sharif ihnen erzählen wird, ob er mich decken und die Polizei ihm Glauben schenken wird. Aber im Moment bin ich frei und zum ersten Mal in meinem Leben fühle ich mich auch so.

9 **Museum der Fotografie**
Das Museum befindet sich in der Donauarmstraße und zeigt in insgesamt sechs Schauräumen die Schwerpunkte der österreichischen Fotogeschichte, aber auch Kinderfotografie, verschiedene Fotoverfahren, Kunstfotografie, Fototechnik etc.
Darüber hinaus besitzt das Museum auch Schaustücke historischer Fotoapparate. Freitag, Samstag und Sonntag von 8 bis 18 Uhr geöffnet; Donauarmstraße 1, 2401 Fischamend
www.museumderphotographie.at

10 **Fischamend**
Fischamend liegt am Zusammenfluss von Fischa und Donau, wenige Kilometer südöstlich von Wien. Die Fläche der Stadtgemeinde umfasst 24,94 Quadratkilometer. 20,34 Prozent der Fläche sind bewaldet. Im Altertum war das Gebiet Teil der Provinz Pannonia. Unter dem heutigen Ortskern wird ein römisches Kastell vermutet, das aber bislang archäologisch noch nicht nachgewiesen werden konnte. Viele Jahrhunderte lang waren die an der Donau und der Fischa betriebenen Mühlen und der Getreidehandel die wichtigsten Wirtschaftszweige. Im September 2015 wurde bekannt, dass der Bezirk Wien-Umgebung aufgelöst werden soll. Fischamend soll ab 1. Jänner 2017 Teil des Bezirks Bruck an der Leitha werden.

11 **Araburg bei Kaumberg**

Die Araburg ist von Kaumberg aus leicht zu erreichen. Eltern und Kinder **wandern** von der Ortsmitte aus und folgen der grünen Markierung. Die Wegzeit über Wiesen und später durch Mischwald beträgt etwa eineinhalb Stunden. In nur 30 Minuten Gehzeit hingegen erreichen Familien die Burgruine, wenn sie zuvor von Kaumberg ins Laabachtal fahren (Wegweiser) und dort vom Parkplatz am Ende der Straße hinaufwandern. Der **Bergfried** der Araburg wurde zum Aussichtsturm umgebaut und bietet Eltern und Kindern einen wunderbaren Rundblick auf Kaumberg und Umgebung. Von April bis Oktober haben die Familien Gelegenheit, sich im **Burgstüberl** (Ruhetage: Dienstag und Mittwoch, Tel. +43 (0)2765 362), verwöhnen zu lassen. **Tipp:** Seit 2005 besteht außerdem die Möglichkeit, im Torturm der Araburg bei Kaumberg zu **übernachten**, was gerade für Familien ein Abenteuer ist, das sowohl Eltern als auch Kindern lange in Erinnerung bleibt.

12 **Radeln entlang der Triesting und Gölsen**

Zwischen Leobersdorf, südlich von Wien, und Traisen, südlich von St. Pölten, führt der Triesting-Gölsental-Radweg am Rande des Wienerwaldes in die niederösterreichischen Voralpen. Eine Fahrt auf dem Triesting-Gölsental-Radweg ist eine Reise durch wechselnde Landschaften. Begleitet vom Rauschen des Flusses geht es vom südlichen Wienerwald, beginnend bei Leobersdorf, auf anfangs ebenen Wegen vorbei an Hirtenberg, Berndorf und Pottenstein. Weiter flussaufwärts radelt man durch die bereits alpin anmutenden Landschaften von Weißenbach, Altenmarkt, Kaumberg und Hainfeld bis St. Veit an der Gölsen. Die Radkarte liefert Informationen über Streckenverlauf, Sehenswürdigkeiten, radfreundliche Betriebe und ist kostenlos in allen Gemeindeämtern entlang des Triesting-Gölsental-Radweges erhältlich.

13 **Reitstall Kottingbrunn**
Im Reitstall Kottingbrunn finden Reiter nicht nur Einstellmöglichkeiten für ihre Pferde samt Hafer, Heu, Ausmisten und Koppelmitbenutzung in großzügiger Anlage mit Halle, Trabrennbahn und Springplatz. Es gibt auch Kurse, und Reiter können hier die Lizenzprüfungen für Reiterpass und Reiternadel ablegen. Unterricht vom Anfänger bis zur Turnierreife. Verkaufspferde mit verschiedenem Ausbildungsstand siehe Website oder auf Anfrage.
Goschlweg 1, 2542 Kottingbrunn
www.reitstall-kottingbrunn.at

14 **Flugangstseminar Austrian Airlines**
Austrian Airlines bieten seit mehr als 30 Jahren das Seminar ›Freude am Fliegen‹ an. Lernen Sie auf Basis eines psychologisch fundierten Programms mit Ihrer Angst umzugehen. Sie erkennen, wie das ›Monster‹ Angst funktioniert und wie Sie es unschädlich machen können. Die Statistik spricht für sich: 95 Prozent aller Seminarteilnehmer haben den Abschlussflug des Seminars ›Freude am Fliegen‹ erfolgreich absolviert. Eine erfahrene Psychologin leitet das Seminar. Mit zum Team gehören außerdem ein Techniker, ein Flugkapitän und eine Flugbegleiterin.

15 **Friedhof Kledering**
Ein kleiner heimeliger Friedhof, der durch seine beschauliche und ruhige Lage zum Verweilen einlädt. Liegt in der Nähe des Verschiebebahnhofs Kledering (Freizeittipp Nummer 25).

16 **Mannswörth Biberlehrpfad**
Der Biberlehrpfad befindet sich bei der Einmündung des Kalten Ganges in die Schwechat. In Schwechat wird der etwas andere Umgang mit Bibern gepflegt. Entlang eines Lehrpfades können sich Interessierte über das Leben dieser faszinierenden Tiere informieren. Andernorts zum Fang und zur Tötung freigegeben, widerfährt Bibern in Schwechat ein weitaus freundlicheres Schicksal: Populationen werden gezielt gefüttert, um den Schaden an Bäumen und Sträuchern entlang von Flussläufen möglichst gering zu halten. Es wurde ein eigener Lehrpfad mit Schautafeln errichtet. Der letzte Biber Österreichs wurde 1863 in Fischamend erlegt. Über einen langen Zeitraum, bis in die 1970er Jahre, war der Biber in Österreich ausgestorben und wurde dann wieder angesiedelt.

17 **Eisbärenhöhle Heidinger**
ist ein Eisgeschäft von Zanoni und Zanoni, das wie eine Höhle inszeniert und liebevoll ausgestattet ist. Nicht nur zum Seele baumeln lassen bei einer der Eisspezialitäten, sondern auch als Ausgangspunkt für einen Ausflug ins direkt angrenzende Schwechater Erholungsgebiet, das für Jung und Alt als beliebtes Ziel gilt. Neben über 30 Eissorten, die zum Teil ständig wechseln, um Ihrem Gaumen Abwechslung zu bieten, ist die Karte durch diverse Erfrischungen, die an einem heißen Sommertag nicht fehlen dürfen, abgerundet.

Täglich von 14 bis 22 Uhr geöffnet.
+43(0)1 70 72 317
oder per Mail an: office@eiscafe-schwechat.at

18 Flughafen Wien-Schwechat

Der Flughafen Wien-Schwechat ist der größte und bekannteste österreichische Flughafen. Er ist Heimatflughafen und Drehkreuz der Lufthansa-Tochter Austrian Airlines und der Air-Berlin-Tochter NIKI. Er befindet sich auf dem Gebiet der südöstlich an Wien angrenzenden Stadt Schwechat und wurde 1938 zunächst als Militärflugplatz in Betrieb genommen. Nach dem Zweiten Weltkrieg übernahm er die Rolle des Flughafens für Wien vom Flughafen Aspern. Der Flughafen ist ein Knotenpunkt bei Flügen vor allem nach Osteuropa und in den Nahen Osten und der größte Arbeitgeber der Ostregion Österreichs. Im Jahr 2013 wurden Fotolöcher an der Ostseite und am Südende der Piste 16/34 in der Flughafenumzäunung geschaffen. Ebenfalls an der Ostseite dieser Piste wurde im Pistenkreuz ein eigener Spotterhügel errichtet. Weitere Fotoöffnungen sind außerdem im Bereich des GAC (General Aviation Center) vorgesehen.

19 Kulturwanderweg *Ideenreich* Schwechat

In zehn Stationen, verteilt im Stadtgebiet, zeigt der Kulturwanderweg mittels Infotafeln, die auf historisch interessante Aspekte hinweisen, dass die Menschen in Schwechat im Lauf der Geschichte immer wichtige Impulse zu Entwicklungen auf den verschiedensten Gebieten gaben. Kultur, Technik, Sport und mehr – manche Neuerungen aus Schwechat gingen sogar um die Welt. Der Kulturwanderweg wurde in der Schwechater

Bertha-von-Suttner-Schule als Teil des NÖ Industrieviertel-Festivals 2011 präsentiert und eröffnet. Zusätzliche Informationen zum Kulturwanderweg sind in einem Begleitbuch zusammengefasst, das von der Stadtarchivarin Dr. Christina Basafa-Pal erstellt wurde. Das Buch ist über die Stadtgemeinde Schwechat zu beziehen.

20 **Schwechat Natura 2000 Infopfad Mannswörth**
Wussten Sie, dass in den Mannswörther Auen der Wachtelkönig, der übrigens nicht zu den Wachteln, sondern zu den Rallen gehört, heimisch ist? Erkennen Sie in freier Natur einen Neuntöter oder eine Zwergrohrdommel? Wenn nicht, sind Sie sicher nicht allein. Es sind sehr seltene Vogelarten, die in den Donau-Auen ein Rückzugsgebiet gefunden haben, aber auch dort nicht in Massen auftreten. ›Natura 2000‹ ist ein Netzwerk von über 26.000 Schutzgebieten innerhalb der EU und Kernstück des europäischen Naturschutzes. Ziel ist es, die wertvollsten Lebensräume als eine Art Biotopverbund zu erhalten und damit eine biologische Vielfalt für künftige Generationen zu sichern. Das Natura 2000 Gebiet in Mannswörth ist vor allem wegen seiner seltenen Vogelarten von weitreichender Bedeutung. Der im September 2009 eröffnete Infopfad beim Teich im Erholungsgebiet Mannswörth informiert über die seltenen Arten, die hier heimisch sind, und soll dazu beitragen, das Verständnis für die Notwendigkeiten zum Schutz dieser einzigartigen Vogelwelt zu fördern.

21 **Ceylon Curry**
Feinstes und bestes Sri Lanka Food Österreichs! Das Lokal ist in Bahnhofsnähe (Badener Bahn). Von außen ist das Lokal vorerst enttäuschend, umso überraschen-

der die moderne Inneneinrichtung. Das Lokal ist brandneu. Die Wände leuchten in heimeligem Orange. Die Bar ist ebenfalls modern, weiß mit hellblauer Beleuchtung, die Sanitäranlagen locken mit Frischeduft und hygienischem Glanz. Der Gastraum ist mit Tischen für etwa 40 Leute ausgestattet. Es empfiehlt sich zu reservieren.
Josef Ferschner-Straße 22, 2514 Traiskirchen,
Tel: 02252 520602

Auch sehenswert:

22 Eisenbahnmuseum Schwechat

Das Eisenbahnmuseum Schwechat ist in der ehemaligen Zugförderung der *Lokalbahn Wien-Pressburg* untergebracht und wurde vom Verein VEF gemeinsam mit mehreren Partnern eingerichtet. Unter anderem sind auch viele Fahrzeuge des Technischen Museums Wien hier beheimatet. Das Museum ist für Besucher vom 1. Mai bis 26. Oktober geöffnet.
Fahrbetrieb (»Betriebstage«) auf der Feldbahn nur an Wochenenden (Samstag und Sonntag) sowie an Feiertagen!
An jedem letzten Sonntag im Monat sowie am 1. Mai und 26. Oktober Dampfbetrieb im Museum.

23 Luftfahrtausstellung im Heimatmuseum Fischamend

Das Heimatmuseum Fischamend befindet sich im Fischaturm, dem Wahrzeichen der Stadt. Der Turm wurde um 1050 als Grenz- und Wachturm unter Heinrich III. errichtet. Im Laufe der Jahrhunderte änderten sich das Aussehen und der Verwendungszweck des Gebäudes. Ursprünglich diente das dreigeschossige Gebäude als Auslug. Die Dauerausstellung erstreckt sich über sechs Stockwerke und spiegelt die bewegte

Vergangenheit von Fischamend wider. In der Außenstelle des Museums in der Hainburger Straße 6 ist die Ausstellung ›Fischamend und die Luftfahrt‹ der Arbeitsgemeinschaft Luftfahrtgeschichte des Heimatmuseums zu sehen. Mehr Informationen zur Geschichte der Luftfahrt in Fischamend erfahren Sie unter www.luftfahrt-fischamend.at.

24 **OMV Raffinerie Anlage Mannswörth**
OMV betreibt Raffinerien, die sich durch höchste Sicherheits-, Umwelt- und Produktstandards, Integration in die Petrochemie und optimale Marktnähe auszeichnen. Die Raffinerie in Schwechat bei Wien zählt zu den größten und komplexesten Binnenraffinerien Europas. Sie deckt rund die Hälfte des Bedarfs an Mineralölprodukten in Österreich. Im April 2008 feierte die Raffinerie Schwechat ihren 50. Geburtstag.

TÄUSCHEN UND TARNEN

DER BETRIEBSAUSFLUG

Von Veronika A. Grager

Lena und Rupert sollten wieder mal den alljährlichen Betriebsausflug von Haller & Co. organisieren. Das war gar nicht so einfach. Denn es galt, die unterschiedlichsten Anforderungen zu bedienen. Einige Kollegen freuten sich schon das ganze Jahr auf das Quiz und die Spiele, die sie während der Fahrt im Autobus und an den verschiedenen besuchten Orten veranstalteten. Noch mehr vermutlich über die zu gewinnenden Preise, die sie von befreundeten Firmen zusammengebettelt hatten. Meist Sportgeräte wie Fahrräder oder Skateboards, aber auch Geldspenden, die sie kurz vor dem Ausflug in Golddukaten, Gutscheine, Kinoabonnements und Süßigkeiten eintauschten. Eine andere Fraktion interessierte sich vor allem für das kulturelle Programm, das meist auch noch ein paar Quizfragen oder Geschicklichkeitsspiele beinhaltete. Und der Rest konnte auf all das gerne verzichten, wenn nur das Lokal, in dem sie mit einem opulenten Abendessen den Tag ausklingen ließen, köstliche Speisen und jede Menge Alkoholika bot. Wobei Letztere überall in ausreichenden Mengen zur Verfügung standen.

Es war gar nicht so leicht, ein Ziel zu finden, das in erreichbarer Nähe von Wien lag, allen Anforderungen entsprach und wo sie nicht schon einmal in den letzten Jahren gewesen waren.

»Wie wär's mit Burg Plankenstein?«, fragte Rupert.

»Im Texingtal im Mostviertel? Da waren wir vor fünf Jahren. Da warst du noch nicht bei uns.« Lena stützte das Kinn in ihre Hände. »Ich hab's!«, rief sie. »Wir waren zwar schon mal nördlich der Donau, aber noch nie in der Gegend von Hainburg. Da gibt es jede Menge für den kulturellen Teil. Und tolle Fischrestaurants.«

»Essen denn alle Fisch?«, fragte Rupert zweifelnd.

»Nein. Aber diese Lokale haben sicher auch andere Speisen auf der Karte. Und wenn nicht, dann finden wir etwas anderes.«

Die allgemeine Richtung war festgelegt. Jetzt ging es um das Programm, die Locations und die Spiele. Lena und Rupert arbeiteten mit rauchenden Köpfen. Zuletzt betrachteten sie ihr Werk.

»Ich glaube, damit stellen wir alle zufrieden. Meinst du nicht?«, fragte Rupert.

»Morgen fahren wir mal alle Punkte an und sehen, ob sie unseren Anforderungen entsprechen«, entgegnete Lena. Das war auch notwendig, denn sie hatten schon einmal ein Lokal ausgesucht, das sich laut Homepage als gemütliches Gasthaus mit bodenständiger Küche anpries. Doch in der Realität war es ein abgefuckter Laden, der neben Packerl-Suppe gerade mal fünf Hauptspeisen auf der Karte hatte, die nach billiger Werksküche und Fertig-Saucen schmeckten.

»Diesmal wird es passen.«

»Lassen wir uns überraschen. Wir müssen damit rechnen, dass es auch heuer wieder Kritik geben wird. Das war noch jedes Mal so«, antwortete Lena. »Ach, und noch etwas, Rupert. Auf der Hinfahrt achte bitte darauf, dass die üblichen Verdächtigen nicht schon im Bus die Schnapsflaschen kreisen lassen. Sonst gibt es mit Sicherheit Probleme.« Wenn Lena nur daran dachte, wie sich Rainer Zach aus der Buchhaltung vor ein paar Jahren aufgeführt hatte, bekam sie heute noch Panik. Erst hatte er alle Spiele gestört. Dann hatte er das Kulturprogramm gespritzt und in einer nahe gelegenen Kneipe weitergetrunken. Beim Abendessen hatte er in seinen Teller gekotzt. Zum Abschluss war er auf der Heimfahrt im Bus besinnungslos zusammengebrochen. Sie hatten den Notarzt rufen müssen. Der hatte ihn dann ins Spital verfrachtet. Dieser Betriebsausflug war der reine Horror gewesen. *Wenn der so etwas noch einmal macht, bring ich ihn um!*

Am Ausflugstag spielte das Wetter mit. Es war nicht zu heiß, blauer Himmel, verziert mit einigen Schäfchenwolken, wenig Wind. Ideale Bedingungen. Die beiden Spielgruppen wurden beim Einsteigen in die beiden Busse bestimmt, indem jeder ein Los aus dem Hut ziehen musste. Klappte man das Papier auf, erschien entweder Blau oder Rot. Je nach gezogener Farbe wurden die Mitarbeiter in Bus eins oder zwei gelotst.

Die Busse verließen Wien entlang des Verschiebebahnhofs Kledering 25 und der Brauerei Schwechat Richtung Flughafenautobahn. Vorbei am Flughafen Wien ging es nach Hainburg an der Donau 26. Auf der anderen Seite der Donau befand sich der Nationalpark Donau-Auen, der, Jahre nach der Besetzung der Stopfenreuther Au zwecks Verhinderung eines Kraftwerksbaues, 1996 eingerichtet worden war. Dort waren sie vor einigen Jahren auf Betriebsausflug gewesen. Mit dem Erfolg, dass sich die Hälfte der Belegschaft beschwert hatte. Über Mückenstiche, Zeckenbefall, Sonnenbrand und Pollenallergie. Die Schönheit der Landschaft, die einmalige Fauna und Flora konnten da nicht dagegenhalten. Damals wollte Lena die Organisation des alljährlichen Ausflugs zurücklegen. Doch es hatte sich niemand gefunden, der das an ihrer Stelle machen wollte. Der Chef hatte sie höchstpersönlich tagelang bekniet, es sich doch noch einmal zu überlegen. Immerhin hatte sie kurz danach einen Partner für die Vorbereitungsarbeiten gefunden: Rupert Mader, der neue Marketingleiter.

Hainburg war eine wunderschöne kleine Stadt, die einen Rundgang rechtfertigte. Die Stadtmauern waren noch fast vollständig erhalten. Hier war die erste Station. Beim Gasthof ›Zum Goldenen Anker‹ 27, direkt an der Stadtmauer, konnten die hungrigen Mäuler erst mal gestopft werden. Wer wollte, konnte direkt am Treppelweg sitzen, wer eher Schatten bevorzugte, wählte den kleinen Hof, andere enterten den gemütlichen Gastraum. Ein Stück weiter am Treppelweg wurde später der erste Bewerb ausgetragen. Alle Mitarbeiter hatten beim Einsteigen ein weißes A4-Blatt bekommen. Daraus mussten sie einen Flieger falten, mit ihrem Namen und der Gruppenfarbe versehen, und hier startete nun der Wettflug. Rupert gab acht, dass niemand die Startlinie übertrat. Lena beobachtete, welcher Papierflieger am weitesten flog. Für die ersten fünf gab es Punkte. Und außerdem für die Gruppe, die insgesamt die größte Weite erzielte, wenn man alle Teilnehmer zusammenzählte. Es gewannen die Roten, und zu Lenas Kummer flog Rainers Papierflieger am weitesten. *Hoffentlich genehmigt er sich da nicht gleich einen speziellen Siegestrunk!*

Lena fiel auf, wie hasserfüllt Controllerin Tina Brand Rainer Zach musterte. Was ging denn bei den beiden ab? Noch dazu waren sie gemeinsam in der Gruppe Rot. Kurz darauf bekam sie mit, dass Tina leise, aber dennoch mit Nachdruck, auf Rainer einredete, der jedoch nur mit den Achseln zuckte und Tina einfach stehen ließ. *Na super! Wieder mal Probleme mit Zach.* Wenn das nur gut ging.

Nächste Station war entweder Rohrau 28 oder Petronell-Carnuntum. Die Teilnehmer konnten entsprechend ihren Vorlieben wählen. Während in Rohrau die Musikbegeisterten auf ihre Kosten kamen, befand sich für die Freunde der alten Römer der kulturelle Höhepunkt des Ausflugs im Archäologischen Park Carnuntum 29. Die Teilnehmer hatten hier die Wahl, das Freilichtmuseum Petronell-Carnuntum 30 zu besuchen, das Amphitheater Bad Deutsch-Altenburg **31** oder das in Petronell sowie das Museum ›Carnuntinum‹ **32**. Wahlweise konnten sie auch das eine oder andere weglassen und sich schon früher zum allgemeinen Treffpunkt in die Buschenschank Herl **33** verfügen. Einen kleinen Imbiss nehmen oder die Weine verkosten. Gut ein Drittel schwirrte gleich ab zum Heurigen. Lena bemerkte mit Besorgnis und Erleichterung, dass Zach dazugehörte. Erleichterung, weil er somit nicht weiter mit Tina streiten konnte, die sich für das Freilichtmuseum entschied. Besorgnis, weil dann zu befürchten stand, dass Rainer sich wieder abfüllen würde.

Gegen 18 Uhr sammelten die Busse die Teilnehmer beim Heurigen auf. Die Stimmung war bestens, denn einige hatten, allen Warnungen zum Trotz, schon ganz schön getankt. Nur Rainer lehnte leichenblass im Sitz. *Nicht schon wieder!*, dachte Lena. *Der ist ja voll wie eine Haubitze.*

Den krönenden Abschluss des Abends bildete einerseits das Abendessen im ›Gasthaus zur Linde‹ **34** in Bruck an der Leitha, andererseits die Auswertung des Quizspiels und die Siegerehrung mit der Preisverleihung. Ursprünglich wollte sie das Abendessen im ›Harrachkeller Schloss Prugg‹ **35** stattfinden lassen. Doch Lena dachte daran, wie oft sie schon Probleme mit leicht angeheiterten Mitarbeitern gehabt hatten, und schlug daraufhin etwas weniger Vornehmes vor.

Als sich alle an den reservierten Tischen niedergelassen hatten, die wunderschön gedeckt waren, meinte der Chef: »Habt ihr euch bei der Reservierung vertan oder fehlt jemand?«

Lena und Rupert blickten einander ratlos an. Sie hatten für die angemeldeten Teilnehmer reserviert. Alle waren bei der Abfahrt in die Busse gestiegen. Also musste jemand fehlen. Aber wer?

»Wo ist eigentlich Tina?«, fragte in diesem Moment Clara, die Telefonistin.

»Vielleicht auf der Toilette?«, mutmaßte Rupert.

»Aufgepasst!« Lena klopfte mit der Gabel an ihr Glas. »Weiß jemand, wo Tina ist?« Allgemeines Schweigen.

»War sie denn in einem der Busse, als wir von Carnuntum weggefahren sind?«, fragte Rupert.

In dem Moment rutschte Rainer Zach besinnungslos vom Sessel. Lena, die ihn eben noch am liebsten in die Rippen getreten hätte, blickte verständnislos auf sein Bein. An seinem Oberschenkel glänzte es rot, etwas lief an dessen Außenseite herab und bildete am Boden eine Lache.

»Großer Gott, ist das Blut?«

Rupert kniete neben dem Bewusstlosen nieder. »Ist es. Und wie es aussieht, hat er schon eine Menge davon verloren. Gebt mir mal ein paar von den Stoffservietten. Vielleicht kann ich die Blutung stillen. Und jemand sollte die Rettung rufen.«

Rupert legte mithilfe der Servietten und Lenas Schal einen Druckverband an. Als die Rettung eintraf, kam Rainer zu sich.

»Wie ist denn das passiert?«, fragte ihn ein Sanitäter. »Sie wurden angeschossen. Wir müssen die Polizei einschalten.«

»Das war Tina«, flüsterte Rainer. Sein Atem stank nach Fusel.

»Wie bitte?« Lena war total verunsichert. Warum hätte Tina das tun sollen? Tina Brand konnte keiner Fliege etwas zuleide tun. Aber sie hatte heute von Anfang an mit Rainer eine heftige Auseinandersetzung gehabt.

»Und wo ist Tina jetzt?«, fragte Rupert. »Sie ist nämlich abgängig.«

Rainer machte eine kraftlose Handbewegung. »Keine Ahnung. Nachdem sie mir das verpasst hat, ist sie weggerannt.«

Lena konnte das nicht glauben. Da war doch irgendetwas faul. »Und warum hast du nichts gesagt? Wir hätten gleich die Polizei rufen müssen.«

»Dachte, es sei nicht so schlimm. Wollte Tina nicht schaden.«

Schleimscheißer! Der und auf Tina Rücksicht nehmen. Lena verbiss sich jeglichen Kommentar.

»Und wo war das?«, fragte einer der Polizisten, die mittlerweile auch eingetroffen waren.

Rainer schloss die Augen, und die Sanis schoben seine Trage in den Rettungswagen, ohne dass er eine Antwort gegeben hätte.

»Ist wohl wieder weggetreten«, meinte einer der Sanitäter. »Kein Wunder. Er ist alles andere als nüchtern und hat eine Menge Blut verloren.« Er schlug die Tür zu, und die Rettung fuhr mit Blaulicht davon.

»Unser letzter Stopp war in Carnuntum. Da sich niemand daran erinnern kann, Tina im Bus oder hier gesehen zu haben, müsste sie eigentlich noch dort sein.«

Einer der Beamten wies mit der Hand auf das Polizeiauto. »Dürfen wir Sie bitten, uns zu begleiten. Wir werden uns in der Gegend umsehen.«

»Gut.« Lena wandte sich an den Rest der Belegschaft. »Tut mir leid, dass es Probleme gibt. Lasst euch nicht beim Essen stören. Rupert wird euch betreuen, und vielleicht gelingt ihm sogar die Auswertung des Spieles. Wenn ich zurück bin, machen wir die Preisverleihung.«

Lena fuhr im Streifenwagen mit. Auf dem Weg bekam die Besatzung eine Nachricht über Funk. Man hatte eine Frauenleiche gefunden. Möglicherweise Selbstmord. Neben ihr lag eine Schusswaffe. Lena krampfte es den Magen zusammen.

»Das kann nicht Tina sein. Die ist lebenslustig und immer gut drauf. Die würde sich nie das Leben nehmen.«

Die Polizisten schwiegen und fuhren zu der angegebenen Adresse. Dort befanden sich ein Weingarten und dahinter ein Streifen Buschland. Die Beamten parkten neben den anderen

Einsatzwagen. Rot-weißes Absperrband flatterte fröhlich im Wind rund um ein abgestecktes Viereck im Gebüsch. Lena trat, flankiert von den Polizisten, näher. Am Boden lag Tina, seltsam verdreht. Eine Seite des Kopfes fehlte. Nur wenige Zentimeter von ihrer rechten Hand entfernt lag eine Waffe. Lena würgte.

»Wenn Sie kotzen müssen, dann raus hier!«, herrschte eine ältere Dame in einem weißen Papieranzug sie an, die allem Anschein nach die Spuren sicherte. »Versauen Sie mir nicht den Tatort.«

Die beiden Polizisten nahmen Lena am Arm und führten sie zum Wagen. Sie zitterte wie Espenlaub.

»Ist das Ihre Kollegin?«, fragte der jüngere.

Lena nickte.

»Können Sie sich einen Grund vorstellen, warum sie sich umgebracht haben könnte?«

»Absolut keinen«, bemerkte Lena und wischte sich die Tränen aus den Augen. »Ich weiß nur, dass sie auf dem Ausflug heute von Anfang an Diskussionen mit Rainer Zach hatte. Ich habe allerdings keine Ahnung, worum es dabei ging.«

»Welche Position nahm sie im Unternehmen ein?«

»Controlling. Und Zach ist der Buchhalter.«

»Interessant. Könnte es sein, dass einer von beiden Zahlen manipuliert hat, und der andere ist draufgekommen?«

Lena zuckte mit den Achseln. »Es tut mir leid, aber ich weiß es nicht.« *Und wenn einer manipuliert hat, dann sicher nicht Tina.*

»Wir bringen Sie zu Ihren Kollegen zurück. Es wird Ermittlungen geben. Sobald Ihr Kollege Zach vernehmungsfähig ist, wird er uns etwas über den Hergang der Geschichte erzählen müssen.«

Auf diesen Bericht war Lena auch schon neugierig.

Als die Polizisten sie beim Restaurant in Bruck an der Leitha absetzten und Lena bereits mit einem Bein auf dem Parkplatz stand, hielt sie plötzlich inne. Aufgeregt sprudelte es aus ihr raus. »Neben welcher Hand lag die Waffe?«

»Neben der rechten, wenn ich mich richtig erinnere.«

»Dann kann Tina sich gar nicht umgebracht haben. Sie schreibt zwar rechts, weil ihre Eltern ihr das so antrainiert haben. Aber sie ist Linkshänderin. Sie macht alles andere links, vom Zwiebelschneiden bis zum Tennis spielen.«

»Wir werden das vermerken. Sobald wir mehr wissen, melden wir uns. Und ich nehme an, dass wir die Aussagen einiger Ihrer Kollegen brauchen werden.«

Als Lena dem Rest der Belegschaft die Neuigkeiten überbrachte, hatte niemand mehr Lust, noch etwas zu essen. Alle wollten nur so schnell wie möglich nach Hause. Selbst die Auflösung des Spiels und die Preisverleihung wurden auf unbestimmte Zeit verschoben.

Drei Tage später erschienen zwei Kripobeamte in der Firma. »Wir haben das Ergebnis der Obduktion von Frau Tina Brand. Wir haben auch die Aussage Ihres Kollegen Zach überprüft und sind dabei auf einige Widersprüche gestoßen. Das passt alles nicht zusammen.«

Lena schluckte. *Das ist doch gar nicht möglich.* »Und was ist dann wirklich passiert?«

»Wir haben eine Vermutung. Kann es sein, dass Herr Zach Geld veruntreut hat und Frau Brand als Controllerin draufgekommen ist?«

»Wir sind dabei, das zu überprüfen. Möglich wäre es. Unser Chef sucht nämlich gerade einen sechsstelligen Eurobetrag, dessen Eingang nirgendwo verbucht ist, obwohl der Kunde glaubhaft versichert, dass er bezahlt hat.«

»Tun Sie das. Wenn Sie das Ergebnis haben, werden wir Herrn Zach auf den Zahn fühlen. Unser Gerichtsmediziner könnte sich nämlich folgenden Ablauf vorstellen: Rainer Zach hat Tina Brand mit aufgesetzter Waffe erschossen, die Pistole abgewischt, ihr in die Hand gedrückt und sich auf diese Weise dann selbst verletzt. Dafür würden die Fingerabdrücke auf Frau Brands Lederjacke und die Schmauchspuren auf Herrn Zachs Händen hinweisen. Allerdings dürfte ihm dazu eine ganze Weile der Mut gefehlt haben.«

Eine Woche später war alles klar. Rainer Zach hatte wirklich einen hohen Betrag hinterzogen. Tina hatte es am Tag vor dem Betriebsausflug entdeckt. Sie hatte Rainer zugeredet, das Geld zurückzuzahlen, bevor es jemand außer ihr bemerkte. Rainers Plan war gewesen, Tina umzubringen, sich selbst leicht zu verletzen und es so darzustellen, dass Tina das Geld abgezweigt hatte und er sie auffliegen lassen wollte. Worauf sie ihn angeschossen und sich dann selbst das Leben genommen hatte.

Leider hatte er zu lang gezögert und sich in der Aufregung noch dazu wesentlich schwerer verletzt, als er vorgehabt hatte. Da er ins Spital musste, konnte er die Bücher nicht mehr in seinem Sinn manipulieren. Und mit der Pfiffigkeit des Rechtsmediziners und der Akribie der Spurensuche hatte er auch nicht gerechnet. Mit all den Erkenntnissen der Ermittler und den Prüfungsergebnissen aus der Firma konfrontiert, hatte er ein umfassendes Geständnis abgelegt.

»Aber warum? Wofür braucht er so viel Geld?«, fragte Lena.

»Er hat Schulden. Er ist nämlich spielsüchtig. Nun, so wie ich das sehe, wird er jetzt Jahre Zeit haben für eine Entwöhnung.« Der Kripomann lächelte mit schmalen Lippen und verließ Lenas Büro.

Das war der letzte Betriebsausflug von Haller & Co. Lena und Rupert legten ihr Amt zurück. Und es fand sich kein neuer Organisator. Die Preise für das Quizspiel, das niemals ausgewertet wurde, spendeten sie dem Kinderheim in der Hinterbrühl.

25 **Verschiebebahnhof Kledering**
Für Freunde der technischen Fotografie oder Eisenbahnbegeisterte ein Muss. Besonders in der Dämmerung gelingen außergewöhnliche Fotos.

26 **Hainburg**
Erwiesen ist die erste Ansiedlung durch die Kelten. Es gibt aber Hinweise auf eine frühere Besiedlung zur Hallstadtzeit. Mit den zweieinhalb Kilometern Stadtmauer, drei Toren und 15 Türmen besitzt Hainburg eine der ältesten und am besten erhaltenen Befestigungsanlagen Europas.

27 **Gasthof »Zum Goldenen Anker«**
bietet neben hervorragender Küche auch einen erweiterten Gastgarten direkt am Donauufer.
Donaulände 27, 2410 Hainburg

28 **Rohrau / Schloss Rohrau**
Rohrau liegt nahe der Landesgrenze zum Burgenland. Zum Neusiedler See sind es nur noch etwa 20 Kilometer, mit dem Auto eine knappe Viertelstunde.
In Rohrau kann der Musikliebhaber von April bis Oktober diverse Veranstaltungen rund um Joseph Haydn besuchen. Ende Juni finden hier auf Schloss Rohrau die Haydn-Tage statt. Zu besichtigen gibt es neben Haydns Geburtshaus auch die beeindruckende Harrach'sche Gemäldegalerie in Schloss Rohrau.

29 **Archäologischer Park Carnuntum**
Ein Ticket gilt für das Freilichtmuseum Petronell-Carnuntum, das Amphitheater Bad Deutsch-Altenburg und das ›Museum Carnuntinum‹.
http://www.carnuntum.co.at/besucherservice

30 **Freilichtmuseum Carnuntum**
Carnuntum war römisches Militärlager und zugleich eine riesige Lagerstadt zum Schutz des pannonischen Limes gegen die Barbaren aus dem Norden. Ab dem 2. Jahrhundert nach Christus war Carnuntum auch der Verwaltungsmittelpunkt der römischen Provinz Pannonien. Zu dieser Zeit lebten hier bereits an die 50.000 Menschen. Weltweit einmalig wurden in Carnuntum die wesentlichen Architekturtypen eines römischen Stadtviertels rekonstruiert. Und – ebenso überraschend wie einmalig: Selbst die römische Therme ist wie im Original: beheizt, mit fließendem Warmwasser und Warmwasserbecken.

31 **Amphitheater Bad Deutsch-Altenburg**
Für Schulen gibt es spezielle Angebote mit antiken Sportwettkämpfen und römischem Exerzieren.

32 **Museum Carnuntinum**
Mitte des 19. Jahrhunderts rückte Carnuntum in den Fokus der Archäologen. Zahlreiche Funde machten bald klar, dass man dafür einen geeigneten Rahmen schaffen musste. Die 1885 gegründete ›Gesellschaft der Freunde Carnuntums‹ ließ daher das an eine römische Villa erinnernde Museum bauen.
Heute werden dort Funde aus 400 Jahren römischer Besiedlung ausgestellt.

33 **Buschenschank Herl**
Das Weingut mit Buschenschank hat acht Mal pro Jahr ausgesteckt.
Kirchengasse 16, 2404 Petronell-Carnuntum

34 **Gasthaus zur Linde**
Bruck an der Leitha, Wiener Gasse 1.
Ein gemütliches, gutbürgerliches Lokal mit großzügigen Portionen zu kleinen Preisen.

Wer es etwas vornehmer mag, könnte hier gut aufgehoben sein:

35 **Harrachkeller Schloss Prugg**
Die reichliche Auswahl der Speisen und das Ambiente von Schloss Prugg werden Sie überzeugen.
Schlossgasse 8, 2460 Bruck an der Leitha

DIE STIMMEN

Von Jennifer B. Wind

Sie saßen in der Küche, meine Eltern, meine Geschwister, die Schwägerin und der Schwager. Ich war als Einziger nicht beim abendlichen Familienrat am bäuerlichen Esstisch dabei.

Natürlich! Das konnte nur eines bedeuten: Sie sprachen über mich. Schon als Kind hatte ich heimlich hier gesessen, um etwas von den ›Erwachsenengesprächen‹ mitzubekommen.

Ich kauerte auf den Treppenstufen im Vorhaus und lauschte. Der Wind pfiff durch die Ritzen im alten Fensterrahmen. Der Modergeruch war mir vertraut. Alt war der Hof, und eine Renovierung täte seit Jahren Not, aber niemand hatte das Geld dafür. Ich war nicht der einzige Sohn meines Vaters, aber seine größte Enttäuschung, von Anfang an. Als Baby hatte ich ständig geweint, als Kleinkind konnte ich nicht einmal einen Baum raufklettern oder bei der Ernte helfen, zu zart war ich gewesen, saß lieber im Zimmer und spielte Flöte, später Gitarre und Geige. Diese wurde meine große Leidenschaft. Schon mit zehn Jahren spielte ich auf den Bühnen in Wien und wurde von einem Professor des Konservatoriums gefördert. Also wurde ich Musiker. Was für eine Verschwendung, rief mein Vater aus, als ich nach der Matura ein Studium für Komposition ergriff. Erste Erfolge ließen nicht lange auf sich warten. Viele Orchester spielten meine Stücke und luden mich auch ein, das Geigensolo zu spielen, das in jedem meiner Stücke vorkam und zu meinem Markenzeichen wurde. Bald rissen sich große Orchester wie die Wiener Philharmoniker um mich. Ich ging mit ihnen auf große Japantournee. »Was machst du bei den Schlitzaugen«, fragte Vater, »und warum hast du nichts Gescheites gelernt? Einen Dachdecker könnt ich brauchen«, sagte er, »oder einen Installateur, sogar Maurer wäre mir recht«, fabulierte er weiter, »aber was soll ich mit einem Musiker als Sohn? Eine Enttäuschung!« Dass ich in einem Monat so viel verdiente wie Vater in einem Jahr, zählte genauso wenig, wie dass ich immer wieder in der Zeitung oder im Fernsehen zu sehen war. »Nein, wie peinlich, was sollen bloß die Nachbarn denken«, meinte Vater dazu. Seltsamerweise war mein Geld für Neuanschaffungen auf dem Hof immer gut genug gewesen.

Ich saß also in dieser Knickhaltung und lauschte. Zugegeben, eine höchst ungemütliche Position für einen Mann meiner Größe. Die Küchentür war – wie immer – nur angelehnt.

»So kann es nicht mehr weitergehen«, sagte mein Vater.

»Was sollen wir denn tun?« Mutters Stimme hatte einen hilflosen Unterton. »Er ist doch unser Sohn. Wir müssen ihm helfen.«

»Der Wahnsinn liegt ja in *deiner* Familie! Von mir hat er das nicht.«

Mein Vater spielte auf Mutters Cousine an, die alle in Perchtoldsdorf 36 für verrückt hielten, bloß weil sie sich nicht um ihr Äußeres sorgte. Stets trug sie dieselben Kleidungsstücke und wusch sich zudem selten. Einmal in der Woche schlich sie durch die Gemeinde, bettelte um Brot und Käse. Etwas anderes nahm sie nicht an. Aber sie war glücklich und zufrieden. Warum die Dorfleute sich darüber aufregten, verstand ich nicht.

Meine Kleidung war zwar gewaschen, manchmal sogar gebügelt, aber der neuesten Mode entsprach sie auch nicht. Ich wusste nicht, wozu. Kleidung diente zum Schutz vor Nässe und Kälte. Nur auf der Bühne trug ich einen Anzug, und zu Abendveranstaltungen. Es war mir unverständlich, warum manche Menschen Unsummen ausgaben, um sich jede Saison neu einzukleiden. *Diese Leute* waren doch verrückt – nicht *ich*.

Meine Mutter bat mich oft, mir neue Sachen zuzulegen, denn so würde ich nie eine Frau bekommen und mein restliches Leben bei den Eltern wohnen müssen. Mutter verstand mich immer noch nicht. Ich wollte keine Frau, und hier zu wohnen, war nicht meine Entscheidung! Ich vermisste meine eigene Wohnung in Brunn am Gebirge 37 sehr.

»Dann kommt er eben in die Anstalt zurück – und Schluss!« Vater wollte mich zurück in die Anstalt stecken? Ich wäre am liebsten sofort in die Küche gestürmt, um ihm meine Meinung zu sagen. Stattdessen begann ich, an meinen Nägeln zu kauen und mit dem Oberkörper zu wippen. Vor und zurück, hin und her, im Takt einer Melodie, die nur ich hören konnte. Das beruhigte mich immer. Später würde ich die Noten, die durch meinen Kopf geisterten, aufschreiben. Mutter begann gerade zu schluchzen. Ich seufzte. Wie oft hatte ich sie weinen sehen? Auf jeden Fall zu oft.

Jetzt ergriff meine Schwägerin das Wort. »Es muss ja nicht gleich eine Anstalt sein. Freiwillig wird er nicht dort bleiben. Um ihn einweisen zu lassen, müsste Fremd- oder Selbstgefährdung vorliegen. Das ist im Moment nicht der Fall. Vielleicht finden wir eine andere Lösung. Es gibt betreute Wohngemeinschaften für solche Fälle.«

Klar, dass *die* sich jetzt einmischte. Ich ballte meine Hände zu Fäusten. Meine Schwägerin war aus Wien, hatte BWL und Pharmazie studiert und wusste sowieso immer alles besser. Sie hatte immer noch nicht verstanden, dass die Dinge auf dem Land anders liefen. Hier versuchte man nicht, Probleme zu lösen, man sperrte Problemfälle weg. Jetzt wollten sie auch mich wegsperren. Zweimal hatten sie mich schon auf die Baumgartner Höhe gebracht. Wann verstanden sie endlich, dass ich ein Künstler war, und Künstler waren nun mal anders.

Loswerden wollten sie mich! Das wusste ich schon länger. Vielleicht legte es meine adelige Schwägerin auf das Erbe an, obwohl ihrer Familie der Schlosspark Laxenburg [38] samt der Franzensburg [39] gehörte, sie also nicht gerade arm war. Schließlich gab es einiges zu holen. Meinen Eltern gehörte nicht nur der desolate Hof. Darüber hinaus waren sie im Besitz von zwei Museen – dem Deutschmeister-Museum [40] und dem Hugo Wolf Museum [41] im gleichnamigen Haus, das sie mit Liebe restauriert hatten – sowie der Herzogsburg [42]. In deren Burghof fanden jährlich die Perchtoldsdorfer Sommerspiele [43] statt, die der Mann meiner Schwester organisierte. Nur den Knappenhof [44] samt Barockschlössl [45] hatten meine Eltern an die Marktgemeinde verkauft, um neue Maschinen für den Hof zu kaufen.

Die Stimmen hatten mir gesagt, dass sie mich allesamt loswerden wollten. Drei waren es insgesamt. Die weise Stimme eines alten Mannes, eine jüngere männliche und eine weibliche Stimme. Nur ich wusste, wer sie waren. Seit zwei Jahren leiteten sie mich. Als ich die Fenster meiner Wohnung zerschlagen und die Möbel hinausgeworfen hatte, hatten *sie* mich dazu angetrieben. Ich wollte schon länger bescheiden leben. Zu viele Möbel erdrückten meinen Geist – ich konnte keinen klaren Gedanken mehr fassen. Die Fensterscheiben hielten Winterkälte und Sommerhitze ab. Wind und Regen sperrten sie aus. Ich saß in einem Glaspalast und fühlte nichts. Das Leben wollte ich spüren, das Leben hinter den Scheiben. Ich wollte Kälte, Hitze, Nässe und Luft spüren. Der Schmerz, als die Glassplitter meine Hände zerschnitten, war das erste Gefühl seit Jahren. Ich merkte, dass ich den Schmerz brauchte, um mich lebendig zu fühlen!

Mein Vermieter rief sofort die Polizei. Es war mitten in der Nacht, und die Situation erregte großen Aufruhr in meiner Siedlung in Brunn am Gebirge, weil es dort meist sehr ruhig war. Meine Wohnung lag am Rand der Lerchenhöhe 46, wo es nur lauter wurde, wenn im Winter die Kinder dort rodelten.

Als ich damals die Möbel aus dem Fenster geschmissen hatte, wurde ich vom Amtsarzt in eine psychiatrische Anstalt eingewiesen. Die Ärzte diagnostizierten paranoide Schizophrenie. Also bitte, ich fühlte mich völlig gesund – aber die Menschen in meiner Umgebung verhielten sich irgendwie seltsam. Sie beobachteten mich argwöhnisch und tuschelten hinter dem Rücken über mich. Das wusste ich. Auch wenn sie mir immer wieder versicherten, dass ich mich irrte. Sie alle hatten sich gegen mich verschworen. Meine Eltern machten mit dem Arzt gemeinsame Sache, darum wollte ich die Tabletten, die mir der Arzt verschrieb, nicht nehmen. Ich war doch nicht krank. Der Arzt wollte mich vergiften, ganz bestimmt. Vielleicht hatte meine Familie ihm etwas von dem Erbe versprochen.

Also bin ich nach drei Tagen abgehauen. Über 20 Kilometer bin ich zu Fuß nach Hause gegangen. Mit dem Schloss meiner Wohnungstür stimmte etwas nicht. Der Schlüssel passte nicht. Mit den Fäusten hämmerte ich dagegen und schlug auf den Türknauf ein. Doch ich kam nicht in meine Wohnung. Vor der Tür standen drei große Müllsäcke. Als ich hineinblickte, glaubte ich meinen Augen nicht zu trauen. All meine Noten, Bücher, Kleidung, ja alles, was ich besaß, hatte in drei Müllsäcken Platz. Irgendwie machte mich das glücklich. Ich war befreit vom Ballast. Also lachte ich, während ich immer wieder erstaunt in die Säcke blickte. Mein Gelächter weckte den Vermieter auf, der sofort meine Eltern anrief, die mich abholten. Vater beschimpfte mich. Mutter weinte – wie immer. Sie fuhren mich wieder in die Anstalt zurück, aber da ich nicht freiwillig bleiben wollte, mussten sie mich wieder mitnehmen. Seitdem wohnte ich wieder zu Hause in meinem alten Zimmer. Oh, wie ich das hasste! Aber in die Anstalt zurück wollte ich nicht mehr. Nie wieder!

Enthaltsam wollte ich leben, in allen Bereichen, wie Jesus Christus und seine Jünger damals. Darum wollte ich auch keine Frau. Deshalb war ich doch nicht krank und schon gar nicht verrückt. Meine Eltern waren sicher neidisch, dass *ich* den Ruf Gottes vernahm und nicht sie, die jeden Sonntag in die Pfarrkirche [47] pendelten und jedes Mal auch der Martinikapelle [48] einen Bet-Besuch abstatteten.

Mein knochiger Hintern tat mir vom Sitzen auf den Steinstufen bereits weh. Die Ärzte hatten meinen Eltern gesagt, ich würde aufgrund meiner Krankheit immer wieder vergessen zu essen. Ich wusste es jedoch besser: Ich hatte einfach einen extrem schnellen Stoffwechsel. Die Arme fester um meine Knie geschlungen, blieb ich sitzen, meine Fingernägel gruben sich ins Fleisch. Blut floss an meinen Waden entlang. Der Schmerz! Ich genoss den Schmerz. War ich so nicht Jesus näher? Jedes Mal, wenn ich mich selbst verletzte, fühlte ich mich erhaben und war stolz, den Schmerz ertragen zu dürfen. Wenn dann mein Blut floss, sprach Gott zu mir. Deshalb wusste ich, dass ich auf dem richtigen Weg war. Auch jetzt hörte ich sein Flüstern: »Heinrich. Heinrich. Du hast gehört, was deine Eltern vorhaben. Willst du nicht etwas dagegen tun?«

Natürlich wollte ich das.

»Lass dir etwas einfallen«, fügte die hellere Stimme hinzu. »Heinrich, du musst ihnen zuvorkommen.«

Ja, die Stimmen hatten recht. Alles war nur eine Frage der Zeit. In meinem Kopf formte sich ein Plan. Es gab keinen anderen Ausweg.

Leise schlich ich am frühen Morgen in das Haus zurück. Ich trug einen Korb mit giftigen Beeren und Pilzen. Die Stimmen hatten mir den Weg gezeigt. Der Wienerwald war um diese Jahreszeit das reinste Füllhorn an Früchten, der Waldboden mit verschiedenen Pilzen übersät. Man musste nur sehr zeitig in der Früh auf die Suche gehen, sonst waren die bekannten Plätze schon von den Heurigenwirten abgegrast, die gerade Wild- und Pilzwochen hatten.

Im Keller stand die Kühltruhe, vollgefüllt mit Pfifferlingen, Steinpilzen, Blaubeeren, Himbeeren und Brombeeren, die meine Eltern jeden Spätsommer sammelten. Mutter hatte alles sorgfältig in Gefriersäcken und Plastikdosen verpackt. Ich nahm einen Sack mit Pilzen heraus, öffnete ihn und steckte einige farblich passende Giftpilze dazu. Das wiederholte ich mit allen Säcken und Dosen. Ich wusste, dass niemand mehr den Inhalt überprüfen würde. Als ich nach oben in mein Zimmer schlich, fühlte ich mich zwar müde, aber euphorisch. Grinsend lag ich auf dem Bett.

Die weibliche Stimme flüsterte: »Gut gemacht, Heinrich!« Sie hatte ich schon lange nicht mehr gehört. Ich mochte sie. Der Klang war weich und warm. Ich hatte mein Werk getan, jetzt lag es an den anderen, ich musste nur noch abwarten.

Schon zwei Tage später duftete es im ganzen Haus nach Pilzsoße. Als ich nach unten ging, saß bereits die ganze Familie um den Tisch und nahm ihre Mahlzeit ein.

»Warte, Heinrich, ich richte dir gleich einen Teller her«, sagte Mutter, als sie mich an der Tür stehen sah.

Ich schüttelte den Kopf. »Nein danke, ich habe schon gegessen.«

»Heidelbeerkuchen willst du auch keinen kosten?«

Ich seufzte. »Du weißt doch, dass ich zurzeit faste.«

Mutter blickte betrübt, sagte aber nichts. Vielleicht bildete ich mir das ein: Meine Schwägerin sah mich seltsam an. Ich ging in den Garten, um ein paar Runden im Fischteich zu schwimmen. Das Wasser war kalt, trüb, schleimig und roch nach Algen und Fisch. Niemand sonst schwamm je darin. Als ich wieder in die Küche kam, lagen meine Eltern und der Schwager reglos auf der Eckbank und meine Geschwister mit den Köpfen in den Tellern vor ihnen. Es war vollbracht. Ich war stolz auf meine Leistung. Die Stimmen in meinem Kopf jubelten. Um sicherzugehen, wollte ich mir das Ganze aus der Nähe ansehen, als die Tür zur Veranda aufging.

Das Gewehr meines Vaters fest umklammert, kam meine Schwägerin auf mich zu: »Hallo, Heinrich! Damit hast du sicher nicht gerechnet, was? Ich lebe noch!«

Ich zuckte mit den Achseln. »Vielleicht dauert es bei dir länger, bis das Gift wirkt.«

Meine Schwägerin lachte hysterisch. »Gott, du bist wirklich krank. Hinter Gitter gehörst du. Eine Anstalt ist noch zu gut für dich! Deine ganze Familie hast du auf dem Gewissen.«

»Waren doch nur Verrückte. Hast du nicht zugehört? Der Wahnsinn liegt in der Familie! Hier sind alle irr!« Ich kicherte. »Ich habe es nicht eilig. Es kann nicht mehr lange dauern, bis du zusammenbrichst.«

»Ich werde nicht sterben, Dummkopf! Ich habe nichts davon gegessen.« Angewidert deutete sie mit dem Kopf auf den Topf mit dem letzten Rest Pilzsoße.

Ich war etwas irritiert. Wie konnte das passieren? Die Schwägerin liebte Pilze doch besonders. Sie schien meine Gedanken zu erraten.

»Schwangere Frauen sollen keine Wildpilze und Waldbeeren essen«, erklärte sie. »So ein Pech, Heinrich! Tja, das konntest du nicht ahnen. Meine Schwangerschaft sieht man noch nicht.«

Das stimmte. Ungläubig starrte ich auf die Stelle unter ihren Brüsten. Flach lag der Pullover darüber. Mist, warum hatte mich niemand gewarnt? Ich schlug mir auf den Hinterkopf.

»Wieso habt ihr nichts gesagt?« Ich richtete den Blick an die Decke. »Der Plan war doch bombensicher!«

»Mit wem sprichst du, Heinrich?«

Ohne zu antworten, wimmerte ich, den Kopf in den Händen vergraben. Ich fühlte mich plötzlich unwohl. Die Stimmen redeten alle gleichzeitig auf mich ein. Was für ein Lärm! »Lasst mich in Ruhe! Habt ihr nicht genug angerichtet? Jetzt komm ich in den Knast!«

»Heinrich! Mit wem sprichst du?«, fragte meine Schwägerin erneut.

»Pssst. Sei still!« Ich legte den Zeigefinger auf meine Lippen. »*Er* spricht zu mir.«

Meine Schwägerin dachte nicht daran, still zu sein. Sie blickte sich um. »Wer?«

»Gott!« Ich sah ihr in die Augen. Sie sah verschreckt aus. Ich überlegte, ob ich das ausnutzen konnte: »Ja genau! Gott spricht mit mir. Er sagt, du sollst das Gewehr wegnehmen.«

Ihre Reaktion war anders, als ich erwartet hatte. Sie warf ihren Kopf in den Nacken und lachte. Das Gewehr zitterte dabei in ihrer Hand, ihr Busen wippte im Takt dazu. »Du bist nicht bei Trost! Aber das wissen wir ja schon.«

»Leg das Gewehr weg.« So schnell wollte ich nicht aufgeben. »Dann passiert dir vielleicht nichts.«

Sie schüttelte den Kopf. »Es ist ja noch schlimmer, als wir dachten!« Sie lachte über mich.

»Ich bin nicht verrückt! Ihr seid verrückt! Alle!«, schrie ich. »Ich aber bin auserwählt.«

»Oh ja, ein auserwählter Irrer.«

»Ich bin etwas Besonderes«, versuchte ich, ihr zu erklären.

»Ja, besonders krank.«

Ich war nicht krank! Wieso glaubte mir niemand? »Hörst du mir denn nicht zu? Verstehst du nicht?«

»Glaub mir, ich verstehe besser, als du dir vorstellen kannst.« Sie füllte einen Teller mit Pilzsoße, stellte ihn auf den Tisch und sah mich herausfordernd an. »Nun gut, wenn du auserwählt bist, dann wird dich das nicht umbringen, oder?«

Ich blinzelte und schlug mir mit der Hand noch einmal ans Ohr. Fester, immer fester, bis mir schwindelig wurde. Was passierte hier? Träumte ich? Das stimmte alles nicht. Wieso übernahm meine Schwägerin die Kontrolle? Ich grub meine Fingernägel in alte Wunden am Oberarm, die sofort wieder zu bluten anfingen. »Heinrich, tu es. Trau dich. Du bist auserwählt«, riefen die Stimmen im Chor. Sie sangen alle zusammen, trieben mich in den Wahnsinn. Der Wahnsinn! Jetzt hatte er mich tatsächlich erfasst. Schweiß sammelte sich in meinem Nacken und rann in kleinen Bächen meine Wirbelsäule entlang. In den Ohren hörte ich mein Blut rauschen. Dumpf pochte der Puls in meinen Schläfen. Meine Hände fest an beide Ohren gepresst, setzte ich mich hin und starrte auf den Teller.

»Iss, Heinrich«, forderte mich die Schwägerin auf.

»Iss, Heinrich«, riefen die Heiligen im Chor.

»Iss, Heinrich«, hallte es von den Wänden.

Ich schrie laut auf: »Ruhe! Lasst mich in Ruhe!«

Was musste ich tun, um endlich meinen Frieden zu haben? In einer braungelben Masse schwammen die Pilze und schienen mich herausfordernd anzugrinsen. Schief lächelte ich zurück. Mit einem Mal war mir klar, wie ich meinen Frieden finden konnte. Andächtig nickend nahm ich den Löffel in die Hand.

Während ich aß, beobachtete ich meine Schwägerin. Sie nickte und stellte die Schrotflinte wieder zurück in den Wintergarten nebenan. Hastig aß ich weiter. Das Weiß des Tellers vermischte sich mit dem Braun der Soße, die Farben drehten sich im Kreis, spielten miteinander. Der Strudel zog mich in die Tiefe. Der Wind wehte den fischigen Geruch des Teiches durch die geöffnete Terrassentür herüber. Die Schwägerin knöpfte sich die Strickjacke zu, holte noch einmal tief Luft und ging in die Küche zurück. Sie verschwamm vor meinen Augen. Ich konnte meinen Arm nicht mehr heben. Der Löffel schlug dumpf auf dem Boden auf. Während ich langsam wegdämmerte, hörte ich meine Schwägerin sprechen.

»Ihr könnt aufstehen.« Was meinte sie?

»Ist es vorbei?«, hörte ich meine Schwester fragen. Ich zuckte zusammen. Schwerfällig drehte ich den Kopf in ihre Richtung, sah, wie sie sich mit der Serviette die Soße aus dem Gesicht wischte.

»Ja, er schläft jetzt.« Die Stimme meiner Schwägerin. »Ich habe die Ambulanz bereits verständigt.«

Meine Mutter sprang auf, umarmte mich und begann zu schluchzen. Mein Vater strich ihr tröstend über den Arm.

»Glaub mir, es ist besser so.«

Was zur Hölle passierte hier? Sie waren alle am Leben, schoss es mir durch den Kopf. Welche Ironie. Meine Augenlider wurden schwer. Ich spürte mich nicht mehr. Die Stimmen meiner Familie hallten durch meinen Kopf und wurden leiser, die Worte verschmolzen zu einer Melodie, die mich hinüberbegleitete. Dunkel. Kalt. Tot.

Ich driftete durch die Dunkelheit. Es war wie fliegen. Doch wo war das Licht, von dem alle redeten? Mein Magen krampfte. Ich schluckte und öffnete die Augen. War ich im Himmel? Helles Weiß umgab mich. Die Decke blendete. Ich lag am Rücken. Vorsichtig versuchte ich, meine Arme zu heben. Es gelang mir nicht. Irgendetwas war um meine Handgelenke geschlungen. Auch um meine Fußgelenke schnitt etwas ein.

Ich blinzelte und sah nach unten. Ich lag in einem Bett, eine Decke, die mich nicht wärmte, lag auf meinem dürren Körper. Als ich sah, dass meine Arme in Ledergurten steckten, genauso wie wohl meine Füße, was ich aber nicht erkennen konnte, da sie unter der Decke waren, schnappte ich nach Luft.

In einigen Metern Entfernung stand meine Familie am Fenster und flüsterte.

»Er wollte uns tatsächlich alle töten.« Das war die Stimme meines Bruders. »Ich wollte dir nicht glauben, als du uns gesagt hast, du hättest Heinrich dabei beobachtet, wie er unsere Vorräte vergiftet hat.«

»Er ist dein Bruder.« Meine Schwägerin sah ihren Mann aus müden Augen an. »Natürlich wolltest du es nicht wahrhaben.« Wie lange hatte sie schon nicht mehr geschlafen? Beinahe tat sie mir leid.

»Gott sei Dank haben die Beruhigungsmittel lange genug gewirkt!« Auch sein Vater klang matt.

»Wozu habe ich Pharmazie studiert?« Die Schwägerin räusperte sich. »Er wird bald wieder aufwachen. Jetzt wird er lange nicht mehr aus der psychiatrischen Anstalt rauskommen. Es wird ihn kaputtmachen.« Sie begann zu weinen.

Da wurde es mir klar: Sie mochte mich, sie verstand mich sogar, womöglich hatte sie als Einzige der Familie kapiert, wer ich war. Am liebsten wäre ich aufgestanden und zu ihr gelaufen und hätte ihr versichert, dass mich nichts umbringen kann, solange ich die Musik habe.

»Denkt Heinrich wirklich, Gottes Stimme zu hören?« Der Vater schüttelte den Kopf. »Unvorstellbar!«

»Ich glaube nicht. Dazu ist er zu intelligent.« Wow. Sie hielt wirklich mehr von mir, als ich selbst. »Tief drinnen weiß er, dass es irrational ist.« Tat ich das? Aber sie klangen so real, die Stimmen. Und irgendwie brauchte ich sie. Dann fühlte ich mich nicht so alleine.

»Aber er ist krank.« Meine Mutter seufzte. »Wie krank, war uns bis heute nicht bewusst.« Ihre Stimme zitterte, und ich hoffte inständig, dass sie nicht wieder zu weinen begann. »Was für eine grausame Krankheit!«

Mein Bruder sah seine Frau traurig an. »Denkst du, der Wahnsinn liegt in der Familie?«

Meine Schwägerin presste ihre Lippen aufeinander. Ihre Hände zitterten, als sie die Strickjacke fester zusammen gurtete, an ihm vorbei aus dem Fenster in den weiten Himmel sah und schützend die Hand auf ihren Bauch legte.

36 **Perchtoldsdorf**
Perchtoldsdorf ist seit dem Biedermeier ein beliebtes Ziel von Sommergästen, Ausflüglern und Touristen. Bedingt durch seine Lage fernab der wichtigsten Verkehrsverbindungen, verbrachte der Markt das 19. Jahrhundert im Abseits des Fortschritts. Es war gerade diese Verschlafenheit, die die ersten Gäste anzog. Der mittelalterliche Ortskern mit der zentralen Burg-Kirchenanlage und dem spätgotischen frei stehenden Turm hat die stürmische Entwicklung des vergangenen Jahrhunderts ebenso unbeschadet überstanden wie der historische Marktplatz mit barocker Pestsäule, das Rathaus aus dem 15. Jahrhundert und die schönen alten Bürgerhäuser aus Gotik und Renaissance. Der 60 Meter hohe frei stehende Wehrturm, ein Meisterwerk spätmittelalterlicher Festungsbaukunst (1450 – 1521), ist seit rund einem halben Jahrtausend das Wahrzeichen des Marktes. Der untere Teil des mächtigen Quaderbaus bis zur Gewölbezone der Nikolauskapelle war bereits um 1460 fertiggestellt. Die Türmerstube wurde zu einem Museum der Ortsgeschichte ausgebaut, das darüberliegende Geschoss beherbergt das Archäologische Museum der Marktgemeinde Perchtoldsdorf. Von der auf mächtigen Steinkonsolen ruhenden Galerie hat man einen überwältigenden Ausblick in das Wiener Becken und hinein in den Wienerwald.
Auf der Perchtoldsdorfer Heide kann man ein Tier beobachten, das seit Jahren auf der Roten Liste der gefährdeten Tierarten steht: das Ziesel. Dieser Bewoh-

ner von Trockenrasengebieten ist durch die moderne Landwirtschaft und die Zersiedelung vom Aussterben bedroht.

37 Brunn am Gebirge

Brunn war bereits vor fast 8.000 Jahren besiedelt und gilt als älteste bäuerliche Siedlung Österreichs.
Das Ortszentrum beherbergt ein gotisches Juwel, die Pfarrkirche St. Kunigunde. Einige Schritte weiter ist im Heimathaus eine umfangreiche Sammlung zur Brunner Ortsgeschichte untergebracht. Geschichte in historischen Häusern, von der Urzeit bis zur Industrie.
Ebenso hier vertreten ist die Musik.
Es wird vermutet, dass bereits zur Römerzeit Weinbau in Brunn betrieben wurde. Zahlreiche Feste und kulturelle Veranstaltungen finden jährlich statt, und gemütliche Heurigenbetriebe haben rund ums Jahr ausgesteckt. Das älteste Brunner Erholungsgebiet, der Wällischhof, liegt auf dem Brunner Berg. Auf dem Areal wurde bereits im Jahre 1891 eine Kaltwasserheilanstalt errichtet. Ab 1945 wurde sie von der sowjetischen Verwaltung als Lager verwendet. Einige unter Rindenmulch begrabene Fundamente erinnern noch daran. Heute ist der Wällischhof vor allem für naturinteressierte Erholungssuchende ein Geheimtipp. An dem mit informativen Schautafeln ausgestatteten Naturlehrpfad gibt es auch einen circa 100-jährigen Feldahorn und ein Feuchtbiotop zu bestaunen.

38 Laxenburg – Schlosspark

Die Schlossanlage Laxenburg verfügt über viele kulturhistorisch interessante und nicht alltägliche Merkmale. Eine dieser wesentlichen Besonderheiten ist das Vorhandensein von zwei Schlössern: das Alte Schloss – ältestes Gebäude Laxenburgs aus dem 12. Jahrhundert – und das Neue Schloss – der Blaue Hof, die friedlich nebeneinander existieren. Vielfach wurden die mittelalterlichen Bauten zugunsten barocker Neuschöpfungen geopfert, in Laxenburg ist die Geschichte andere Wege gegangen. Der große Landschaftsgarten mit künstlichem Teich, Burg und anderen romantischen Bauten lädt zum Verweilen ein. Hauptsächlich diesem Naturpark verdankt Laxenburg seine Beliebtheit und seinen Bekanntheitsgrad bis heute.

39 **Franzensburg**

Die Franzensburg ist eine Wasserburg, die zwischen 1801 und 1836 im Stil einer alten Burg auf einer künstlichen Insel im Parkteich errichtet wurde. Die Festung ist im Sommer via Fähre erreichbar, im Winter kann man sie an dieser Stelle über eine Holzbrücke oder ganzjährig über eine Steinbrücke von der Hinterseite aus erreichen. Führungen gibt es nur von Frühling bis Herbst. Im Sommer werden auch Theatervorführungen veranstaltet, und man kann Ruder- oder Elektroboote mieten, um damit den romantischen See mit seinen bewaldeten Inseln zu erkunden.

40 **Deutschmeister-Museum**

Im selben Stockwerk wie das ›Osmanen-Museum‹ ist das ›Deutschmeister-Museum‹ im historischen Rathaus in Perchtoldsdorf untergebracht. Das altösterreichische Deutschmeisterregiment, zuletzt ›K u. K Infanterieregiment Hoch- und Deutschmeister Nr. 4‹ genannt, war eine der langlebigsten militärischen Einrichtungen, die sich aus der Verbindung des habsburgischen Kaiserhauses mit dem Deutschen Orden ergeben haben. Das altehrwürdige schwarze Tatzenkreuz des Deutschen Ordens ist bis zum heutigen Tag Symbol der Regimentstradition. Die Tatsache, dass das Regiment der Hoch- und Deutschmeister im Jahr 1696 in Donauwörth, der Partnerstadt von Perchtoldsdorf, gegründet, aufgestellt und sodann dem Prinzen Eugen von Savoyen für den Kampf gegen die Türken zugeführt wurde, war für den Gemeinderat von Perchtoldsdorf Grund genug, dieses ›Deutschmeister-Museum‹ ins Leben zu rufen (1981). Es bietet eine Dokumentation, deren Bogen sich von der Gründung des Deutschen Ordens bis zum Nachfolgeregiment der Deutschmeister im österreichischen Bundesheer spannt.

41 Hugo-Wolf-Museum im Hugo-Wolf-Haus

Das Hugo-Wolf-Haus, Brunner Gasse 26, ist ein typisches Winzerhaus aus dem 16. Jahrhundert. Im 18. Jahrhundert war es kurze Zeit im Besitz der Schwarzspanier, der Benediktiner von Montserrat. Die mehrmalige Anwesenheit des berühmten Komponisten Hugo Wolf (1860–1903) verleiht dem Haus besondere kulturhistorische Bedeutung. Hier entstanden während mehrerer Aufenthalte in den Jahren 1888 bis 1896 116 seiner schönsten Lieder, unter anderem die Vertonungen der Gedichte Mörikes, das Spanische und der zweite Teil des Italienischen Liederbuches sowie die Oper ›Der Corregidor‹. 1973 wurden hier eine Hugo Wolf-Gedenkstätte und ein Hugo Wolf-Museum eingerichtet. Die denkmalgeschützte Sammlung wurde im Jahre 2003 anlässlich des 100. Todestages des großen Tondichters neu präsentiert.

42 **Die Herzogsburg**

liegt hinter der Pfarrkirche, eine noch heute eindrucksvolle Burganlage, und gehört zu einer Kette von Wehranlagen, die im 11. Jahrhundert am Ostabfall des Wienerwaldes errichtet wurden. Sie war ursprünglich Sitz babenbergischer Dienstmannen. Im 14./15. Jahrhundert residierten hier die Fürstinnen aus dem Hause Habsburg. Seit ihrer Revitalisierung in den Jahren 1964–1967 ist die Burg eine beliebte Veranstaltungs-Location. Nach einem viel beachteten Um- und Ausbau in den Jahren 2008–2010 präsentiert sie sich als modernes Veranstaltungszentrum und verbindet den Charme von tausendjähriger Geschichte mit einer faszinierenden Palette möglicher Event-Nutzungen.

43 **Perchtoldsdorfer Sommerspiele**

Der Burghof ist alljährlich Schauplatz der Perchtoldsdorfer Sommerspiele, eines Theaterfestivals, das seit 1976 im Juli hier stattfindet.

44 **Der Knappenhof**

Wiener Gasse 17, ein auf dem Gelände eines seit 1380 nachweisbaren landesfürstlichen Lehenhofes in der ersten Hälfte des im 18. Jahrhunderts errichtetes Barockschlössl. Es wird gerne als der schönste Profanbau Perchtoldsdorfs bezeichnet. Das Herzstück des reizvollen Innenhofes ist die von zwei kräftigen Atlanten gestützte Freitreppe. Aus der Entstehungszeit des Schlosses stammen auch die restaurierten mythologischen Figuren in der barocken Gartenanlage (Zellpark). Von 1795-1848 bestand im Knappenhof (Knappen-Straße, ursprünglicher Name der Wiener Gasse) die erste Kattundruckerei Österreichs.

45 Barockschlössl

Das Barockschlössl befindet sich seit 1971 samt neu gestalteter Parkanlage im Besitz der Marktgemeinde. 1983 wurde es prachtvoll restauriert.

46 Lerchenhöhe

Ganz in der Nähe des Erholungsgebiets ›Wällischhof‹ befindet sich das rund 18.000 Quadratmeter große Gelände Lerchenhöhe. Die vielen Bäume und Sträucher bieten Erwachsenen Entspannung und Kindern eine abenteuerliche Spielgelegenheit in frischer Luft. Ein Spiel- und ein Sportplatz runden das Angebot ab. Im Winter kann das Gelände für Rodelausflüge genutzt werden.

47 Pfarrkirche

Die ursprünglich der Muttergottes geweihte Pfarrkirche geht in ihren Anfängen bis ins 13. Jahrhundert zurück. Über den Ruinen der 1270 geweihten romanischen Kirche wurde zunächst eine Burgkapelle errichtet und 1338 geweiht. In einer weiteren Ausbaustufe entstand der nach Osten vorspringende Hauptchor mit zwei Seitenschiffen. An der gotischen Ausgestaltung dieser Pfarrkirche war nach Meinung von Bauhistorikern auch die Wiener Dombauhütte von St. Stephan beteiligt. Unter der Schirmherrschaft von Pfarrer Thomas Ebendorfer (1388–1464) wurde an den bestehenden mit Kreuzrippen gewölbten Ostteil ein höherer sternrippengewölbter Westteil (Langhaus) angefügt (Ausbau Ende 15. Jahrhundert abgeschlossen). Von der reichhaltigen gotischen Ausgestaltung sind nur ein Sakramentshäuschen mit prächtiger schmiedeeiserner Gittertür und einige Epitaphien – zwei davon befinden sich heute im Wehrturm – erhalten geblieben. Am Kirchenäußeren sind insbesondere das Relief ›Mariä Krönung‹ im Bogenfeld des Nordportals (um 1400) und dessen Gegenstück ›Mariä Tod‹ über dem Südportal (vor 1449) sowie das an der Außenseite vor dem Aufgang angebrachte Ölbergrelief (1511) von einiger kunsthistorischer Bedeutung. Die Kirche wurde im 19. Jahrhundert regotisiert, der barocke Hochaltar (1700) mit dem Hauptbild ›Mariä Himmelfahrt‹ stand bis 1951 in der Spitalskirche.

48 **Martinikapelle**

Dem Südportal der Pfarrkirche fast genau gegenüber liegt der Eingang in die Martinikapelle, die als spätgotischer Karner 1512–1520 errichtet wurde. Sie erhebt sich über annähernd quadratischem Grundriss, dem im Osten ein 5/8-Chorschluss angefügt ist. Das Gruftgeschoss weist ein von einer Mittelsäule getragenes Fächergewölbe auf, im Obergeschoss zeigt der Hauptraum ein Netz-, der Chor ein Sternrippengewölbe. Der Karner ist der jüngste Teil der einstigen Burg und durch eine Mauer mit dem Südturm verbunden. Seit 1953 beherbergt die Kapelle die Gedächtnisstätte für die Opfer der beiden Weltkriege.

Auch sehenswert:

49 **Campusteiche Brunn am Gebirge**

Die Campusteiche bieten Spaziergängern die Möglichkeit, am Wasser zu verweilen. Beim Bau des ›campus21‹ wurden die Feuchtbiotope in Form von gepflegten Teichen wieder hergestellt. Die parkähnliche Anlage ist nicht nur ein Erholungsraum für die dort Beschäftigten, sondern wird auch gerne von den Brunner Bürgerinnen und Bürgern besucht.

50 Der Gliedererhof – Heimathaus

Dieses prächtige gotische Haus stammt aus dem 15. Jahrhundert und wurde durch die Gemeinde vom letzten Besitzer, August Gliederer, angekauft und in den Jahren 1965–1969 restauriert. 1969 wurde es als ›Brunner Heimathaus‹ eröffnet und dem Verein zur Verwaltung und Betreuung übergeben. Der erste Obmann des Vereins war Tierarzt Ludwig Müllner. Seit 1960 steht das Haus unter Denkmalschutz. Besonders beliebt sind die monatlich stattfindenden Vernissagen, zahlreiche Lesungen und Konzerte runden das kulturelle Angebot ab. Auch der Hof hat eine besondere Ausstrahlung. So wird im Sommer Theater gespielt, das bereits international bekannte Brunner Boogiefestival hat hier eine Open-Air-Bühne, und vor Weihnachten findet der beliebte Adventmarkt statt. Auch interessante Sammlungen zur Brunner Ortsgeschichte, wie das Neolithische Museum, das Römermuseum, das Brauereimuseum sowie das Imkereimuseum sind hier untergebracht. Seit Oktober 2010 befindet sich zudem das Archiv im Garten des Heimathauses. Eine ganz besondere Bedeutung hat die Rudolf-Steiner-Gedenkstätte.

DAS TRIESTINGTAL

Es erhielt seinen Namen durch den Fluss Triesting. Die Triesting entspringt im Mostviertel, ihr größerer Teil allerdings durchquert das Industrieviertel und fließt bei Achau in die Schwechat. Das Triestingtal beginnt beim 600 Meter hohen Gerichtsberg. Im oberen Teil liegen die Orte Kaumberg, Altenmarkt, Weißenbach, Furth, Pottenstein, und – etwas abseits – Hernstein. Dies ist die Region mit verträumten kleinen Orten, großen Wäldern, Burgen oder Ruinen und voll ländlichem Flair, das Ausflügler und Wanderer aus den Städten der näheren und weiteren Umgebung anzieht. Aber auch Biker und Radsportler kommen hier auf ihre Kosten. Auf den kleinen und teils steilen Straßen der Berge und Hügel der Voralpen findet jeder seine passende Herausforderung.

Im unteren Teil des Tales liegen die Orte Berndorf, Hirtenberg, Enzesfeld-Lindabrunn, Leobersdorf, Schönau und Günselsdorf. Hier, wo die hügelige Landschaft immer mehr ins Flachland des Wiener Beckens übergeht, muten die Orte schon weniger ländlich an. Man merkt, dass hier die Industrie Jahrhunderte lang tonangebend war.

In Berndorf beispielsweise hat Arthur Krupp mit seinen Arbeitersiedlungen, der Schule und der neobarocken Margarethenkirche nicht nur soziale Meilensteine gesetzt. Auch architektonisch prägen diese Bauwerke bis heute das Bild der Stadt. Hirtenberg wurde seit Anfang des 20. Jahrhunderts von der Patronenfabrik beeinflusst. Schon vor dem Zweiten Weltkrieg war die Auftragslage ausgezeichnet. Hier standen 3.800 Menschen in Lohn und Brot. Im Krieg wurden sie noch durch Zwangsarbeiter aus dem Außenlager des KZ

Mauthausen unterstützt. Der Schwerpunkt lag in der Herstellung von Industriemunition. Hier finden sich noch zahlreiche Bunkereingänge aus der Zeit des Zweiten Weltkriegs. Einer davon wurde zum Bunkerstüberl umgebaut, ein anderer dient der Feuerwehr zu Übungszwecken. Das unterirdische Tunnelsystem ist nicht mehr komplett begehbar. Die verzweigten Gänge ziehen sich aber durch das ganze Triestingtal bis hinauf nach Perchtoldsdorf und hinunter nach Wiener Neustadt. Leobersdorf, wo das Triestingtal ins Wiener Becken übergeht, ist schon allein durch seine verkehrsgünstige Lage an der Südbahn ein idealer Industriestandort. Hier befinden sich eine Ziegelfabrik, eine Maschinenfabrik und seit einigen Jahren der ›Ared-Park‹, wo sich neue Unternehmen ansiedeln konnten.

Das Triestingtal hat ein reiches Natur- und Kulturerbe und ist durch seine Nähe zu Wien, Baden und Wiener Neustadt ein sehr attraktiver Wohnort. Die landschaftliche Schönheit und Vielfalt vor den Toren Wiens nutzen viele Touristen zum Klettern (z.B. Peilstein) Wandern, Radfahren und Mountainbiken.

*

Besonders empfehlenswert für Sportbegeisterte:

Radfahren:
Der Triesting-Gölsental-Radweg (siehe Tipp Nummer 12).

Hier geht es entlang des rauschenden Baches vom südlichen Wienerwald, beginnend in Leobersdorf, vorbei an Hirtenberg, Berndorf und Pottenstein auf fast ebenen Wegen. Weiter oben am Fluss radelt man von Weißenbach über Altenmarkt und Hainfeld bis St. Veit an der Gölsen durch nahezu alpine Landschaften. Selbstverständlich lädt der Weg auch

Wanderer und Spaziergänger ein. In den flachen Teilen ist er auch für Rollstuhlfahrer und Kinderwagen gut geeignet.

Wandern und Klettern:
In Altenmarkt am Drei-Kirchen-Rundwanderweg, in der Steinwandklamm, zur Araburg, von Berndorf auf den Guglzipf (Aussichtswarte). Alle zwei Jahre findet hier im Sommer das Musikfestival ›Rock am Berg‹ statt.

In der brandneuen Kletterhalle im ›Bloomfield-Center‹ Leobersdorf können Sportbegeisterte auch bei Schlechtwetter bouldern und klettern. Die Kletterhalle bietet auch Schnupperkurse an, Schuhe können vor Ort ausgeliehen werden.

Golf:
Im Golfklub Enzesfeld erwartet den Spieler eine 18-Loch-Anlage, teilweise in Waldlage, mit großen, griffigen Grüns.

Reiten:
In Enzesfeld und Altenmarkt.

Bäder:
Erlebnisbäder in Leobersdorf und Berndorf (nur im Sommer).

*

Kultur:
Die Bühne Berndorf hat einen durchaus interessanten Spielplan. Theateraufführungen eigener Inszenierungen, Auftritte von internationalen Musikern, Kabarettisten und vieles mehr. Intendant war 22 Jahre lang Felix Dvorak, bevor er von Michael Niavarani abgelöst wurde. Seit 2014 ist Kristina Sprenger Intendantin.

Auch der Spielplan des Stadttheaters in Baden bietet ein abwechslungsreiches Programm, das im Sommer in der berühmten ›Sommerarena‹ aufgeführt wird.

Gerade in der Vorweihnachtszeit locken viele Konzertveranstaltungen, wie zum Beispiel das Adventkonzert auf Burg Neuhaus, und sehr gemütliche Weihnachtsmärkte, beispielsweise im Schloss Hernstein, Schloss Kottingbrunn, Bad Vöslau und Leobersdorf, zahlreiche Besucher ins Triestingtal. Hier mischt sich Besinnlichkeit mit altem Brauchtum wie Perchtenlauf, Kunsthandwerk und Punschstandeln.

Ist der Wettergott einmal nicht gnädig gestimmt, gibt es durchaus interessante Museen zu besuchen. Zu erwähnen ist hier das Triestingtaler Heimatmuseum in Weißenbach. Das Lichtmuseum LEUM in Leobersdorf bietet Eindrücke zur Entwicklung der Beleuchtungskörper vom Kienspan zu Öllampen und Kerzen, vom Gaslicht bis zum elektrischen Licht. In Berndorf lockt das ›Krupp-Museum‹ mit seinen Themenausstellungen oder die Schule mit den Stilklassen. Jedes Klassenzimmer ist in einem anderen Stil eingerichtet. Und in Hernstein findet man im ›Pechermuseum‹ und auf dem ›Pecherlehrpfad‹ interessante Einblicke in das Gewerbe, das hier in den vergangenen Jahrhunderten viele Familien ernährt hat. Besonders erwähnenswert ist hier noch das Bildhauer-Symposion Lindabrunn, das von Bildhauer Professor Mathias Hietz im Jahr 1967 gegründet wurde. Internationale Künstler fanden sich während der Sommermonate zu Bildhauertreffen ein, um gemeinsam ein bestimmtes Thema zu erarbeiten und in Form zu bringen. Das Material dazu stammte aus dem nahe gelegenen Steinbruch. Die stummen Zeugen aus Stein, Ergebnisse von 30 Jahren künstlerischer Tätigkeit, setzen markante Akzente in die gefällige Landschaft. Richtung Osten öffnet sich ein weiter Blick über Lindabrunn hinweg in die Ebene des Wiener Beckens hinaus bis zu Leitha- und Rosaliengebirge. Ab 1999 wurde das ehemalige Bildhauersymposion zu Laboratorien für experimentelle Kunst und Architektur umgestaltet. Das Symposion Lindabrunn ist nun eine Produktionsstätte zeitgenössischer bildender Kunst und betreut Kunstprojekte österreichischer sowie internationaler Künstler. Die aktuellen Kunstprojekte werden jährlich Anfang September dem Publikum vor Ort präsentiert und am Symposiongelände ausgestellt.

Berühmte Triestingtaler sind unter anderem:
Curd Jürgens 1915–1982, Hermann Krupp 1814–1879 und Hedy Lamarr 1914–2000.

Bereits seit 2007 engagieren sich alle zwölf Triestingtal-Gemeinden in Sachen Familienfreundlichkeit. Die Rahmenbedingungen für alle Generationen wurden in jeder Gemeinde analysiert und gemeinsam mit Interessierten Schwerpunkte zur Weiterentwicklung erarbeitet. Dafür wurde jede Gemeinde mit dem staatlichen Gütezeichen ›familienfreundliche Gemeinde‹ ausgezeichnet.

DIE TRIESTINGTALER MORDSFRAUEN

Da beide Autorinnen nur zehn Minuten entfernt voneinander im Triestingtal wohnen und Krimis schreiben, war der Name für das quirlige Duo schnell gefunden und wurde mit den Jahren zur unverwechselbaren Marke.

Die Triestingtaler Mordsfrauen hatten ihren ersten Auftritt 2012 in Berndorf im Triestingtal, und es war sofort ein Erfolg. Die Berndorfer Stadtbibliothek war bis auf den letzten Platz besetzt. Ihr Programm haben sie danach ständig weiterentwickelt und auf die Orte, in denen sie auftreten, zugeschnitten, außerdem bauen sie immer wieder das aktuelle Tagesgeschehen ein.

2015 war es erstmals soweit, dass sie ihre spezielle Art der Lesung auch in andere Bundesländer exportieren durften: in die Steiermark und ins Burgenland. Und so wie es aussieht, gefällt es den Zuhörern, was sie zu bieten haben. Und: Es ist bei ihren Auftritten noch nie jemand eingeschlafen! **Und jetzt viel Spaß beim dritten Teil des Buchs, dessen Kurzkrimis beide vorwiegend im schönen Triestingtal spielen.**

SCHULD UND UNSCHULD

HINTERTUPFING

Von Veronika A. Grager

Sigrid Steiner lenkte ihren alten Opel Astra, dessen Motor wie ein asthmatischer Kettenraucher mit schwerem Husten dahinkeuchte, Richtung Süden. Sie umklammerte das Lenkrad so fest, dass ihre Knöchel hervorstachen. *Dieser blöde Affe!*

Ihre düsteren Gedanken galten ihrem Chef. Bis vor ein paar Tagen hatte sie noch dem LKA St. Pölten angehört. War eine der jungen wilden Kriminalbeamtinnen gewesen, denen laut Boulevard angeblich die Zukunft gehörte. Doch sie lebten in einer Welt der Männerseilschaften. Das war ihr in den letzten Tagen wieder überdeutlich bewusst geworden.

Sie und ein paar Kolleginnen und Kollegen aus der Inspektion Krems hatten einen Betrugsfall aufzuklären. Da ging es unter anderem auch um Korruption, Vetternwirtschaft, Geldwäsche und Steuerhinterziehung. Die kleinen Fische durften sie verhaften. Die Drahtzieher aus Wirtschaft und Politik mussten per Weisung unbehelligt bleiben. Doch das Demokratieverständnis Sigrids endete nicht bei dem Spruch: »Wenn in Niederösterreich die Sonne lacht, hat das Erich Kröll gemacht.« Traurig genug, dass einer aus der Sippe da mit drin hing. Noch schlimmer, dass ausgerechnet der einfach so davonkommen sollte, nur weil er irgendwo um sieben Ecken mit dem Landeshauptmann verwandt war. Oder etwas von ihm wusste. Oder was auch immer. War jetzt eh scheißegal.

Jedenfalls hatte Sigrid sich nicht einschüchtern lassen und die Ermittlungsergebnisse an die Staatsanwaltschaft weitergeleitet. Am nächsten Tag hatte ihr Vorgesetzter sie rufen lassen.

»Hab ich dir nicht gesagt, du sollst den Ziersdorfer Notar aus der Geschichte raushalten?«, brüllte er sie an, kaum dass sie in sein Büro getreten war.

»Aber …«

»Dein ›aber‹ interessiert mich einen Dreck! Hab ich dir nicht gesagt, dass ich dafür sorgen werde, dass du in Hintertupfing, dem hinterletzten Drecknest, den Verkehr am Zebrastreifen für die Schulkinder regeln wirst, wenn du dich nicht an meine Anweisung hältst? Ja oder ja?«

Sigrid hatte geschwiegen. Was hätte sie denn darauf noch sagen sollen? Sie hatte einem aus der Sippschaft der niederösterreichischen Halbgötter ans Bein gepinkelt. Noch dazu völlig unnötig. Denn der Staatsanwalt hatte sich in vorauseilendem Gehorsam gleich gar nicht mit dem Fall beschäftigt, und vermutlich auf Anweisung aus dem Justizministerium waren alle weiteren Ermittlungen in der Causa eingestellt worden.

Was sie jedoch am meisten traf, war die Haltung ihres Chefs. Sie kannte ihn, seit sie vor sieben Jahren bei der Kripo begonnen hatte. Er war korrekt, fleißig, loyal seinen Mitarbeitern gegenüber und hatte ein ausgeprägtes Bewusstsein für Gerechtigkeit. Genau, *hatte*.

Sigrid ging vom Gas und nahm die Abfahrt Mayerling von der Außenringautobahn Richtung Helenental. Ihr neuer Einsatzort war Hirtenberg. Zwei Dinge gab es dort, die Hirtenberg von anderen Hintertupfing-Gemeinden unterschieden: eine Strafanstalt und eine Munitions- und Waffenfabrik. *Tolle Kombination!*

Als sie die Tür zur Inspektion aufriss, kam sie in eine andere Welt. Die Kollegen, unter ihnen immerhin auch eine Polizistin, saßen gemütlich bei Kaffee und Kuchen. Das Telefon bimmelte, und kein Schwein kümmerte sich darum. Sigrids Blick irrte durch den Raum. Kam denn niemand auf die Idee, das Gespräch anzunehmen?

Einer aus der gemütlichen Runde fühlte sich bemüßigt, seinen Stuhl in ihre Richtung zu drehen und zu fragen: »Was können wir für Sie tun, schönes Fräulein?«

Fräulein? Ich hör wohl nicht richtig! Diese Anrede benutzten heute normalerweise nur Leute, die den Zweiten Weltkrieg noch miterlebt hatten.

»Mein Name ist Sigrid Steiner. Ich wurde dieser Inspektion zugeteilt.«

Ein älterer Polizist erhob sich grinsend. »Die strafversetzte Gutmensch-Tussi vom Landeskriminalamt. Welch Glanz in unserer Hütte!« Der Sarkasmus in seiner Stimme war nicht zu überhören. »Sie soll bei uns Schutzwege vor Schulen sichern.«

Gutmensch-Tussi! Na super. Jetzt lachte der ganze Haufen entspannt herumsitzender Faultiere. Hatten die hier nichts zu tun?

»Du hast Glück, Mädel. Das machen bei uns freiwillige Helfer. Aber jetzt komm erst einmal rein. Kriehuber, zeig ihr einen Spind, und du, such dir einen von den freien Schreibtischen aus. Und dann komm wieder, Kleine, und trink mit uns Kaffee.«

Na fein! Kaffeekränzchen statt Schutzweg bewachen. War auch schon egal. Das Gehalt mussten sie ihr weiter zahlen, egal wofür. Sigrid warf ihre Sachen in den Spind, suchte sich einen Tisch, der weder über Telefonanschluss noch Computer verfügte. Kriehuber zeigte ihr das Möbellager, wo sie noch einen halbwegs brauchbaren Stuhl fand, von dem sie nicht gleich einen Bandscheibenvorfall bekommen würde, wenn sie länger als eine Stunde drauf saß. Dann ging sie mit ihm zurück zu den Kollegen.

»Dein Partner wird der Koksi sein. Seiner liegt nämlich im Spital«, erklärte der Chef.

Wahrscheinlich hat er sich wundgesessen und überfressen! Angewidert betrachtete Sigrid den Haufen süßes Gebäck auf dem Tisch. *Und was ist Koksi für ein bescheuerter Name? Heißt der so, oder ist das ein Spitzname für einen Giftler?*

Der Chef bequemte sich zu einer Vorstellrunde. Er selbst hieß Werner Gruber. Er war geistig bereits im Vorruhestand. Wobei er noch fünf Jahre bis zur Pension hatte, wie er alle immer wieder wissen ließ. Denn jeder dritte Satz begann mit: »In fünf Jahr, in der Pensi, da werd i dann …«

»Hast schon eine Unterkunft?«, fragte Gruber jetzt.

»Nein. Ich such mir am Abend einen Gasthof mit Zimmer.« Hier würde sie nicht alt werden, das stand schon einmal fest. Da brauchte sie keine Wohnung.

Das Telefon hatte eine Zeit lang geschwiegen. Jetzt bimmelte es wieder. Und wunderbarerweise fand sich sogar einer, der abhob.

»Ups!«, meinte er, als er eine Weile zugehört hatte. »Wir leiten gleich eine Fahndung ein.«

»Was ist?«, moserte Gruber. »Ist der alten Irschinger ihr Dackel wieder ausgebüxt?«

»Nein. Aus der Strafanstalt sind zwei Männer ausgebrochen. Und zwar vor einer Stunde.«

»Und warum, zum Teufel, erfahren wir das erst jetzt?«, brüllte Gruber.

»Sie haben eh versucht, uns zu erreichen, aber es ging niemand ans Telefon.«

Kein Wunder, da war ja die ausgiebige Kaffeepause. Sigrid schüttelte den Kopf. *So ein Sauhaufen!*

»Herrgott, und auf die Idee, dass einer den Alarm auslöst, ist keiner gekommen?«

Wahrscheinlich sitzt dort auch so ein Haufen Deppen wie hier! Gruber war verärgert. Was verständlich war. Denn wenn die Kerle eine Stunde Vorsprung hatten, war das mühsam.

Die konnten schon weiß Gott wo sein. Und das war nicht die Schuld der Strafanstalt.

»Na gut. Haben wir schon die Namen und die Personenbeschreibung?«

Der Beamte am Telefon nickte. »Auf deinem PC, Chef. Ich schau gleich rein.«

Der nickte. »Ausdrucken, kopieren und Alarmfahndung im Umkreis von 20 Kilometern. Die Teams machen sich in alle Windrichtungen auf die Suche. Ich fordere die Hundestaffel und einen Hubschrauber mit Wärmebildkamera an. Los!«

Na immerhin kam jetzt Bewegung in die Lahmärsche. Koksi fragte Sigrid, ob sie ihre Waffe dabei hätte. Sie spurtete zum Spind und fischte sie aus der Tasche. Ebenso ihre Dienstmarke. Dann liefen sie zu einem Streifenwagen. Koksi rutschte hinters Lenkrad. »Dann komm, SS. Da lernst wenigstens gleich die Umgebung kennen!«

SS? Ist der nicht dicht? »Was soll das heißen: ›SS‹?«, schnauzte sie ihn an.

»Na komm! Sind doch nur deine *In Italien*.« Er lachte herzhaft.

O Gott, ihre Initialen. Scherzkeks! Na warte. »Und du heißt Koksi, weil du dir Lines ziehst?«, fragte sie mit einem süffisanten Lächeln.

Koksi legte einen Kavalierstart hin. Ihre Bemerkung hatte das Grinsen aus seinem Gesicht gewischt. »Den Spitznamen habe ich seit der Volksschule. Ich heiße mit Nachnamen Köhler.«

Armer Teufel! Jetzt hatte er glatt erreicht, dass sie sich fies fühlte.

Sie bretterten über eine schmale Landstraße. Koksi warf Sigrid die zwei Fahndungsblätter auf den Schoß. »Lies mal vor, mit wem wir es hier zu tun haben.«

»Na gut. Der eine heißt Branko Lubitsch. Er hat seine Frau, deren neuen Freund und die Mutter der Frau erschossen. Hat lebenslänglich und sitzt seit sieben Jahren. Er ist 36 Jahre alt, 1,67 Meter groß, untersetzt, hat schwarzes Haar und braune Augen.«

»Und der Zweite?«, fragte Koksi ungeduldig, als Sigrid schwieg.

»Der andere ist ein besonderes Herzchen. Erwin Herbst, erst 24 und hatte schon ein paar Jugendstrafen. Zuletzt Bankraub. Das Geld, immerhin fast 300.000 Euro, wurde bisher nicht gefunden. Hat einen Wachmann erschossen. Herbst hat immer geleugnet, wurde aufgrund eines Indizienprozesses verurteilt. Sitzt erst seit Kurzem hier ein. Blond, blauäugig, sieht gut aus, groß, schlank, aber durchtrainiert. Seine Hobbys waren das Fitnesscenter und schnelle Wagen.«

»Also gut. Wir überqueren jetzt grad die Südbahn, parken hier das Auto und laufen ein Stück am Wiener Neustädter Kanal 51 entlang. Dort gibt es einen Radweg und eine Menge Leute, die mit ihren Kindern und Hunden spazieren gehen. Vielleicht hat jemand die beiden gesehen.«

»Die müssen sich ja vor allem einmal andere Kleider besorgt haben«, entgegnete Sigrid. »Können die überhaupt so weit gekommen sein?«

»Wir sind hier keine vier Kilometer von Hirtenberg entfernt. Das hätten die zu Fuß locker in einer Stunde geschafft.« Sie liefen mittlerweile am Kanal entlang und hielten alle entgegenkommenden Fußgänger und Radfahrer an, zeigten die Fotos, aber bisher gab es keinen Erfolg. Koksi keuchte. *Tja, die Kalorienbomben schlagen zu Buche!* Und sein Feinkostgewölbe verriet, dass er nicht gerade tägliches Lauftraining oder Besuche im Fitnesscenter als Kompensation unternahm.

»Hoffentlich haben sie keine Waffen!«, japste er.

»Wohin sind die anderen Teams unterwegs?«, fragte Sigrid.

»Eines nach Berndorf, eines rauf Richtung Symposion Lindabrunn **52** und weiter nach Aigen. Dort oben sind ausgedehnte Föhrenwälder. Das dritte Team ist nach Wiener Neustadt und ein weiteres die Bundesstraße entlang Richtung Pottenstein unterwegs.«

»Ich glaube nicht, dass die auf einer Hauptstraße bleiben werden. Auch nicht auf der Autobahn. Wenn sie halbwegs auf Zack sind, dann verkriechen sie sich irgendwo für ein, zwei Tage und machen dann einen Verschwindibus.«

»Na du machst mir Mut!« Koksi hielt wieder eine Radfahrerin an.

»Ich hab niemanden gesehen. Aber da vorne«, die Frau deutete in die Richtung, aus der sie gekommen war, »da liegen zwei Räder neben dem Kanal. Und weit und breit kein Mensch.«

Sie rannten weiter. Keine 100 Meter entfernt fanden sie die achtlos auf den Boden geworfenen Fahrräder. Sigrid blickte sich um. Wirklich, soweit das Auge reichte, kein Mensch zu sehen.

»Was ist da drüben?« Sie zeigte auf die andere Seite des Kanals. »Und wie tief ist das Wasser?«

»Das Wasser ist keinen Meter tief. Da drüben gibt's Wiesen, Felder, Fischteiche und die ›Kunstmühle Dornau‹ **53**, ein Fischrestaurant. Meinst du, die könnten hierher mit geklauten Fahrrädern gefahren sein und dann …«

»… sind sie durchs Wasser und haben beim Restaurant einen Wagen geklaut.«

»Zurück!«, kommandierte Koksi. Er zückte sein Handy und rief in der Einsatzleitung an. Keuchend erstattete er einen Kurzbericht und äußerte ihre Vermutung. Dann ließ er das Telefon in die Brusttasche gleiten. »Bleibt uns. Wir sind am nächsten dran.«

Als sie endlich beim Fischrestaurant angekommen waren, zeigte sich, dass der Parkplatz außerhalb der Mühlenmauer geradezu prädestiniert dafür war, hier in aller Ruhe ein Auto zu knacken. Ein uneinsehbarer Parkplatz am Ende einer wenig befahrenen Sackgasse. Koksi fuhr in den Hof und direkt vor das Lokal. Eine Servicedame kam aufgeregt heran. »Da können Sie nicht stehen bleiben«, rief sie und zeigte auf den Wagen.

»Wollen wir auch nicht.« Sigrid erklärt mit wenigen Worten, was passiert war.

Mittlerweile hatte sich Koksi mitten in den Gastgarten gestellt und schrie: »Alles mal herhören! Wer sein Auto draußen geparkt hat, soll bitte nachsehen, ob es noch da ist.«

»Was soll das?«

»Was ist passiert?«

Die Gäste riefen aufgeregt durcheinander. Jede Menge Fragen prasselten auf ihn ein. Sigrid überlegte nicht lange, sie ergriff das Wort: »Wir suchen zwei Ausbrecher. Könnte sein, dass sie sich hier einen Wagen beschafft haben.«

Nun sprangen die Autobesitzer hurtig auf und liefen nach draußen. Kein Wunder. Die Benzinkutschen vor der Mauer waren bis auf wenige Ausnahmen neue und teure Oberklasseschlitten. Und eine dieser Karossen fehlte nun tatsächlich. Ein fast neuer Audi A5. Koksi nahm die Daten auf, und gleich darauf gaben sie das Kennzeichen an die Zentrale durch.

»Jetzt können wir ohnehin nur warten, bis der Wagen auftaucht. Soll ich dich zu einem Gasthof bringen?«

»Macht wenig Sinn. Ich brauche ja in der Früh mein Auto. Und das steht vor der Inspektion.«

Sie kehrten daher auf den Posten zurück. Das Fluchtauto der Ausbrecher schien sich allem Anschein nach in Luft aufgelöst zu haben, ebenso die beiden Männer.

»Pack dein Zeug und such dir eine Bleibe«, meinte Gruber am späteren Nachmittag. »Im Moment tut sich da eh nix. Komm morgen um acht Uhr wieder her.«

Sigrid ließ sich das nicht zweimal sagen. Sie holte ihre Tasche aus dem Spind, legte ihre Waffe in ein Fach im Sicherheitsschrank, griff sich den Autoschlüssel und verließ die Polizeidienststelle. Während sie langsam Richtung Leobersdorf zuckelte, überlegte sie, wo sie ihre Zelte aufschlagen sollte. Sie bog auf die Bundesstraße 17 Richtung Wiener Neustadt ein. In der Stadt wohnen mochte sie nicht, aber ein wenig außerhalb wäre super. Außerdem sollte der Weg zur Dienststelle nicht zu lang sein. Sigrid hielt an und ging mit ihrem Handy ins Internet. Vielleicht sollte sie sich mal die Preise der Hotels ansehen. Kurz darauf war sie um die Gewissheit reicher, dass sie sich nur das Hotel Steinfeld leisten konnte. Sie seufzte. Der Nachteil war, dass es mitten in einer Industriezone und gleich neben einem Flugplatz lag. Immerhin gab es Internetanschluss. Und der Weg in die Dienststelle würde knapp 15 Minuten dauern.

Sie nahm Kurs auf das Hotel. In der Nähe war eine McDonalds Filiale. Gut, wenn sie mal spätabends hungrig heimkam. Außerdem ›Hollers Steakhaus‹ 54, das vermutlich preislich nicht infrage kam. Gleich nebenan befand sich ein großer Blumenmarkt. Auf dem Flugplatz war zwar reger Betrieb. Doch landeten dort nur kleine Maschinen. Sigrid nahm an, dass sich hier die Starts und Landungen in der Nacht in Grenzen halten würden. Sie checkte ein, bezog ihr Zimmer, das sauber wirkte, und beschloss, sich noch ein wenig in der Gegend umzusehen. Und vielleicht ein paar Blümchen für ihr Zimmer zu kaufen.

Der Parkplatz vor dem Blumenmarkt war riesig und gesteckt voll. Sigrid schlenderte Richtung Eingang des Geschäftes, als ihr Blick auf einen schwarzen Wagen fiel. War das nicht … natürlich, das war doch der gestohlene Audi! Sie zog ihr Handy aus der Gesäßtasche ihrer Jeans und wählte die Nummer der Inspektion. Es läutete ewig, niemand hob ab. Verdammt, schliefen diese Dorftrottel? Oder saßen sie schon wieder beim Essen? Endlich, Sigrid hatte schon den Finger auf der Trenntaste, meldete sich jemand. Es war Gruber selbst.

»Hallo, Chef. Hier Sigrid Steiner. Ich bin hier auf dem Parkplatz des Blumenmarktes neben dem Hotel Steinfeld in Wiener Neustadt. Da steht ein Audi, bei dem es sich um das heute gestohlene Fahrzeug handeln dürfte. Kannst mir das Kennzeichen durchsagen?«

Gruber kramte lautstark auf seinem Schreibtisch herum. Dann gab er die Autonummer durch. *Bingo!* »Das ist der Wagen! Er ist allerdings leer. Könnte sein, dass sich die Ausbrecher hier ein anderes Gefährt besorgt haben. Weniger auffällig vielleicht.«

Kurze Zeit später rauschte ein Konvoi von Polizeifahrzeugen heran. Die Kollegen aus Hirtenberg. Und Timo Ehrmann stellte sich vor, ein Beutegermane aus Bayern, den Sigrid bisher noch nicht kennengelernt hatte. Er war von der Stadtpolizei Wiener Neustadt. Seltsamerweise war bis jetzt keine weitere Anzeige wegen eines Autodiebstahls eingegangen. Gemeinsam mit Timo betrat sie den Blumenmarkt. Mit sehnsüchtigen Blicken streiften ihre Augen die blühenden Schönheiten. Leider war keine Zeit, sich näher damit zu befassen. Sie wurden zum Geschäftsleiter des Marktes weitergereicht.

»Aus der Tatsache, dass bisher kein Diebstahl gemeldet wurde, nehmen wir mal an, dass ein vermutlich hier gestohlener Wagen einem Ihrer Mitarbeiter gehört«, fasste Sigrid zusammen. »Oder jemandem, der sich schon lange im Markt aufhält.«

Der Blumenmensch war nicht sonderlich erfreut, als Timo ihn aufforderte, eine Durchsage zu machen, dass alle Mitarbeiter und Besucher des Marktes auf dem Parkplatz Nachschau halten sollten, ob ihre Autos noch dort standen.

»Und sagen Sie gleich dazu, dass die Menschen nur in Blocks zu 20 oder 30 Personen raus dürfen. Sonst treten sie sich gegenseitig nieder.«

Leider ergab sich kein Hinweis auf ein gestohlenes Fahrzeug.

»Schmarrn, damischer«, kommentierte Timo das Ergebnis.

»Daraus würde ich jetzt schließen, dass die Ausbrecher entweder abgeholt wurden, per Autostopp weitergefahren sind oder sich hier ein Auto samt Fahrer geschnappt haben.«

»A Geiselnahme? Na hoffentlich ned!«, erwiderte Timo in breitem Bayrisch.

»Hoffe ich auch nicht. Aber falls sie sich jemanden samt Auto geschnappt haben, war das vermutlich eine Frau.«

»Warum denn das?«, fragte Koksi.

»Weil da weniger Widerstand zu erwarten ist«, entgegnete Sigrid. »Oder glaubst du, die versuchen das bei einem großen starken Kerl? Abgesehen davon, dass die meisten Kunden hier weiblich sind. Und wenn Männer dabei sind, dann meist nur als Lastesel.«

Timo hob die Hand zum Gruß. »Tja, Kollegen. Ich fahr dann mal wieder. Falls ich was hör von vermissten Frauen mit Auto, geb ich euch Bescheid.«

Sigrid verbrachte eine unruhige Nacht. Das lag nicht am Flugplatz, denn der war allem Anschein nach mit Einbruch der Dunkelheit geschlossen worden. Aber sie versetzte sich in die Frau, die die Ausbrecher möglicherweise samt ihrem Auto entführt hatten. Was die mit der wohl taten? Vergewaltigen und hinterher umlegen?

Als der Alarm ihres Handys losging, hatte Sigrid das Gefühl, keine drei Stunden Schlaf bekommen zu haben. Sie sprang unter die Dusche, zuletzt drehte sie nur das kalte Wasser auf und schnappte nach Luft, als es über Bauch und

Rücken rauschte. Immerhin war sie danach wach. Im Frühstücksraum nahm sie Kaffee und Müsli vom Büffet. Dann machte sie sich auf den Weg zur Dienststelle.

»Gibt's was Neues?«, war ihre erste Frage, als sie die Inspektion betrat.

»Nein.« Gruber wirkte grantig und unausgeschlafen.

»Keine vermisste Frau?«

»Eine junge Volksschullehrerin ist heute nicht zum Dienst erschienen. Und die Schule konnte sie nicht erreichen.«

»Wieso fällt das so früh auf? Beginnt die Schule hier nicht auch um acht Uhr?«

»Doch. Aber heute war eine außerordentliche Besprechung um sieben angesetzt. Frau Siebert hatte darum gebeten. Und ausgerechnet sie ist nicht erschienen.«

»Alles klar. Wo wohnt denn die Frau?«

»In Katzelsdorf 55 in der Nähe vom Schloss.«

»Ist schon jemand hingefahren? Könnte doch sein, dass sich die Kerle bei ihr einquartiert haben, falls sie unsere Autobesitzerin ist.«

»Wir wollten erst abwarten …«

»Bis sie sich aus dem Staub machen?«

»Nein!«, raunzte Gruber sie verärgert an. »Ob die Tante nicht vielleicht einfach nur verschlafen hat.«

»Ich fahr hin. Beobachte das Haus. Vielleicht fällt mir was auf. Und wenn ich etwas bemerke, melde ich mich.«

Gruber blickte sie an wie ein Vater sein unartiges Kind. »Wenn du meinst, von mir aus. Aber nimm dir deine Waffe mit. Die Ausbrecher sind gefährlich.«

Ach nein! Sonst wären sie ja nicht beide Lebenslängliche gewesen.

Die Lehrerin Angelika Siebert wohnte in der Raiffeisenstraße, wo sich ein Reihenhaus an das nächste anschloss. Sigrid parkte ihren Wagen und ging an den Häusern entlang. Das Auto der Lehrerin, ein älterer silberner Golf, war nirgends zu sehen. Stand möglicherweise eine Gasse weiter. Oder die Männer waren schon wieder unterwegs. Sigrid überlegte, was sie tun sollte. Doch dann überwog ihre Neugier. Sie klingelte bei Siebert. Niemand öffnete. Sie versuchte es noch einmal. Nichts. Sie fischte ihr Pickset aus der Tasche und machte sich am Türschloss zu schaffen. Gleich darauf sprang die Eingangstür mit einem leisen Klicken auf. Sigrid vertauschte das Pickset gegen ihre Waffe und drückte hinter sich die Tür zu. Es war totenstill in der Wohnung. Dazu lag der Hauch eines seltsamen Geruches in der Luft, der ihr die Haare im Nacken zu Berge stehen ließ. Leise schlich Sigrid durch den Flur, öffnete möglichst geräuschlos die Türen der angrenzenden Räume. Bad, Toilette, Vorzimmer und Abstellraum enthielten nichts, was sie nicht sollten. Im Vorzimmer lagen Pumps achtlos hingeworfen. Sigrid schlich weiter. Neben der Treppe in den ersten Stock befand sich noch ein Raum. Sie öffnete die Tür und betrat ein großzügiges Wohnzimmer mit Küchenecke. Der Geruch intensivierte sich. Blut! Hinter dem Durchgang zur Küche ragten Beine in dunklen Hosen und großen schmutzigen Schuhen hervor. Sigrid trat näher, die Waffe schussbereit in beiden Händen. Doch hier würde sie nicht zum Einsatz kommen. Der Mann war tot. Offensichtlich handelte es sich bei dem Toten um Branko Lubitsch. Klein, gedrungen, dunkles Haar. Sicherheitshalber fühlte sie seinen Puls. Nichts. Bevor sie die Inspektion verständigte, war es vielleicht nicht schlecht, sich davon zu überzeugen, dass der zweite Ausbrecher sich nicht noch in der Wohnung befand. Doch das obere Stockwerk war verlassen.

Sigrid meldete ihren Fund. Auf die Frage, wie sie in die Wohnung gelangt sei, log sie forsch: »Als ich läutete, hat sich niemand gemeldet. Dann hab ich geklopft, und dabei ist die

Tür aufgegangen. Da bin ich rein. Dachte, eine junge Lehrerin würde sicher nicht freiwillig ihre Haustür offenstehen lassen.«

Entweder glaubte ihr Gruber, oder er ließ sich nichts anmerken. Immerhin hatte er ja wenigstens einen Ausbrecher wieder, wenn auch tot. Soweit Sigrid feststellen konnte, war Lubitsch erstochen worden. Zudem trug er eine große Wunde am Kopf. Es war aber nicht klar, ob er dort vorher eine übergebraten bekommen oder sich die Verletzung zugezogen hatte, als er zu Boden stürzte. Das würde die Rechtsmedizin klären müssen. Leider gab die Wahl der Waffe wenig Aufschluss darüber, wie der zweite Ausbrecher bewaffnet war. Da sich Angelika Siebert nicht im Haus befand, bestand Grund zur Annahme, dass sie in der Gewalt von Herbst war.

»Woher stammt dieser Herbst denn?«, fragte Sigrid.

»Aus Wien, aus dem 3. Bezirk. Und dort hat er auch die Bank ausgeraubt.« Gruber wirkte nicht sehr glücklich.

»Schöner Depp. So was macht man doch nicht im eigenen Bezirk!« Sigrid dachte einmal mehr an ihren ehemaligen Vorgesetzten. Bevor er sie geschasst hatte. Er war der festen Überzeugung, dass die meisten Verbrecher nur deswegen gefasst wurden, weil sie blöd wie Bohnenstroh waren. Und nicht, weil die Polizei so besonders klug war. Sie verdrängte den Gedanken an ihn schnell wieder. Sonst bekam sie am Ende noch Heimweh!

»Wenn die Beute bisher nicht gefunden wurde, dann wird er vermutlich versuchen, sie sich jetzt zu krallen. Mit dem Geld kann er ja viel leichter untertauchen.«

»Ja, verehrte Kollegin. Wenn du uns jetzt noch verraten würdest, wo er es versteckt hat, dann wären wir dir echt dankbar.«

Gott, Gruber war ein Armleuchter und konnte einem echt den letzten Nerv kosten.

»Da oben in den Wäldern, kennt sich der Mann dort vielleicht aus?«

»Schau ich aus wie Gottvater? Ich weiß es nicht!«, schrie Gruber.

»Was ist mit dem Hubschrauber und der Wärmebildkamera? Haben wir den noch? Kann der dort drüberfliegen?«

»Mädel, du hast keine Ahnung, wovon du sprichst. Die Wälder haben eine Ausdehnung von etwa 80.000 Hektar und reichen vom Anninger fast bis zum Schneeberg. Und sie sind ein beliebtes Ausflugsziel für die Wiener. Sie werden von Forstarbeitern bevölkert, es wird auch immer noch Pech aus den Schwarzföhren gewonnen. Mit einem Wort, es sind Tausende Leute unterwegs. Wie willst die denn kontrollieren?«

»Hm. Ich hatte keine Ahnung, dass das so ein riesiges Waldgebiet ist. Und was tun wir jetzt?«

»Genau. Du hast keine Ahnung. Dann halt einfach den Mund. Wir fahren heim.«

Typisch Mann. Du hast keine Ahnung, also halt den Mund. »Ich seh mich noch einmal im Haus um. Vielleicht hat uns Angelika Siebert irgendwo einen Hinweis hinterlassen. Sie muss sich ja zu Tode gefürchtet haben. Vor allem, nachdem der Herbst den Lubitsch umgebracht hat.«

Gruber zuckte verächtlich mit den Achseln und ging zum Streifenwagen. »Tu, was du nicht lassen kannst. Aber es wird nix bringen.«

Als Sigrid das Haus wieder betrat, war die Leiche bereits weggeschafft worden. Sie streifte Einweghandschuhe über und ging konzentriert von Raum zu Raum. Wo würde sie etwas verstecken, wenn sie jemandem einen Hinweis geben wollte, aber vermeiden musste, dass ihr Entführer diesen fand? Ganz klar irgendwo, wo der Kerl sicher nicht ohne Not nachsehen würde. In der Tamponschachtel, in der Reserveklorolle, im Bezug des Kopfpolsters. Solche Orte musste sie durchsuchen.

Sigrid nahm sich jeden Raum vor. In der Toilette im oberen Stockwerk wurde sie fündig. In der Schachtel mit den Tampons steckte eine kleine Papierrolle. Darauf war mit krakeligen Buchstaben »Am Hart« 56 gekritzelt. Und was hieß das jetzt?

Sigrid beschloss, Koksi anzurufen. Wider Erwarten meldete er sich sogar sofort. »Sagt dir der Begriff ›Am Hart‹ was?«

»Sicher. Das ist die Hochebene zwischen Aigen, Hernstein und Piesting. Wieso willst denn das wissen?«

»Hat wer erwähnt. Soll schön sein dort. Danke!« Schnell beendete sie das Gespräch, um mögliche Fragen zu vermeiden. Ging zu ihrem Auto und sah auf der Karte nach, wo das war. Gar nicht so weit weg. Sie würde sich dort einmal umsehen.

Sigrid ließ den Wagen in einem Forstweg stehen, der von der Straße abzweigte. Sie vergewisserte sich, dass ihre Waffe griffbereit war und sie Handschellen dabei hatte. Sie stellte das Handy auf stumm. Dann spazierte sie in den Wald und tat so, als wäre sie eine Ausflüglerin. Ihr war klar, dass sie nur mit einer Menge Glück auf Herbst und seine Geisel stoßen würde. Aber sie musste es wenigstens versuchen. Nach drei Stunden, in denen sie kreuz und quer durch den Wald geirrt war, den Pecherlehrpfad 57 mehrere Male gekreuzt hatte, an der Vinzenzkapelle 58 gefühlte 100 Mal vorbeigelaufen war, bemerkte sie aus dem Augenwinkel eine Bewegung querab. Sigrid huschte hinter einem Baum in Deckung und kniff die Augen zu schmalen Schlitzen zusammen, um besser zu sehen. In großem Abstand zu ihr bewegte sich jemand. Besser gesagt, grub jemand im Boden. Allem Anschein nach eine Frau mit langen Haaren. Jetzt zog sie etwas aus dem Loch. Ein Mann trat hinter einem Busch hervor, beugte sich vor und nahm ihr den sichtlich schweren Sack ab. Dabei senkte er die Pistole, die er vermutlich bis dahin auf die Frau gerichtet hatte. Sie bewegte sich blitzschnell. Sie griff die Schaufel, mit der sie bisher gegraben hatte, mit beiden Händen und knallte sie dem Mann an den Kopf. Der fiel um wie ein gefällter Baum. Die Frau schnappte sich den Sack, griff hinein und zog ein Bündel Geldscheine heraus. Sigrid fand es an der Zeit, einzugreifen. Sie trat hinter dem Baum hervor und lief auf den Mann am Boden zu. Er war sicher nicht tot, aber auf jeden Fall ohnmächtig. Noch während sie lief, griff sie nach den Handschellen. Doch die Frau kam ihr zuvor. Sie holte mit der Schaufel weit aus und drosch mehrere Male mit aller Kraft auf den Kopf des Mannes ein, bevor Sigrid auch nur in die Nähe kam. Sigrid rannte, so schnell sie konnte. Doch querfeldein zwischen den Bäumen, mit Totholz und Ranken auf dem Boden, die sich immer wieder in ihrer Hose verhakten, kam sie nur langsam vorwärts.

Endlich erreichte sie die Stelle, an der der Kerl mit zu Brei geschlagenem Gesicht am Boden lag, neben ihm ein schwarzer Sack aus dickem Plastik, daneben die zitternde Frau.

»Frau Siebert?«, fragte Sigrid leise.

Angelika Siebert wirbelte herum. Sie sah furchtbar aus. Tränen strömten über ihr schmutziges Gesicht. Die Haare hingen ihr wirr in die Augen. Das linke Auge war blutunterlaufen, die Wange darunter schillerte in allen Blau- und Grüntönen. Ihre Kleider starrten vor Dreck und Blut. »Wer sind Sie?«, fragte sie mit erhobenem Spaten.

»Legen Sie das Ding weg. Ich tu Ihnen nichts.«

Langsam senkte Angelika Siebert die Arme und ließ die Schaufel fallen. Sigrid beugte sich zu dem am Boden liegenden Mann und hob seine Hand hoch. Suchte vergeblich nach Puls oder irgendeinem anderen Lebenszeichen. Aber der Mann war tot.

»Ist da das Geld drinnen?« Sigrid zeigte auf den Sack.

Angelika Siebert nickte. Sie fragte nicht einmal, woher Sigrid wusste, was in dem Sack war.

Sigrid durchzuckte eine aberwitzige Idee. Sie dachte an die Machtkasperln, deren dreckige Geschäfte sie nicht hatte aufdecken dürfen. Hier und jetzt konnte sie ein klein wenig Gerechtigkeit in die Welt bringen. Wenn jemand Hilfe brauchte, dann diese Frau, die Todesängste ausgestanden haben musste und die sichtlich gequält worden war. Würde ihr Gerechtigkeit widerfahren, wenn sie sich vorschriftsmäßig verhielt? Mit an Sicherheit grenzender Wahrscheinlichkeit nicht. Sigrids innerer Kampf dauerte nicht lange.

»Hören Sie mir zu. Ich hab eine Idee.«

Angelika Siebert lauschte. Trocknete ihre Tränen. »Das Schwein hat es nicht besser verdient«, meinte sie, nachdem Sigrid ihr den Plan unterbreitet hatte.

»Ganz sicher.«

»Wer sind Sie?«

»Besser, Sie wissen es nicht. Und Sie haben mich im Leben nicht gesehen.«

»Und Sie wollen wirklich nichts davon?« Angelika Siebert deutete auf den schwarzen Beutel.

»Nein, wirklich nicht. Gehen Sie.«

Angelika Siebert nickte wieder. Dann nahm sie den Sack mit dem Geld und verschwand. Sigrid zog Einmalhandschuhe über, vergrößerte mühsam die Grube und rollte den toten Bankräuber hinein. Sie warf Schaufel um Schaufel Erde über den Kerl. Stampfte alles gut fest. Nahm einen Ast und kehrte damit Nadeln und Blätter über den nackten Waldboden.

Während all der Zeit dachte Sigrid darüber nach, ob sie richtig handelte. Angelika Siebert hatte den Mann eindeutig erschlagen. Vielleicht wäre sie mit Notwehr durchgekommen. Aber sicher war das nicht. Sicher wäre das nur, wenn ein Mann ›in begreiflicher Erregung‹ seine Frau umgebracht hätte, weil sie ihn möglicherweise betrogen haben könnte. Es war ebenso fraglich, ob Angelika Siebert jemals Schmerzensgeld bekommen hätte. Und eigentlich war das alles nur geschehen, weil die Strafanstalt keinen Alarm ausgelöst und die Polizei geschlafen hatte. Nein, die Lösung, die sie im Sinn hatte, war auf jeden Fall besser.

Am Abend dieses Tages fand die Polizei die verschwundene Lehrerin neben der Bundesstraße 17 in Neunkirchen. Man brachte sie zur Behandlung ins Spital. Ihr Auto wurde Tage später auf dem Parkplatz eines Supermarktes gefunden. Lenkrad und Tür waren abgewischt, sodass es keine Fingerabdrücke gab. Der Bankräuber und das Geld blieben verschwunden.

Kein Wunder. Der Räuber lag vergraben im Wald und das Geld in einem Gepäckschließfach am Bahnhof von Wiener Neustadt. Dorthin hatte Sigrid es gebracht, nachdem sie die Lehrerin auf dem Parkplatz des Supermarktes aufgelesen hatte. Vorher hatte sie im Laden eine Sporttasche gekauft. Auf einem verlassenen Waldweg hatten sie das Geld umgepackt. Den Schlüssel für das Schließfach hatte Sigrid nach erfolgter Deponierung der Sporttasche im Bahnhof Angelika Siebert überreicht, die unter einer Decke verborgen im Auto gewartet hatte, und sie dann dort ausgesetzt, wo die Polizei sie später fand. Den Spaten hatte Sigrid auf einem Bauhof in einen Container geworfen. Den Müllsack hatte sie mitgenommen und im Mistkübel des Wachzimmers entsorgt. Darüber musste sie immer noch grinsen.

Angelika Siebert würde in ein paar Tagen die Sporttasche abholen. Nach und nach würde sie kleinere Beträge entnehmen und auf verschiedene Sparbücher einzahlen. Und bei Gelegenheit den Rest in einem Bankschließfach deponieren. Möglichst nicht in Katzelsdorf.

Sigrid war mit sich und ihrem Plan sehr zufrieden. Er hatte funktioniert. Einem Opfer war geholfen worden, ein Mörder und Bankräuber tot. Die Polizei nahm an, dass er sich mit dem Geld ins Ausland abgesetzt hatte. Gruber lobte den hervorragenden Einsatz seiner Truppe.

Am nächsten Abend der Schock. Koksi lud Sigrid zum Abendessen ein.

»Wir fahren zur ›Blutalm‹ 59 «, erklärte er ihr unterwegs. »Und weil es dich interessiert hat, gehen wir vorher auf dem Hart ein bisserl spazieren. Am Pecherlehrpfad und zur Pecherkapelle. Das Pechermuseum 60 hat um die Zeit leider nicht mehr offen. Das wär auch interessant.«

»Toller Name für ein Gasthaus«, stammelte Sigrid. Und während Koksi sie durch das Gelände schleppte, wo sie den Bankräuber entsorgt hatte, und ihr erklärte, wie die Pecher das Harz der Pinus nigra gewonnen hatten und es zu einem kleinen Teil sogar heute noch taten, schwitzte sie Blut. *Wenn sie nur nicht an die bewusste Stelle kamen!*

Doch alles ging gut. Das Essen war sogar ausgezeichnet. Sigrid konnte es nur leider nicht genießen. Ihr Kopfkino spielte das Lied vom Tod.

Am nächsten Tag war das alles schon weit weg. Erwin Herbst war offiziell flüchtig und wurde international zur Fahndung ausgeschrieben. Vermutlich war er mit einem Komplizen unterwegs. Der Fall war für die Inspektion abgeschlossen. Jetzt musste Sigrid nur noch darauf warten, dass ihre Strafversetzung ein Ende fand. Alles paletti.

51 **Wiener Neustädter Kanal**
Geplant war der Kanal, um Braunkohle aus Sopron günstig nach Wien zu bringen. Der Kanal ging 1797 in Bau und sollte bis nach Triest ausgebaut werden, erreichte aber lediglich die Grenze Ungarns. Der Kanal wurde 1803 auf einer Länge von 63 Kilometern in Betrieb genommen, Braunkohle wurde wenig transportiert. Die Ziegelindustrie fand den neuen Transportweg allerdings praktisch. Als immer mehr Transporte auf die Bahn verlegt wurden, wurde die Kanalschifffahrt im Jahr 1879 eingestellt. In den Jahren danach wurden vor allem in Wien Teile des Kanals trockengelegt.
Nach dem Zweiten Weltkrieg erwarb Niederösterreich die Kanalreste. Eine 36 Kilometer lange Strecke wurde als Naherholungsgebiet ausgebaut. Außerdem dient das Wasser der Fischzucht, einige Kraftwerke sind noch in Betrieb und liefern günstigen Strom. Der Rad- und Wanderweg entlang des Kanals ist gut frequentiert. An den Kanalböschungen gedeihen seltene Pflanzen, die Wasservögeln als Refugium dienen. Zwischen Wiener Neustadt und Sollenau kann man den Kanal sogar mit dem Boot befahren.

52 **Symposion Lindabrunn**
Das Symposion-Gelände liegt in Lindabrunn neben dem Steinbruch. Hier wurde vom Bildhauer Prof. Mathias Hietz im Jahre 1967 erstmals ein Symposion für österreichische Bildhauer veranstaltet. Ab dem zweiten Jahr wurde es eine internationale Veranstaltung, die 30 Jahre lang alljährlich Bildhauer aus aller Welt anzog,

die hier unter freiem Himmel Kunstobjekte schufen. 1997 wurde das Gelände in das Konzept des Niederösterreichischen Landschaftsfonds eingebunden. Seither wachsen hier wieder Pflanzen, die schon als ausgestorben galten. Schautafeln am Eingang zeigen dem Besucher, was hier gedeiht. Das weitläufige Gelände ist jederzeit gratis zu betreten. Vom großen Tor auf dem Hügel hat man einen wunderbaren Blick ins Wiener Becken. Kleine Teile sind zeitweise gesperrt, weil sich hier die Schafe der Landschaftspflege widmen.

53 Kunstmühle Dornau – Mühlsteinstube

Dornau 3, 2544 Leobersdorf

Die Mühle wurde 1635 erstmals urkundlich erwähnt. Bis 1996 war die Mühle in Betrieb. Danach wurde sie durch den EU-Eintritt und den folgenden Verfall des Mehlpreises stillgelegt und ein Laden eingerichtet, der Naturkost verkauft. Zwei Jahre später ging die Gastwirtschaft in Betrieb. Der Schwerpunkt der Speisekarte liegt auf Fischgerichten.

Eine besondere Attraktion ist das Mühlenmuseum.

Gleich daneben finden Sie das Gut Dornau. Hier wird von Ferdinand Trauttmansdorff edler Speisefisch gezüchtet und täglich frisch gefangen.

Seit Jahren rangiert dieser Zuchtbetrieb unter den Top 5 in Niederösterreich. Dementsprechend sind die Abnehmer nicht nur regionale Supermärkte, sondern auch Spezialitätenrestaurants in Wien und Umgebung.

54 Hollers Steakhaus

2700 Wiener Neustadt, Nikolaus-August-Otto-Straße 3

Hier gibt es vorzügliche Steaks, klar. Und etwas, das so in Österreich eher einzigartig sein dürfte: Hollers Insektenküche. Wenn Sie nicht sicher sind, ob Ihre Nerven das aushalten, können Sie auf der Homepage mal gustieren.

55 **Katzelsdorf**

Katzelsdorf an der Leitha ist einer der wenigen Orte im südlichen Niederösterreich, der noch eine naturnahe Au besitzt. Uferwege und natürliche Badeplätze, wo auch Hunde ins Wasser dürfen, sind beliebte Ausflugsziele. Seit 14 Jahren findet Mitte Mai in Katzelsdorf ein Pferdefest statt. Am Vormittag werden Zuchtpferde prämiert, am Nachmittag lockt eine Pferdeschau die Besucher an. Wer Zinnfiguren liebt, sollte unbedingt das Zinnfigurenmuseum Katzelsdorf besuchen.

56 **Am Hart**

ist Teil einer Hochebene zwischen Piesting und Hernstein. Hier wächst die Pinus nigra, die Schwarzföhre. Sie ist die dominierende Baumart am Ostrand der Alpen. Der Föhrenwald ist zu jeder Jahreszeit etwas ganz Besonderes. Im Frühling riecht man ihn nicht nur, man hört ihn sogar, wenn die ersten warmen Sonnenstrahlen die Schuppen der Bockerln sprengen, sodass die Samen freien Flug haben. Im Sommer erinnert der Geruch im Wald an Ferien im Süden, wo Strandkiefern einen ähnlich intensiven Geruch verströmen.

57 **Pecherlehrpfad**

Die Pechbauern, das Gewerbe des Pechhackers und die Betriebe zur Verarbeitung des Baumpechs, die Pechsieder, haben vom Mittelalter bis ins frühe 20. Jahrhundert Landschaft und Industrie in und um Piesting geprägt. Piesting war zu dieser Zeit das Zentrum der

Harzverarbeitung. Der Pecherlehrpfad zeichnet mitten im Föhrenwald auf Schaubildern und direkt am Baum das beschwerliche Leben der Pecher mit ihren Werkzeugen nach.

58 **Vinzenzkapelle**

An der schmalen Straße, die am Hart nach Alkersdorf führt, liegt die Vinzenzkapelle, auch Pecherkapelle genannt, gewidmet dem Heiligen Vinzenz, dem Schutzheiligen der Pecher. Dieser moderne Sakralbau aus Holz und Glas, nach oben offen, ist allein schon den Ausflug auf den Hart wert. Jedes Jahr findet hier am dritten Sonntag im September das Pecherfest statt. Sollten Sie in der Gegend sein, lassen Sie sich das nicht entgehen.

59 **Gasthof zur Blutalm in Alkersdorf**

Gutbürgerliche Küche zu fairen Preisen. Die Speisekarte ist nicht riesig, aber das Essen ist frisch und schmackhaft, die Portionen reichlich. Nach einem Spaziergang auf dem Hart legt man hier eine Rast zum Mittagsschmaus oder zur Jause ein.

60 **Pechermuseum Hernstein**

Der Besuch des Museums bietet sich vor dem Besuch des Pecherlehrpfades an. Hier wird der Gast auf eine Zeitreise geschickt: von den Anfängen der Harzgewinnung bis heute.

DER OBDACHLOSE

Von Jennifer B. Wind

Das Kreischen der Kinder setzte genau in dem Moment ein, als Gabriele die Fotos des letzten Urlaubs ins Album klebte. Das Bild, das sie gerade in der Hand hielt, zeigte ihren Mann Paul, braun gebrannt, mit einem strahlenden Siegerlächeln am Guglzipf 61. An seiner Seite stand Laura, genauso strahlend wie er. Ihre Schwester hatte sich immer gut mit ihrem Mann verstanden. Des Öfteren hatte sich Gabriele gefragt, warum Paul nicht Laura geheiratet hatte, sondern sie, das Mauerblümchen. Sogar auf dem Foto fiel der Kontrast auf. Auf der anderen Seite ihres Mannes stand Gabriele, die Lippen zu einem verkrampften Grinsen hochgezogen, ihr war es noch nie leicht gefallen, unbeschwert in die Kamera zu lächeln. Zu oft musste sie hinterher feststellen, wie unvorteilhaft sie auf Fotos aussah. Dicker, blasser und faltiger als im Spiegel. Ihre Schwester hingegen könnte als Model durchgehen, Paul ebenso. Außerdem liebte Laura es zu wandern, zu klettern, zu schwimmen und Rad zu fahren genauso wie Paul. Also hatten die beiden öfter die Rucksäcke gepackt und waren gemeinsam verschwunden. Gabriele hatte sich nie etwas dabei gedacht, so sehr vertraut hatte sie ihrer Schwester. Für einen Mann konnte man ja nie die Hände ins Feuer legen. Manchmal war Gabriele mitgegangen, etwa den Drei-Kirchen-Rundwanderweg 62, zu den Myra-Wasserfällen 63 oder in das Erlebnisbad Leobersdorf 64. Doch fühlte sie sich jedes Mal schrecklich fehl am Platz. Viel lieber saß sie daheim und las oder strickte. Diese Ruhe brauchte sie als Ausgleich zu ihrer anstrengenden Arbeit als Krankenschwester in der Geriatrie. Ihr Rücken schmerzte oft nach einer Schicht. Das Umbetten und Umdrehen der alten Leute war schweißtreibend genug, da musste sie nicht auch noch durch die Gegend hecheln. Sogar backen oder basteln mit den Kindern machte ihr mehr Spaß als jegliche Form von Sport. Deshalb hatte sie gleich Nein gesagt, als Paul sie gefragt hatte, ob sie auch für den jährlichen Brückenlauf in Leobersdorf [65] trainieren wollte. Viermal die Woche hatten sich Paul und Laura von nun an zum Training getroffen, und Gabriele war froh gewesen, in der Zeit ihre Ruhe zu haben.

»Mama!« Die Stimme ihres Sohnes Oliver riss sie endgültig aus ihren Gedanken. Gemeinsam mit Kevin, seinem Cousin, trampelte er ins Wohnzimmer. Beim Anblick der beigen Fliesen, auf denen sich nun schwarze Klumpen und braun verschmierte Schuhabdrücke fanden, wurde ihr heiß. Gerade erst vor einer Stunde hatte sie die Böden gewischt.

»Mama!« Mit seinen schmutzverkrusteten Fingern zupfte Oliver am Ärmel ihrer Seidenbluse. Seufzend sah sie ihn an. Sein Gesicht war knallrot, auf seiner Nase standen zarte Schweißperlen. Beide Jungs keuchten schwer und redeten durcheinander.

»Da liegt ein Mann!« Kevin gestikulierte wild mit seinen Händen.

»Der ist bestimmt tot«, fuhr Oliver dazwischen.

»Das ist nur ein Sandler, der seinen Rausch ausschläft«, winkte Kevin ab.

»Das stinkt so, wo der liegt.« Oliver rümpfte die Nase. »Nach Scheiße.«

Kevin kicherte vergnügt. »Scheiße darf man nicht sagen.«

»Der ist sicher besoffen!« Oliver nickte nachdrücklich. »Ganz viel Bier liegt drinnen.«

Je aufgeregter die Kinder erzählten, umso ruhiger wurde Gabriele. Schwer wie eine Bleiweste legte sich die Müdigkeit um ihren Körper. Die Eintönigkeit des Ehelebens und der Mutterschaft hatten sie jeglichen Adrenalins beraubt. Ein betrunkener Obdachloser entlockte ihr keinen neugierigen Gedanken. Oliver hingegen hörte nicht auf, am bereits verschmutzten Ärmel zu ziehen.

»Komm mit, Mama!« Aber Gabriele schien verschmolzen mit der Couch. Den ganzen Tag hatte sie hart gearbeitet, denn am nächsten Tag würde in Hirtenberg das Pferdefest [66] steigen, und Gabriele half ehrenamtlich bei der Ausschank mit. Deshalb hatte sie jede Menge Bierkisten, Colaflaschen und mehr zum Indianerdorf beim Radweg geschleppt. Danach war sie in die Passage zum Einkaufen gefahren und hatte im Bloomfield-Center [67] rasch etwas von Burger King mitgenommen, da sie keine Zeit mehr hatte, zu kochen.

Kevin half seinem Freund mit Leibeskräften und zog jetzt an ihrem Bein. »Wir müssen dem Mann helfen«, sangen die Buben im Duett.

Mit geschlossenen Augen atmete Gabriele tief ein, bevor sie sich widerwillig erhob. Die Jungs johlten und hüpften auf die Terrasse. Zu dritt liefen sie durch den schmucken Reihenhausgarten, an den Gemüsebeeten vorbei nach draußen. Auf dem brachliegenden Grundstück nebenan wateten sie durch das kniehohe Gras, bis zu einem kesselförmigen Betondach, das aussah, als wäre es in den Boden eingelassen. Gabriele wusste, dass dies der Eingang zu einem ehemaligen Brandmelde- oder Wachbunker aus dem Zweiten Weltkrieg [68] war. Klar zog so ein Bunker die Kinder an. Vor einigen Jahren hatte die Gemeinde in allen Bunkern massive Betonwände errichtet, um sie vom ehemaligen Tunnelsystem zu trennen, das ohnehin viel zu lange frei zugänglich gewesen war. Alle Eltern des Dorfes hatten darum gekämpft, dieses unterirdische Höhlensystem zu sperren, nachdem ein kleines Mädchen drei Tage lang darin herumgeirrt war. Nur ein Bunker wurde noch von der Feuerwehr zu Übungszwecken genutzt. Der Bunkereingang befand sich in Hirtenberg **69**. Dort befand sich auch das Bunkerstüberl.

Die Buben zeigten gerade auf die wendeltreppenförmige schmale Stiege am Eingangsschacht des Einmannbunkers, der völlig von Unkraut und kleinen Sträuchern überwuchert auf dem brachliegenden Grundstück unweit der Reihenhaussiedlung stand. »Da drin ist er.«

»Was habt ihr da unten überhaupt verloren?« Gabriele ärgerte sich. Warum waren diese Bunker nicht ganz zugeschüttet worden? Sie rieb sich über den Unterarm, er brannte. Vermutlich hatte sie eine der hohen Nesseln gestreift.

Oliver zuckte die Achseln. »Wir spielen da immer Verstecken.« Angewidert tastete sie sich zum Eingang vor. Schon von draußen schlug ihr eine Duftmischung aus Alkohol, Schweiß und Exkrementen entgegen. Sie warf nur einen kurzen Blick hinein, es war düster, aber auch von hier konnte sie die Gestalt am Boden liegen sehen. Es schien sich um einen Mann zu handeln, der vornüber dalag neben zahlreichen leeren Bierflaschen. Genaueres konnte sie nicht feststellen. Dazu war es zu finster, und hineingehen wollte sie partout nicht.

»Mama, lebt der noch?«

Sie hatte nicht vor, diese Person zu berühren, um sich zu vergewissern, stattdessen kletterte sie raus und rief die Polizei.

Eine Stunde später war das Gelände bereits abgesperrt, die Nachbarn standen hinter den Absperrbändern und tuschelten. Sie zeigten auch immer wieder auf Gabriele. Ja, sie wusste wieso. Als Erstes war Karin zu ihr gekommen und hatte sie frei heraus gefragt, ob sie sich scheiden lassen würde, da sie Paul schon drei Tage nicht mehr gesehen hätte. Gabriele hatte in voller Überzeugung verneint. Natürlich war ihre Ehe nur noch eine Farce, aber eine Scheidung kam nicht infrage. Das würde ihr das eigene Versagen nur noch klarer vor Augen führen.

Festen Schrittes lief der Amtsarzt zusammen mit dem Chefinspektor über die Wiese. Genervt erzählte Gabriele dem Beamten im Ledermantel dasselbe, das sie schon den Kollegen von der Streife erzählt hatte. Gierig zog der Chefinspektor an seiner Zigarette. Er war eindeutig nikotinsüchtig, was die gelben Finger und das Zittern seiner Hände bezeugten.

Ungeduldig trat der Amtsarzt von einem Bein auf das andere. »Gehst du gleich mit, Georg?«

Noch ein letztes Mal zog der Beamte am Glimmstängel, warf den Stummel anschließend in die Wiese und trat einmal fest drauf. Dabei blies er kleine Rauchkringel in die Luft. Mit einem Mal sehnte sich Gabriele nach einer Zigarette. Warum war sie bloß so nervös? Diese Sache ging sie ja nichts an. Hätten die Jungs die Leiche nicht gefunden, könnte sie jetzt ihre Seifenoper schauen. Als Erster ging der Amtsarzt in den Bunker, der Chefinspektor kam nur bis zum Eingang.

Tief inhalierte Gabriele den Geruch der feuchten Erde.

Sie hörte den Amtsarzt von drinnen rufen: »Warum geben Obdachlose ihr ganzes Geld für Alkohol aus?«

Der Chefinspektor klopfte gegen den Beton der Bunkerwand. »Weil sie sonst keine Freuden haben.«

Vermutlich hatte der Kriminalbeamte recht, aber auch Gabriele wunderte sich immer wieder über die Prioritäten der Sandler. Tranken sie, weil ihnen alles egal war, oder war ihnen alles egal, weil sie tranken?

Wie sollte sie Oliver bloß von hier wegbekommen? Das war doch kein Aufenthaltsort für einen Zehnjährigen. Am Ende bekam er noch Albträume. »Oliver, lass uns nach Hause gehen.«

Die Arme verschränkt, machte Oliver keine Anstalten, seinen Platz zu verlassen. »Ich stör doch gar nicht!«

»Mist!« Bei der Erziehung der Kinder hatte sie wohl genauso versagt wie als Ehefrau. Sarah und Valentina waren bereits gefühlte zehn Jahre in der Pubertät. Die meiste Zeit hörte und sah sie nichts von ihren Mädchen. Wenn sie es zum gemeinsamen Abendessen schafften, endete es nicht selten in einer Auseinandersetzung. Nur wenn sie im Sommer im Erlebnisbad Leobersdorf um die Wette schwammen, erkannte sie ihre kleinen Mädchen wieder. Spaß hatte sie auch, wenn sie mit Oliver in die neue Skaterhalle [70] ging, während die Mädchen sich nebenan in der Kletterhalle [71] austobten. Das waren auch die Tage, an denen sie wehmütig daran dachte, was passieren würde, wenn die Kinder aus dem Haus waren. Paul und sie hatten sich schon seit Jahren nichts mehr zu sagen. Als sie am letzten Hochzeitstag ins ›Bel Vino‹ [72] essen gegangen waren, hatten sie hastig ihre Teller geleert, weil ihnen kein Thema einfallen wollte, worüber es sich zu reden lohnte. Sehnsüchtig hatte Gabriele zum Nebentisch gelinst, an dem ein Pärchen saß, das die ganze Zeit Händchen hielt und sich verliebt in die Augen sah, während die Speisen am Teller kalt wurden. Paul hingegen hatte in sein Smartphone gestarrt und weder ihre neue Haarfarbe noch das neue Kleid bemerkt. Beim Gedanken daran zog sie die Strickjacke enger um sich und verschränkte die Arme darüber.

Mit hochrotem Gesicht streckte der Amtsarzt dem Chefinspektor gerade eben ein beigefarbenes Cordsakko entgegen, so eines mit Ledereinsätzen an den Ellbogen.

Oliver staunte. »Mama, hat der Mann Papas Jacke geklaut?«

Schwindel erfasste Gabriele, der Bunker schien näher zu kommen.

»Es ist zu eng hier, wir müssen die Leiche rausschaffen!«, rief der Amtsarzt aus dem Loch.

Der Chefinspektor zog derweil ein Lederetui aus dem Cordsakko. Mit gerunzelter Stirn betrachtete er den ausgeklappten Führerschein. Der nächste Blick galt ihr, Gabriele. Seine braunen Augen fixierten sie, als er näherkam. Ein unwillkürliches Zittern durchlief ihren Körper. *Es ist nicht, wie Sie denken!*

Im selben Moment legten die Sanitäter die Leiche auf die Wiese. Dunkelblaue Jeans und Sneakers, das war dieselbe Kleidung, die Paul trug, als sie ihn vor drei Tagen aus dem Haus geworfen hatte. Mit zitternden Knien betrachtete sie den Toten. Diese wilden Locken, die bis in den Hemdkragen fielen, die schlanken Hände mit den perfekt manikürten Fingernägeln, der helle Flaum auf den Handrücken: All das hätte ihr doch sofort auffallen müssen. Verzweifelt japste Gabriele nach Luft und kratzte sich dabei die Unterarme blutig. Sie öffnete den Mund, um Oliver zu sagen, dass er verschwinden sollte, doch nur ein heiseres Krächzen entkam ihrer Kehle, genau in dem Moment, als der Amtsarzt den ›Obdachlosen‹ umdrehte.

»Papa!«

Der Chefinspektor hielt ihren schreienden und strampelnden Sohn fest. Erst jetzt bemerkte sie Kevin, der mit kreidebleichem Gesicht daneben stand. Im selben Moment erkannte Gabriele wieder einmal die Ähnlichkeit der beiden Freunde. Tief in ihren Eingeweiden brannte der Schmerz. Jeden Tag hatte Gabriele ihr Versagen als Ehefrau vor Augen, das Paul in die Arme einer anderen geführt hatte. Kevin war nicht nur Olivers Cousin, sondern sein Halbbruder, das Kind ihrer schönen Schwester und ihres Mannes. Dass es nur ein Ausrutscher war, hatte er ihr damals versichert, und sie war so dumm gewesen, ihm zu glauben. Vor drei Tagen hatte sie ihre Schwester mit Paul in flagranti erwischt und die Wahrheit erkannt.

Paul hatte vor ihr gekniet und geweint, doch sie glaubte ihm seine Liebesbekundungen nicht mehr. Nie wieder würde sie das dumme Mauerblümchen sein! Nie wieder!

Die Hälfte der Bohnen war an diesem Tag ungekocht geblieben. Oliver verabscheute Gemüse, und Gabriele aß abends nie etwas. Gierig schaufelte Paul den Bohnensalat in sich hinein. Als er fertig war, stellte ihm Gabriele die Koffer und seine Kiste Bier vor die Tür: »Geh und komm nicht wieder.«

Eine Zeit lang hatte er am Acker gesessen und sein Bier getrunken, bis es zu regnen begann. Nachdem sie die Wäsche von der Leine gerettet hatte, war Paul verschwunden gewesen. »Geh und komm nicht wieder«, hatte sie gesagt, und zum ersten Mal hatte er getan, was sie wollte.

Bereits am nächsten Tag hatten die Nachbarinnen schon nach ihm gefragt, und Gabriele hatte etwas von Geschäftsreise gemurmelt. Doch sie hörte die Nachbarn tuscheln. Gestern war dann Laura auf der Bildfläche erschienen. Sie klagte, dass Paul sein Telefon nicht abhob, und ob sie wüsste, wo er war. Gabriele hatte gesagt, dass er sich auf Geschäftsreise befand, sie jedoch nicht wüsste, wo und auch nicht, wann er wiederkäme. In ihren Augen sah sie, dass sie ihr nicht glaubte. Laura war ins Schlafzimmer gelaufen und hatte die Schränke aufgerissen. »Wo sind seine Klamotten?«

»Die hat er natürlich mit.«

»Alle?«

Gabriele zuckte mit den Achseln. »Sieht so aus.«

»Sag mir sofort, was hier los ist!«, rief sie und schleuderte ihr dabei Spucketröpfchen ins Gesicht.

»Wenn du es nicht weißt …«, gab Gabriele feixend zurück. »Vielleicht ist er deiner auch schon überdrüssig.«

»Niemals!«, schrie Laura. »Niemals wird ein Mann meiner überdrüssig. Sieh mich an! *Mich* verlässt man nicht.«

»Im Gegensatz zu mir, nicht wahr?«

Laura lief ins Bad und fluchte. Dann hörte Gabriele sie telefonieren. Sie kam wieder zurück und sah ihr tief in die

Augen. »Sein Chef hat ihn seit einer Woche nicht gesehen, und er hat ihm auch keine Reise eingetragen. Nicht einmal krankgemeldet ist er. Der Chef überlegt schon, ihn zu kündigen.«

»Tja, dann sollte er das tun.«

Gabriele war die Treppe in die Küche hinuntergegangen und hatte sich Tee aufgesetzt. In eine der Tassen gab sie die K.o.-Tropfen, die sie einen Tag vorher erstanden hatte. Laura trank den Tee in kleinen Schlucken. Gebannt hörte Gabriele zu, wie Lauras Stimme einen immer seltsameren Klang bekam. Rasch lotste sie sie zu ihrem Auto. Sie stieg ohne Gegenwehr ein und lallte irgendetwas, das Gabriele nicht verstand, bis Laura schließlich endgültig einschlief. Rasch fuhr sie zur Burg Neuhaus in Weißenbach 73. Um diese Zeit war dort nichts los. Sie fuhr so weit hinauf, wie sie durfte, und stellte das Auto am Rand der Erhöhung ab. Dann rollte sie die schlafende Laura aus dem Fahrzeug, hievte sie über die Mauer und hörte, wie sie dumpf am Boden aufschlug. Wenn sie Laura fanden, würden die K.o.-Tropfen längst nicht mehr nachweisbar sein. Da sie Wanderklamotten trug, würde man von einem tragischen Unfall ausgehen. Da Laura sich all die Jahre damit begnügt hatte, Geliebte zu sein, gab es auch keinen Ehemann, der die Geschichte anzweifeln würde. Gabriele wusste, dass ihr Sohn Alleinerbe war und Laura eine Verfügung unterschrieben hatte, dass im Falle ihres Todes ihre Schwester Gabriele das Sorgerecht für ihren Sohn erhielt. Jetzt im Vorgarten drückte sich Kevin genauso an Gabriele wie ihr eigener Sohn Oliver. Beide weinten und zitterten. Gabriele drückte ein paar Tränen heraus, kniete sich hin und verbarg ihr Gesicht hinter den Buben, damit niemand merkte, dass der Tod ihres Mannes ihr alles andere als naheging.

Der Chefinspektor stellte sich hinter das Grüppchen. Er legte Gabriele die Hand auf die Schulter. »Ist das Ihr Mann?«

Gabriele nickte. »Ich dachte, er wäre auf Geschäftsreise.«

»Das werden wir überprüfen, gnädige Frau. Bitte bringen Sie die Kinder von hier weg, wir müssen den Fundort genauer untersuchen.«

Gabriele ging mit den Kindern in ihren Reihenhausgarten und setzte sich auf die Terrasse. Der Chefinspektor folgte. Eine halbe Stunde später kam eine Frau vom Psychosozialen Dienst und ging mit den Buben ins Kinderzimmer, damit der Chefinspektor Gabriele in Ruhe befragen konnte. Die Mädchen waren noch in der Schule in Wiener Neustadt. Sie gingen in die Bilinguale Europaschule, die auch nachmittags Unterricht hatte. Kunze stellte nicht viele Fragen. Als sie Gabrieles Mann wegbrachten, stand er auf und reichte ihr seine Karte mit dem Hinweis, sie sollte sich melden, falls ihr noch etwas einfiele.

Doch das tat sie nicht. Eine Woche später wurde die Leiche zur Beerdigung freigegeben. Außer jede Menge Alkohol fanden sie nichts in seinem Blut, keinerlei Hinweise auf einen Mord oder Unfall.

Gabriele ließ Paul einäschern. Laura lag immer noch im dichten Dickicht des Waldes unterhalb der Burg Neuhaus in Weißenbach.

61 **Guglzipf Wanderweg**
Der Berndorfer Hausberg Guglzipf (472 Meter) gehört mit seinem Aussichtsturm, der einladenden Waldhütte und den gepflegten Wanderwegen zu den beliebtesten Ausflugszielen über dem Triestingtal. Zu den weiteren Vorzügen gehören die kulturellen Sehenswürdigkeiten in Berndorf und die Sanftheit des Jauling-Gebirgszuges – hier kann zu jeder Jahreszeit und bei jedem Wettert gewandert werden.

62 **Drei-Kirchen-Rundwanderweg**
Auf diesem Rundwanderweg erwandern Sie drei bedeutende barocke Wallfahrtskirchen: Hafnerberg, Klein-Mariazell und Altenmarkt.
1. Teilstrecke: Hafnerberg – Klein-Mariazell
Die Gehzeit beträgt circa 1 Stunde, 35 Minuten.
2. Teilstrecke: Klein-Mariazell – Altenmarkt
Die Gehzeit beträgt circa 40 Minuten.
3. Teilstrecke: Altenmarkt – Hafnerberg
Die Gehzeit beträgt circa 30 Minuten.

63 **Wander- und Wasserwelt Myrafälle Muggendorf**
Die Myra entspringt aus der sagenumwobenen Myralucke am Fuß des Unterbergs und wird von einem unterirdischen See gespeist. Begeben Sie sich auf einen Spaziergang und genießen Sie den wunderbaren Ausblick vom Hausstein. Elf Informationstafeln (Themenstationen) begleiten Sie entlang dieser eindrucksvollen Landschaft, in der auch ein Wasserschloss und eine alte Sägemühle stehen. Wandert man die 26 Brücken, acht Stiegen

und vielen Stege durch das enge Tal hinauf, kann man sich vor allem im Frühjahr nach der Schneeschmelze der Faszination und Energie der Myra nicht entziehen. Für Kinder interessant: Kletterparadies, Wasserspielplatz, Abenteuer-Floßfahrt.

64 **Leobersdorfer Erlebnisbad**

Größe des gesamten Areals: rund 23.500 Quadratmeter. Das Bad hat eine Gesamtwasserfläche von circa 900 Quadratmetern. Ein Sport- und Sprungbecken mit 475 Quadratmetern Wasserfläche, einer Tiefe von 1,8 bis 3,8 Metern und je ein Einmeter- und Dreimeter-Sprungbrett. Ein Erlebnis- und Familienbecken (circa 370 Quadratmeter) mit einem Strömungskanal, einer 65 Meter langen Wasserrutsche, einem Wasserfall und Liegeflächen im Wasser mit eingebauten Sprudel- beziehungsweise Massagedüsen. Ein Kinderbecken mit rund 55 Quadratmetern Wasserfläche, welches in zwei Stufen ausgeführt ist, damit auch die Kleinsten den Spaß und das Vergnügen einer kleinen Rutsche genießen können. Die vorhandene Solaranlage sorgt für angenehme Wassertemperaturen in den Becken bis zu 26° Celsius. Für Kinder gibt es zudem einen etwa 2.700 Quadratmeter großen Spielplatz. Auf dieser Fläche befindet sich auch ein Beachvolleyball Platz. Ein direkter Zugang vom Bad zur Minigolf-Boccia-Anlage ist möglich. Fünf Tischtennistische, mehrere Flipper und Tischfußballtische sorgen zusätzlich für viel Spaß.

65 **Leobersdorfer Brückenlauf**

Der Leobersdorfer Brückenlauf wird seit 2001 von der Marktgemeinde Leobersdorf (Rathausplatz 1, 2544 Leobersdorf) veranstaltet. Beim Brückenlauf 2013 wurde von einem Team der Pfadfindergruppe Leobersdorf während des Brückenlaufs Kaffee und Kuchen verkauft. Den Reinerlös wollten die emsigen Helfer allerdings nicht behalten, sondern haben ihn zugunsten schwerkranker Kinder an den Sterntalerhof überwiesen. Eine tolle Idee, die sehr großen Anklang gefunden hat und seitdem jedes Jahr ausgebaut wird. **Die Brückenlauf-Familie hilft seither regelmäßig Familien mit schwerkranken Kindern!** Der Leobersdorfer Brückenlauf ist stolzer Partner des Sterntalerhofs, einer Einrichtung für Familien mit schwerst-, chronisch- und sterbenskranken Kindern. Als Familien-Laufveranstaltung wollen sie damit jenen Familien helfen, die nicht wissen, wie lange es noch ein gemeinsames Morgen gibt!

66 Pferdefest Hirtenberg

Das Hirtenberger Pferdefest findet jedes Jahr am dritten Wochenende im Juli an der Koppel beim Bahnhof statt, die wie ein kleines Indianerdorf aussieht. Zu Fuß gelangt man problemlos über den Rad- und Wanderweg von Hirtenberg oder Enzesfeld zum Platz. Das Fest wird vom Hirtenberger Reit- und Fahrverein organisiert. Zahlreiche Bewerbe in verschiedenen Altersklassen werden an diesen Tagen veranstaltet. Dazu gibt es ein breites Rahmenprogramm mit Countrymusik, Tombola und jeder Menge kulinarischer Schmankerln.
Mehr Informationen finden Sie im Internet und auf der Facebook-Seite des Fahrvereins.

67 Bloomfield Einkaufszentrum

ist ein großes Einkaufs- und Erlebniszentrum zwischen Leobersdorf und Hirtenberg gelegen. Seit Oktober 2015 wird ein Teil des Zentrums als Transitquartier für Flüchtlinge genutzt. Eine Permanentbetreuung (wie etwa in Traiskirchen) ist in Leobersdorf nicht vorgesehen. Seitens des Betreibers Christian Blazek wurde Platz für maximal 250 Menschen zur Verfügung gestellt. Für die Betreuung und medizinische Versorgung ist das Rote Kreuz zuständig. Um die Sicherheit kümmern sich das Innenministerium und die Exekutive.

68 Bunkeranlagen Enzesfeld-Lindabrunn

Über Enzesfeld-Lindabrunn gibt es einige Geschichten, Erzählungen und Gerüchte. Gewiss ist jedoch, dass hier einige Luftschutzstollen in die Berge getrieben wurden. Es gibt hier auch ein paar Fabriken, die 1938 in die Herman-Göring-Werke eingegliedert wurden. Die Hirtenberger Metallfabrik war eine davon sowie die Enzesfelder Fabrik und noch einige kleinere Fabriken bis Gutenstein und Traisen. Um die Bahnbediensteten zu schützen, wurden an der gesamten Bahn von Leobersdorf bis St. Pölten auch kleine Einmannbunker errichtet. Die Feuerwehr nutzt noch einige Bunkereingänge zu Übungszwecken, wie den alten Bunker in der Hügelgasse in Enzesfeld.

69 Bunkereingang Hirtenberg

Auf dem Ared-Park-Gelände Leobersdorf waren im Zweiten Weltkrieg die Munitionsfabrik und zahlreiche Bunkeranlagen angesiedelt. Entlang der Alten Gasse in Richtung Hirtenberg verlaufen weiträumige Bunkeranlagen. Viele Zugänge zu dem Tunnelsystem wurden schon vermauert. Allerdings gibt es immer noch Schleichwege, um in das Innere zu gelangen. In Hirtenberg finden Sie auch das Bunkerstüberl: Was Erich Vlasak und Herbert Bader in ihrem Bunkerstüberl (gegen-

über von Bloomfield in den Weingärten) bieten, gibt es nicht an jeder Ecke: Von 30. August (ab 14 Uhr) bis 1. September werden Mangalitza-, Schafkäse-, Lamm- und Safranspezialitäten sowie Safranwein und Biosäfte kredenzt. Mit einem Wort: Gutes vom Archehof.
Heinrich Herold-Gasse 17, 2544 Leobersdorf
Tel: +43 2256 63968, Email: hb63@gmx.at

70 **SK8 – Indoor Skatezone**

In der durch professionelle Skater mitgestalteten Indoor Skatezone stellt Bloomfield eine vielfältige Landschaft für die Boarder dieser Sportlergeneration zur Verfügung.
In den Wiesen 4 Unit 65, 2544 Leobersdorf

71 **Rocks – Indoor Boulder-Park**

Bouldern (engl. Boulder: Felsblock) ist das Klettern ohne Kletterseil und Klettergurt an Felsblöcken, Felswänden oder an künstlichen Kletterwänden in Absprunghöhe.
In den Wiesen 4, Unit 65, 2544 Leobersdorf

72 **Bel Vino**

Mitten in Leobersdorf gelegen, bietet dieses Restaurant wundervolle italienische Küche, tolle Weine und kulturelle Veranstaltungen wie Lesungen an.

73 **Burg Neuhaus in Weißenbach**

Die Burg wurde vermutlich im 13. Jahrhundert errichtet. Nach der Plünderung durch die Türken im Jahr 1683 wurde 1694 in den Ruinen eine Glas- und Spiegelfabrik eingerichtet. Unter Kaiser Karl VI. wurde das Schloss wieder instand gesetzt und ein neuer Trakt für die Spiegelfabrik errichtet. In den letzten Kriegstagen

des Zweiten Weltkriegs brannten Burg und Kirche völlig nieder. Der Westtrakt der Burg wurde ab 1955 wieder aufgebaut, der Osttrakt ging 1977 in Privatbesitz über und wurde wiederhergestellt, während der Westtrakt langsam verfiel.
Heute gehört der Westtrakt mit der Kirche der katholischen Kirche, die ihn nach und nach saniert, revitalisiert und der Öffentlichkeit zugänglich macht. Mit der Einführung der Sommerspiele durch den Verein »Prometheus – Theater und Kultur« soll ein weiterer Schritt in diese Richtung getan werden.

BETRUG UND EIFERSUCHT

VANESSA

Von Veronika A. Grager

»Kinder, kommt endlich!«, rief der Vater.

Vanessa murrte. Es war Sonntag, der Familienausflug stand an. Der Wettergott zeigte sich von seiner besten Seite. Blauer Himmel, Schäfchenwolken, das Thermometer zeigte 24 Grad und würde im Laufe des Tages noch steigen. Ein sanftes Lüftchen strich durch die Bäume. Trotzdem hatte Vanessa null Bock, mit den Eltern und ihren jüngeren Geschwistern durch die Gegend zu latschen. Sie wäre gerne alleine zu Hause geblieben, aber ihr Vater hatte das rundweg abgelehnt. Mein Gott, der tat, als wäre sie ein Baby. Dabei war sie 14! ›Overprotective‹ hieß das im Englischen. Markenzeichen aller Helikoptereltern. Das waren die, die fast zwanghaft ihre Kinder unter Aufsicht hielten und sich in deren Leben einmischen wollten. Vanessa fand das einfach krank.

Natürlich wollte sie nicht allein zu Hause rumsitzen, das gerade nicht. Doch viel interessanter als der lästige Familienausflug wäre es gewesen, wenn ihr Freund zu ihr nach Hause gekommen wäre. Sie hätten Musik hören können, von der gemeinsamen Zukunft träumen, einander hingebungsvoll beschmusen. Das alles fiel jetzt flach. Vanessa hasste ihren Vater. Er war die treibende Kraft an den gruseligen Gemeinschaftswandertagen. Und sie hasste ihre Mutter. Die sie betütelte wie ein Kleinkind. Nicht loslassen konnte. Dabei waren da ohnehin die unsäglichen jüngeren Geschwister, für die sich

Vanessa hauptsächlich schämte. Da hätte Mama sich austoben können mit ihrem Nesttrieb.

Lenny, Vanessas sechsjähriger Bruder, zappelte neben dem Auto herum. »Wo bleibst du denn so lang?«, maulte er ungeduldig und blickte sie vorwurfsvoll an.

»Wo ist Silvie?«, fragte Vanessa ihre Mutter, anstatt auf Lennys Frage zu antworten.

»Nochmal am Klo. Die macht mich fertig. Jedes Mal, wenn wir wegfahren, geht dieses Kind noch dreimal zur Toilette.«

»Kein Wunder, Papa bleibt doch nie stehen, wenn wir sagen, dass wir mal müssen.«

»Na ja, wenn beim ersten Halt auch jeder von euch austreten würde, dann hätten wir das Problem nicht. Aber wenn wir alle zehn Minuten wegen einem anderen Kind Pinkelpause machen müssen, ist das schon nervig.«

Vanessa zuckte mit den Achseln. Als ob man sich einteilen könnte, *wann* man musste. Ihre Mutter hatte wieder mal null Ahnung.

Mittlerweile war auch Silvie erschienen, und alle Kinder wurden im Auto verstaut. Vanessa wollte sich auf den Beifahrersitz neben ihren Vater setzen, doch der sah sie nur mit seinem Ich-glaub-dir-geht's-nicht-gut-Blick an, und Mama deutete unmissverständlich auf die Rückbank.

»Meinetwegen. Kotz ich euch halt wieder das Auto voll.«.

»Wenn du das tust, dann wirst du es diesmal auch putzen!«, grollte der Vater. »Wie wär's, wenn du zur Abwechslung aus dem Fenster sehen und nicht dauernd auf dein Handy starren würdest? Dann wird dir garantiert nicht schlecht und du würdest nebenbei ein schönes Stück deiner Heimat kennenlernen.«

Vanessa verdrehte die Augen. *Wie schön wäre es jetzt allein zu Hause!* Selbst ohne ihren Freund wäre allein zu Haus immer noch ein Sechser im Lotto gegen diese Qualveranstaltung mit Familie. Das Schlimmste dabei: Sie musste gute Miene zum bösen Spiel machen. Sonst fiel ihrem Vater wieder irgendeine völlig hirnverbrannte und unangemessene Strafaktion ein.

»Wo-wohin fs-fsa-fsahren wir heute?«, lispelte Silvie.

Sie war fast zehn und hatte einen Sprachfehler, der trotz Sprachtherapie einfach nicht verschwinden wollte. Ganz im Gegenteil. Jetzt stotterte sie auch noch. *Was für eine beschissene Familie!* Vanessa stopfte die In-Ear-Kopfhörer ihres Handys in die Ohren und zappte durch ihr Musikfile. Gleich darauf ließ ›*I'm yours*‹ von den Makemakes ihr Herz höher schlagen. *Ob er so oft an sie dachte wie sie an ihn? Vielleicht nicht so oft, aber sicher genau so intensiv!* Sie seufzte und drückte auf ›Replay‹. Die Antwort ihres Vaters, der das Ziel ihres Ausflugs nannte, hörte sie nicht mehr. Was egal war, denn sie kannte es ohnehin. Hatte es aus ihm herausgekitzelt. Mit einem ganz bestimmten Plan. *Wenn er das wüsste!* Dann hätte er sie vermutlich voll Freude zu Hause gelassen!

Die erste Station war in Mayerling 74, beim Stift der Karmeliterinnen. Es war das ehemalige Jagdschloss des Kronprinzen Rudolf, Originalschauplatz der Tragödie, bei der er seine junge Geliebte Mary Vetsera und danach sich selbst getötet hatte. Da war diese blutjunge Mary Vetsera gemeinsam mit Kronprinz Rudolf in den Tod gegangen. In dem Glauben, dass sie dann für ewig mit ihrem Liebsten vereint wäre. Doch weit gefehlt. Der Kaiser hatte nichts Eiligeres zu tun gehabt, als die unwichtige kleine Baronesse sitzend in einer Kutsche ›abreisen‹ und heimlich verscharren zu lassen. Der Kronprinz aber war offiziell einem Jagdunfall zum Opfer gefallen und wurde mit allen Ehren in der Kaisergruft beigesetzt. Was für eine traurige Geschichte. So etwas würde Vanessa nie im Leben passieren. Sie würde darauf achten, dass sie auf ihre Kosten kam.

Anschließend stand eine Besichtigung des Stiftes Heiligenkreuz 75 auf dem Programm. Weil Mama es unbedingt wollte, suchten sie auf dem Heiligenkreuzer Friedhof noch nach dem Grab von Mary Vetsera 76. Es war kein Grab, sondern eine Gruft. Nichts besonders Mondänes. Für eine Baronesse hatte Vanessa eigentlich etwas Prächtigeres erwartet. Allerdings war Mary Vetsera schon mehrmals wieder ausgegraben und ihr Sarg von irgendwelchen Gestörten gestohlen worden. Aus diesem Grund war die ganze Gruft heutzutage mit Erde aufgefüllt.

Weiter ging es nach Raisenmarkt. Dort zweigte ein Waldweg auf den ›Zobelhof‹ 77 ab. Dort wurde es für Vanessa zum ersten Mal interessant. Es gab da nämlich nicht nur den Gasthof Edelbacher, einen Mostheurigen, wo sie zu Mittag essen würden. Ein paar Meter weiter lag die ›Golden Horse Ranch‹ 78. Hier wurden American Quarter Horses gezüchtet. Wunderschöne Tiere. Vielleicht gab es gerade Fohlen! Man konnte auch Pferde kaufen. Aber das war vermutlich keine Option. Dabei würde sie so gerne reiten! Ein Pferd und einen Hund haben. Als sie das mal ihrem Vater gestand, meinte er nur lakonisch: »Dann musst du entweder reich heiraten oder dir einen einträglichen Beruf suchen. Da man in dem Fall aber vorher viel lernen muss, kommt für dich wohl nur Ersteres infrage.« *Idiot!*

Nachdem sich alle im Wirtshaus am Zobelhof den Bauch vollgeschlagen hatten, brachen sie auf zum Schutzhaus ›Eisernes Tor‹ 79 auf dem Hohen Lindkogel. Obwohl es gar nicht steil bergauf ging, waren Vater und Mutter relativ schnell außer Atem. *Warum haben die sich auch so vollgestopft? Als hätten sie seit Wochen nichts zu essen bekommen!*

Silvie und Lenny hopsten vorneweg wie junge Hunde. Vanessa schämte sich für ihre Familie und hing hinterher. Niemand, der ihnen begegnete, sollte auf die Idee kommen, dass sie zu dieser entsetzlichen Familie gehörte. *Almauftrieb der Behinderten und Gestörten.* Das letzte Stück stieg steil an. Jetzt zog Vanessa an den anderen vorbei. *Diese lahmen Enten!* Keuchend erreichte sie den Gipfel und lief gleich weiter, hinauf auf die ›Sina-Warte‹ **80**, von der man bei klarem Wetter einen wunderbaren Rundblick ins Wiener Becken hatte, von den Kleinen Karpaten bis zum Schneeberg. Im Winter konnte man dann auf der vier Kilometer langen Forststraße, die zur Rodelbahn umfunktioniert wurde, mit dem Schlitten nach Rohrbach hinunterfahren. Als Kind hatte sie das geliebt. Ach wer weiß, ob es das überhaupt noch gab!

Doch jetzt interessierte sie nur, wo ›er‹ blieb. Er hatte versprochen, sie hier auf der Aussichtswarte zu treffen. Es befanden sich aber nur drei Personen dort. Ein Gruftie, der vermutlich drei Stunden bis hier herauf gebraucht hatte. Sein Schädel war zwar wenig behaart, dafür tomatenrot von der Anstrengung. Eine junge Frau mit Höhenangst, die sich nicht an die Brüstung heranwagte, und ein Bub, der irgendetwas aus seiner Hosentasche nahm und nach unten warf.

»Was machst du denn da?«, fragte Vanessa.

Der Junge fuhr herum. »Nichts!«, kiekste er.

Gott wie süß, der ist im Stimmbruch! »Ich hoffe, das sind keine Steine, die du da runter wirfst. Wenn du damit jemanden triffst, kann der tot oder schwer verletzt sein.«

»Die sind doch eh so klein!«, quengelte der Bub und hielt Vanessa zum Beweis einen Stein auf der offenen Hand hin. Er war so groß wie seine Handfläche.

»Das reicht aus der Höhe. Hau ab, sonst ruf ich die Polizei!«

Der Junge trollte sich zur Treppe, nicht ohne »Blöde Kuh!« in ihre Richtung zu rufen. Vanessa hockte sich auf den Boden und hatte Mühe, die Tränen zurückzuhalten. *Er hat es versprochen! Und wo ist er jetzt?*

Nach einer Weile wischte sie sich über die Augen. Wie spät war es eigentlich? Hatten sie sich verpasst? Sie fischte ihr Handy aus ihren Jeans und sah nach der Zeit. Wäre möglich. Sie lief die Treppe hinunter. Vielleicht war er im Schutzhaus und wartete bereits ungeduldig auf sie. Und sie bummelte hier herum und bemitleidete sich, statt dass sie ihn suchte.

Als Vanessa in das Schutzhaus trat, mussten sich ihre Augen erst an die Dunkelheit nach der blendenden Helligkeit draußen gewöhnen. Ihre Eltern und Geschwister saßen gemütlich an einem Tisch, jeder ein Obi gespritzt vor sich.

»Wir haben dir auch etwas bestellt«, sagte ihre Mutter und schob Vanessa ein Glas mit Cola hin.

»Danke«, nuschelte sie und ließ ihren Blick durch den Raum schweifen. Nichts. Er war einfach nicht da! Eiseskälte kroch ihren Rücken hinauf. *Du Scheißkerl! Das wirst du bereuen.*

»Herr Professor Schneider!«, hörte Vanessa plötzlich ihre Mutter in den höchsten Tönen süßeln. »Sie auch hier? Wo ist denn Ihre reizende Gattin?«

Ihre Mutter war echt peinlich. Dr. Ralf Schneider war Vanessas Klassenvorstand und unterrichtete Mathematik und Physik. Sie drehte sich in seine Richtung, als er ihrer Mutter antwortete.

»Schönen guten Tag! Ich bin allein hier oben. Meine Frau ist im neunten Monat. Die kann nicht mehr rauf.«

»Dann richten sie ihr doch bitte unsere besten Grüße aus«, säuselte ihre Mutter. »Wollen Sie sich nicht zu uns setzen, Herr Professor?«

»Äh, nein. Ich hol mir nur rasch etwas zu trinken und dann lauf ich wieder runter. Ich möchte meine Frau jetzt nicht allzu lange alleine lassen.« Er trat zur Schank, kaufte ein Getränk und füllte es in seine Trinkflasche um.

Vanessa fragte ihren Vater: »Wo ist denn hier die Toilette?« Er wies ihr den Weg und sie verschwand.

Als Ralf nach draußen kam, schlenderte ein Mädchen in seine Richtung. »Spät kommt Ihr, doch Ihr kommt!«, flüsterte es ihm lächelnd zu. »Der weite Weg, Graf Isolan, entschuldigt Euer Säumen.«

»Du hast mir ja keine Wahl gelassen. Und dass du Schiller zitierst, ändert nichts.«

»Gehen wir ein Stück?« Sie setzte ein verführerisches Lächeln auf.

»Hör zu, ich habe es dir schon vor ein paar Wochen gesagt. Und daran hat sich bis heute nichts geändert. Es tut mir leid, was passiert ist, aber es ist aus.«

»Nein, mein Schatz, das ist es ganz gewiss nicht. Du wirst mich weiter treffen, mich heiß lieben, und irgendwann werden wir weggehen wie geplant.«

»Vanessa, du bist 14 Jahre alt!«, rief Ralf.

»Das hat dich bisher aber wenig gestört, oder?«

Ralf blickte betreten zu Boden. »Ich weiß, ich bin ein Schwein. Aber meine Frau kriegt ein Baby.«

»Auch das wusstest du schon, als du mit mir angefangen hast.« Vanessas Stimme klang eisig.

»Ja. Tut mir leid.« Er hätte sich nie auf diese sexbesessene kleine Lolita einlassen dürfen. Sie hatte ihn regelrecht verführt. Es hatte ihm geschmeichelt. Und durch die schwierige Schwangerschaft seiner Frau hatte er lange keinen Sex mehr gehabt. Vanessa war eines Tages nach der Stunde im Physiksaal geblieben. Stand vor ihm im kurzen Minirock. Setzte sich auf den Tisch, schlug die Beine übereinander und ließ ihn sehen, dass sie nichts darunter trug. Beugte sich vor, sodass er ihre festen kleinen Brüste sehen konnte. Er war auf sie angesprungen wie ein Verdurstender auf ein Glas Wasser.

»Ich war noch Jungfrau. Weißt du noch?«

Niemals! So wie sie ihn verführt hatte? Wie sie ihn immer wieder in ihren Bann gezogen hatte? Er vermutete eher, dass sie in sexuellen Dingen wesentlich mehr Erfahrung besaß, als sie zugab.

»Du bist jung. Du wirst einen anderen finden. Der besser zu dir passt.«

»Ich will keinen anderen.« Vanessa drängte sich an ihn, schmiegte sich an seine Brust und schlang ihre Arme um seinen Hals. »Liebst du mich?«

»Vanessa, nein.« Er schob sie von sich. Sie waren mittlerweile ganz allein im Wald. Irgendwo zwitscherten Vögel in den Wipfeln, Fliegen summten, der Wind strich sanft durch die Blätter. Sonst war es still. Die Sonne blinzelte durch die Bäume und wob zarte Licht- und Schattenmuster auf den Boden. Friedlich und idyllisch. Leider konnte Ralf weder die Stille noch die Idylle genießen.

»Und was machst du, wenn ich auch schwanger bin?«

Eisiger Schreck durchfuhr ihn. Das konnte nicht sein. »Bist du nicht. Ich hab gesehen, dass du die Pille nimmst.«

»Du musst es ja wissen. Ich könnte die Tabletten aber auch ins Klo geworfen haben. Was dann?«

Ralf schwieg. Wie konnte er aus dieser Situation entkommen?

»Wenn du mich jetzt nicht auf der Stelle küsst, dann schreie ich. Und wenn jemand kommt, sag ich, du wolltest mich vergewaltigen.«

»Bitte hör auf. Das bist nicht du! Wir beenden das hier und jetzt. Die Sommerferien kommen bald. Dann lass ich mich versetzen.« Er würde sich von dem kleinen Miststück nicht seine Ehe zerstören lassen. Von seiner Karriere gar nicht zu reden.

»Oh nein, mein Freund. So kommst du nicht davon.« Vanessas Wangen glühten. »Du wirst alles tun, was ich dir sage. Wenn nicht, bekommt deine Frau von mir ein paar nette Fotos.«

Ralf erbleichte. »Du hast Fotos gemacht von uns?«

»Aber sicher! Hast du die Kamera an der Decke nicht bemerkt? Wir zwei im Bett. Sehr sexy. Du siehst übrigens fantastisch darauf aus.« Sie lächelte verführerisch und zog ihr Shirt über den Kopf. Darunter trug sie, wie immer, nichts. Ralf wunderte sich einmal mehr, dass ihre Eltern sie so herumrennen ließen. Die mussten doch sehen, wie aufreizend sich ihre Tochter kleidete. Er streckte zitternd die Hand nach ihr aus. »Das kannst du doch nicht machen, Vanessa.«

»Ich kann. Glaube mir. Weil ich dich liebe. Und jetzt umarme mich. Küss mich. Und wir vergessen alles, was du gesagt hast.«

Ralf trat auf Vanessa zu. Halbherzig nahm er sie in den Arm. Vanessa schmiegte ihre Brust in seine Hand. Als sie die Augen schloss und ihre Lippen sich seinen näherten, legte er seine Hände um ihren zarten Hals und drückte zu. So fest er konnte. Sie riss die Augen auf und strampelte herum. Versuchte ihn zu treten. Seine Arme wegzuschlagen. Doch er ließ nicht los. Als Vanessa sich nicht mehr regte, ließ er sie zu Boden gleiten, nahm einen Stein und schlug damit auf ihren Schädel ein. Immer wieder. Bis das Hirn aus der riesigen Wunde austrat. Nur für alle Fälle. Es musste jetzt ein Ende geben. Dann zog er sie weg vom Weg, tiefer in den Wald. Er arrangierte einige Äste über ihrem Körper, versicherte sich durch einen Rundblick, dass noch immer niemand in der Nähe war. Kurz darauf schlenderte er Richtung Steiniger Weg 81, um nach Baden zurückzugehen. Sein Herz raste, die Hände zitterten unkontrolliert. Aber er musste Ruhe bewahren. Er würde in der Nacht wiederkommen, mit Badreiniger und Klappspaten im Rucksack. Dann würde er seine Fingerabdrücke beseitigen und das Biest begraben.

Als er nach Hause kam, rief er schon im Vorzimmer: »Schatz? Alles in Ordnung?«

Es blieb ruhig. Zu ruhig. Hoffentlich hatten die Wehen nicht schon eingesetzt. Er zog die Wanderschuhe aus und das verschwitzte Poloshirt über den Kopf.

Er betrat das Wohnzimmer. »Liebes, wie geht es dir?«

Sein Blick fiel auf das Fernsehgerät. Seine Frau hatte eine DVD angesehen. Schwangerschaftsturnen? Oder doch eher einen Film zum Ablenken? Im neunten Monat war sie schon schwerfällig. Wasser in den Beinen machte sie ebenso unbeweglich wie der dicke Bauch. Doch obwohl sie immer wieder gefragt hatte, wie er einen gestrandeten Wal lieben konnte, musste er feststellen, dass gerade durch diesen Seitensprung mit dem kleinen selbstsüchtigen Biest seine Liebe zu Andrea gewachsen war. Oder er sich ihrer Liebe, die niemals forderte, aber immer gab, vielleicht wieder mehr bewusst geworden war. Andrea war weder im Wohnzimmer noch im Bad, nicht im kleinen Garten vor dem Haus. Im Schlafzimmer, ihrem Lieblingsort der letzten Wochen, war sie auch nicht. Vielleicht war sie zur Nachbarin auf einen Plausch gegangen. Im Spital war sie jedenfalls noch nicht. Nicht nur, weil sie ihn dann angerufen hätte. In dem Fall hätte sie auch ihr Notfallköfferchen mitgenommen, das sie schon vor einer Woche gepackt und ins Vorzimmer gestellt hatte.

In der Küche stand eine Vase mit frischen Blumen aus dem Garten. Er nahm das prächtige Bouquet und stellte es im Wohnzimmer auf den Esstisch. Wie schön und friedlich dieses Heim war. Gut, dass er seine Ehe und dieses wunderbare Leben nicht weggeworfen hatte. Er hätte es sicher sein ganzes Leben lang bereut. Er holte sich ein Bier aus dem Eiskasten. Das hatte er sich verdient. Als er die Flasche an die Lippen setzte, blitzte wie ein Gruselfilm die Erinnerung daran, was er vor einer knappen Stunde getan hatte, in ihm auf. *Verdammt! Die armen Eltern.* Hoffentlich hatte die Kleine nie etwas von ihm zu Hause erzählt. *Sicher nicht,* beruhigte er sich selbst. Sonst wären die Eltern nicht so nett zu ihm gewesen. Mein Gott, was war er doch für ein Scheusal. Er hatte ein Kind umgebracht und dachte nur daran, wie schön und friedvoll es jetzt bei ihm zu Hause war. Und die kesse Vanessa lag bleich und tot auf dem Hohen Lindkogel. Aber so sehr er sich auch anstrengte, er konnte keine Reue empfinden. *Andrea, wenn du wüsstest, mit was für einem Schwein du verheiratet bist!*

Er legte sich auf das Sofa. Wollte ein wenig ausruhen, bevor Andrea nach Hause kam, und vor allem bevor er seine schändliche Tat von heute so vergraben musste, dass man die Leiche nicht fand. Dazu war der ganze Weg noch einmal zurückzulegen. Denn auf diesen Berg kam man nur zu Fuß. Am besten, er nahm auch noch ein paar Müllsäcke mit und Klebeband. Damit nicht der nächste vorbeikommende Köter Vanessa ausgrub.

Als er aufwachte, war Andrea immer noch nicht daheim. Wo war sie nur? Er griff zum Telefon und rief Tanja, die Nachbarin, an.

»Hi, Tanja. Sag Andrea, dass ich schon ewig zu Hause bin. Sie könnte auch langsam wieder heimkommen.«

»Hallo, Ralf. Andrea ist nicht bei mir. Ich hab sie heute noch gar nicht gesehen.«

»Hm. Wo kann sie sein? Zu Hause ist sie jedenfalls auch nicht.«

»Im Spital?«

»Nein, ihr Köfferchen ist noch da.«

»Dann weiß ich auch nicht. Tut mir leid.«

Ralf war ratlos. Sie waren erst vor einem halben Jahr hierher gezogen. Andrea kannte nicht viele Leute in der Umgebung. Das Auto stand vor der Tür. Wo also war sie? Vielleicht sollte er einmal gucken, was sie sich angesehen hatte, während sie auf ihn wartete. Er nahm die Fernsteuerung und startete die DVD im Gerät.

Was er sah, ließ ihm das Blut in den Adern gefrieren. Vanessa und er, voll in Action. Dieses verfluchte Stück Scheiße hatte keine Fotos gemacht, sie hatte mit versteckter Kamera gefilmt. Und es war zu spät gewesen, als er ihr den Hals umgedreht hatte. Denn sie musste schon früher einen Weg gefunden haben, seiner Frau die DVD zukommen zu lassen. Wollte sie damit wohl dazu bringen, sich von ihm scheiden zu lassen.

Seine Frau! Wo war sie? Er stellte das Fernsehgerät ab. Hetzte noch einmal durch die Wohnung. Von Andrea keine Spur. Einzig im Keller hatte er noch nicht nachgesehen. Dort fand er sie auf einer ausrangierten Bank. Leblos. Neben ihr das Fläschchen eines Schlafmittels. Leer.

»Nein!« Schluchzend wählte er den Notruf. Doch als er zwei Finger auf die Halsschlagader seiner Frau legte, um den Puls zu fühlen, ließ er das Telefon fallen. Spürte die Kälte von Andreas Haut. War vor Entsetzen wie gelähmt. Es war zu spät. Sie war tot. Und mit ihr das lang ersehnte Wunschkind, sein ungeborener Sohn.

74 Schloss Mayerling

Das Schloss Mayerling bei Alland war bis 1889 Jagdschloss. Seit 1886 war es im Besitz von Kronprinz Erzherzog Rudolf von Habsburg-Lothringen, dem einzigen Sohn von Kaiser Franz Joseph I. und Kaiserin Elisabeth. Nur drei Jahre später, am 30. Jänner 1889, hat Kronprinz Rudolf hier seine blutjunge Geliebte Mary Vetsera erschossen und dann sich selbst das Leben genommen. Wie genau die Tragödie von Mayerling abgelaufen ist, darüber rätseln immer noch die Historiker. Der romantische Touch, den das Jagdschloss dadurch erhielt, lockt heute bis zu 100.000 Besucher jährlich an. Keine leichte Aufgabe für die Schwestern des Schweigeordens der Karmeliterinnen, die die Gedenkstätte betreuen.

75 Stift Heiligenkreuz

Die Zisterzienserabtei Stift Heiligenkreuz liegt im Wienerwald. Sie besteht seit 1133 und ist das weltweit zweitälteste durchgehend seit der Gründung bestehende Zisterzienserkloster.

Das Kloster wurde mehrfach umgebaut, erweitert und restauriert.

Heute beherbergt es das Institutum Theologicum, das 2007 von Papst Benedikt XVI. zur Philosophisch-Theologischen Hochschule erhoben wurde.

›Als die schönsten heiligen Stimmen‹ haben die Mönche von Heiligenkreuz mittlerweile Weltruf erlangt und bereits einige CDs mit Gregorianischen Chorälen herausgebracht.

76 **Mary Vetseras Grab, Friedhof Heiligenkreuz**

Während Mary Freiin von Vetsera mit einer Kutsche auf den Friedhof Heiligenkreuz gebracht und heimlich verscharrt wurde, fand Kronprinz Rudolf seine letzte Ruhestätte in der Kaisergruft in Wien. Mary Vetsera war jedoch keine ungestörte Totenruhe gewährt. Immer wieder wurde von Grabräubern berichtet. 1993 wurden die Gebeine unter Ausschluss der Öffentlichkeit in einem neuen Sarg erneut beigesetzt und die Gruft mit Erde gefüllt, um einer weiteren Grabschändung vorzubeugen. Die Gruft Marys können Sie auf dem Friedhof von Heiligenkreuz besichtigen. Der erste Sarg Mary Vetseras wird in Schloss Mayerling ausgestellt.

77 **Der Zobelhof**

Der Zobelhof, so der Name der ehemaligen Landwirtschaft, an deren Stelle heute der Gasthof Edelbacher steht, war Namensgeber für die kleine Ansiedlung auf 580 Meter Seehöhe inmitten unverfälschter Natur mit herrlicher Aussicht: Vom Gastgarten sehen Sie bis zum Schneeberg.
Das Moststüberl Edelbacher bietet alles, vom Heurigenbüffet über hervorragende Hausmannskost zu kleinen Preisen bis zu den Klassikern der gutbürgerlichen Küche. Dazu gibt es Most und Edelbrände aus eigener Erzeugung. Und für die süßen Sünden selbst gemachte Mehlspeisen.

78 **Golden Horse Ranch**

Der Zobelhof steht aber auch für die Golden Horse Ranch. Und die ist nicht nur ein Pferdehof und Reitstall. In den letzten Jahren hat sich hier zudem eine Eventlocation der besonderen Art etabliert. Ob Geburtstagsfeiern, Hochzeiten oder Grillpartys im privaten Kreis oder Seminare und Businessevents für Firmen – die Betreiber organisieren ein speziell auf Sie zugeschnittenes Angebot in einem der Stadl. Alles ist möglich für 10 bis 120 Personen.

79 Schutzhaus Eisernes Tor, Hoher Lindkogel

Der Hohe Lindkogel (834 Meter) wird oft fälschlicherweise als ›Eisernes Tor‹ bezeichnet. Er ist der meistbesuchte Berg des Wienerwaldes, ob im Sommer oder im Winter. Zu Beginn des 20. Jahrhunderts wollte man sogar eine Seilbahn aus dem Helenental und eine Bahntrasse auf den Gipfel bauen. Doch mangels Finanzierung wurden die Pläne nie verwirklicht und man muss auch heute noch per Pedes hinauf.
Aufgrund seiner Höhe ragt das Schutzhaus im Winter meist aus dem Nebel, der sich gerne im Wiener Becken einnistet.
Im Winter und bei ausreichender Schneelage kann man auf der vier Kilometer langen Forststraße nach Rohrbach hinunterrodeln.

80 Sina-Warte

Direkt neben dem Schutzhaus befindet sich diese Aussichtswarte. Von hier hat man an klaren Tagen einen wundervollen Fernblick von der Hainburger Pforte, wo die Donau Österreich Richtung Ungarn verlässt, bis zum Schneeberg.

81 Steiniger Weg

Der Steinige Weg führt vom Hohen Lindkogel recht bequem ans Ufer der Schwechat. Das ist für den Abstieg die beliebteste Route.
Bergwärts geht es am schnellsten von Rohrbach, Zobelhof oder der Vöslauer Hütte.

EINE HOCHZEIT UND DREI TODESFÄLLE

Von Jennifer B. Wind

1

Das Boot schaukelte gefährlich. Hoffnungslos überfüllt, dachte Andreas und sah gebannt auf das dunkle Wasser. Er bekam eine Ahnung davon, wie sich die zahlreichen Flüchtlinge fühlen mussten, wenn sie das Mittelmeer überquerten. Doch da sahen sie wenigstens den Himmel. Andreas starrte auf die Steinwände, auf denen ein Wasserfilm lag. Dazu tropfte es von der Decke. Die Grotte war in buntes Licht getaucht. Ein zugegeben faszinierender Anblick, wie er fand. Allerdings konnte er sich eine schönere Freizeitbeschäftigung vorstellen, als mit 50 anderen Ausflüglern in einem kleinen Boot zu sitzen und durch diese unterirdische Welt in der Hinterbrühl 82 zu fahren, aber Jacqueline hatte unbedingt hierher gewollt. Erinnerungen an die Kindheit auffrischen, hatte sie gemeint. Darauf hätte Andreas gut verzichten können. Denn sie machten diesen Ausflug jedes Jahr am Todestag von Jacquelines Eltern. Er war es ohnehin schon leid, dass immer seine Frau bestimmte, was am Wochenende unternommen wurde. Angewidert sah er sich um. Das Boot lag so tief im Wasser, dass das Nass nur noch zwei Handbreiten vom Rand entfernt war. Sicher war es eiskalt. Am Bug saß eine Gruppe Japaner, die die ganze Zeit wie wild knipste und kicherte. Jeden einzelnen Felsen lichteten sie begeistert ab. Die Japaner hatten anscheinend sonst keine Freuden oder Hobbys außer dem Fotografieren. Sie grinsten in die Kamera, alle paar Sekunden blitzte es. Andreas schloss die Augen, wenn das so weiterging, würde er noch erblinden.

Jacqueline stupste ihn an. »Schau doch, Andi, wie toll, jetzt fahren wir in den nächsten Raum. Ich fühl mich wie Christine. Es fehlt nur noch, dass diese irren Leuchter aus dem Wasser aufsteigen!« Sie seufzte beglückt.

Ihre Begeisterung für das Musical ›Phantom der Oper‹ verstand er genauso wenig. Er war sicher: Würde Jacqueline diesem Entstellten in Wirklichkeit begegnen, würde sie schnell davonlaufen. Aber eine fiktive hässliche Figur ließ sich eben leicht und leidenschaftlich lieben. Andreas zog sein Jackett enger und knöpfte es zu, am Bauch spannte es. Aber Jacqueline war auch keine Schönheit und nie seine Traumfrau gewesen. Sie hatte sich vor ihm in seinen Freund Franz verguckt und sich von ihm schwängern lassen. Doch als sie es ihm sagte, war er abgehauen. Weil Andreas ihr Franz allerdings vorgestellt und sie quasi miteinander verkuppelt hatte, fühlte er sich verantwortlich. Er gab ihr nicht nur das Geld für die Abtreibung des Kindes, das sie nun nicht mehr haben wollte, sondern lieh ihr auch immer wieder seine Schulter zum Ausheulen. Und eines schönen Abends hatte er sich dazu hinreißen lassen, ihren Kuss zu erwidern, und war mit ihr ins Bett gegangen. Danach kam er ihr nicht mehr aus. Das hatte er nun davon, dass er in jungen Jahren nicht mit dem Hirn gedacht hatte.

»Siehst du!« Seine Frau kniff ihn in den Oberarm. »Es gefällt dir also doch!« Sie hatte sein Grinsen falsch interpretiert. Wie so vieles. Zum Lachen war ihm schon seit Jahren nicht mehr zumute. Aber niemand nahm seine Krankheit ernst. »Reiß dich zusammen!«, war alles, was er von seinem

Umfeld zu hören bekam, wenn er wieder einmal mitten in einem Depressionsschub war. Und Jacqueline hatte eben ihre eigene Art, ihn aus dem Tief zu holen, und pflasterte seine freien Tage mit Aktivitäten voll. Immer öfter fühlte er sich wie ein Kleinkind, das von einer Frühförderung in die nächste geschubst wurde.

Von ihr stammte auch diese abgefahrene Idee, an ihrem Hochzeitstag in einer Woche das Ehegelübde zu erneuern. »Heidi und Seal haben das auch gemacht, Schatzi«, hatte sie ihm ins Ohr geflüstert. »Sogar jedes Jahr.«

»Darum sind sie jetzt auch geschieden«, hatte er lapidar geantwortet und sie von sich geschoben. Aber das hatte sie nicht überzeugt. Einladungen waren prompt verschickt worden an alle, die auch damals bei der ersten Hochzeit anwesend gewesen waren. Mit Grauen erinnerte er sich daran, dass er erst am Tag der Hochzeit der Liebe seines Lebens begegnet war, und es handelte sich dabei nicht um die Frau im weißen Kleid, die ihm den Atem verschlagen hatte.

Traurig blickte er auf das Wasser. Schubsen – das war doch die Idee, oder? Andreas sah auf das Wasser, dann auf die Menschen. Ihr Fehlen würde wohl kaum jemand bemerken. Mit Jacqueline gab es keine ruhige Minute, alles plante sie genau durch. Dazwischen war kein Platz für Spontanität. Andreas wusste schon, was nach der Fahrt kam: Zuerst würden sie ihr altes Zuhause besuchen, das mitten im Wald lag, unweit eines alten Kinderheims, das längst geschlossen war. Sie würde ihm wie immer erzählen, welche grausamen Sachen hier passiert waren, und ihm zum zehnten Mal das Buch einer Autorin ans Herz legen, die diese Ereignisse in einem Thriller aufbereitet hatte. Und zum zehnten Mal würde er ihr sagen, dass es nicht gut für seine Gesundheit war, wenn er etwas derart Grausames und Aufrüttelndes las. Es würde ihn nur zusätzlich runterziehen. Sie würde ihren Schmollmund in seine Richtung plustern und ihn wieder ins Auto verfrachten. Dann würden sie die Weinstraße 83 entlang nach Mödling fahren und eine Stunde rauf auf den Berg wandern, bis sie schließlich am Mödlinger Kobenzl 84 ankommen und im dort gelegenen Restaurant zu Abend essen würden. Danach würde sie sich über den Bauch streichen und sagen, dass ein kleiner Verdauungsspaziergang genau das Richtige wäre, und sie würden im Finstern den Weg ins Tal antreten. Zu Hause würde er dann völlig erledigt ins Bett fallen, denn sie hatten, bereits bevor sie zur Grotte gekommen waren, ein straffes Sportprogramm genossen: eine Radtour durch den Naturpark Sparbach 85 und im Anschluss bis zur Via Sacra 86. Nach einer kurzen Dusche zu Hause war es dann schon nach Hinterbrühl gegangen. Andere Männer mochten ihn um seine aktive und lebenslustige Frau beneiden, er hingegen konnte ihren Anblick kaum mehr ertragen, ebenso wie ihre Stimme, die scharf wie ein Schwert durch seinen Kopf fuhr.

»Andiiiii!«

Er zuckte zusammen und rieb sich die Schläfen, die augenblicklich zu pochen anfingen.

»Andiiiii!« Schon wieder. Mit rosigen Wangen zeigte sie auf einen prachtvollen Felsen. Das Farbenspiel auf dem Stein war wirklich phänomenal. Ein Künstler hatte den Felsen in Szene gesetzt: Zum Sound einer psychodelischen Rave-Music wechselten Farben, Formen und Muster auf dem rauen Gestein ab. Kein Wunder, dass die Fledermäuse vom Aussterben bedroht waren. Auch aus dieser Grotte waren sie sicher schon geflohen.

Plötzlich ging ein Ruck durch das Boot. Alle Japaner, Franzosen, Italiener und sonstige Touristen hatten sich gleichzeitig auf die rechte Seite gedrängt und sich weit vorgebeugt. Andreas konnte kaum mehr atmen, lauter Anoraks drückten sich gegen seinen Körper. Noch ehe jemand etwas dagegen tun konnte, kippte das Boot. Andreas wurde von den Anoraks in die Tiefe gedrückt. Orange, Blau, Rot, Gelb – alles vermischte sich zu einer bunten Masse. Mit den Fäusten versuchte er, sich den Weg nach oben frei zu kämpfen. Doch er schaffte es nicht. Irgendjemand stand mitten auf seinem Körper und drückte ihn hinunter. Als er den Kopf heben wollte, drückte einer der Füße seinen Kopf nach unten. Sein ganzes beschissenes Leben voller verlorener und nicht genutzter Chancen zog an ihm vorbei, dazwischen immer wieder *ihr* Gesicht. Das Lächeln seiner großen Liebe, seiner einzigen Liebe: Julia. Sein Körper zuckte, seine Lungen brannten, er fühlte, wie das Leben aus ihm wich, und erschrak, als er merkte, wie egal es ihm war, wie wenig er weiterleben wollte. Schlaff ließ er seine Arme sinken, kein Kämpfen mehr. Er hatte aufgegeben, das war seine Chance, Jacqueline endgültig zu entkommen. Ja, er war ein Schlappschwanz, eine feige Sau, aber Realist genug, um zu wissen, dass am Ende kein Licht auf ihn warten würde. Nur die Kälte. Die Angst. Die Dunkelheit. Der Tod.

2

Ihre Haare flatterten im Wind, die sanfte Brise umwehte ihr Gesicht. Ihr ganzer Körper war angespannt, vor allem ihr Po und ihre Oberschenkel, die sich fest an Luzifer drückten und sie von ihm abhoben, um ihm das Galoppieren zu erleichtern. So sausten sie gemeinsam auf der Forststraße durch das Wienerwaldgebiet in Purkersdorf 87. Julia liebte es zu reiten. Auch wenn sie eine spätberufene Reiterin war. Erst im

Alter von 45 hatte sie sich das erste Mal auf eines der majestätischen Tiere gewagt und war sofort deren Zauber verfallen. Wie ein kleines Mädchen hatte sie sich die Reitstunden verdient, mit Ausmisten und anderen kleinen Arbeiten, die in einer Reitschule anfielen. Eigentlich war sie Kellnerin und hatte im Hotelrestaurant ›Höldrichsmühle‹ 88 ihren Traumjob gefunden. Dass ein großes Gestüt samt Reitschule dazugehörte, war ein glücklicher Zufall. Als sie bereits ein Jahr im Betrieb angestellt war, fragte die Chefin sie, ob sie denn nicht auch reiten lernen wolle. Sie hatte bejaht und es nie bereut. Das war jetzt vier Jahre her. Natürlich war sie noch kein Profi. Aber seit einem Jahr durfte sie sich ein Pferd nehmen und ausreiten, wann es ihr beliebte, auch ohne Begleitung. Heute war jedoch nur noch Luzifer übrig gewesen, als sie in die Ställe kam, das lag am wunderschönen Wetter. Nach ihrer Schicht waren bereits alle, die Zeit hatten, unterwegs gewesen, nur Luzifer und Mary-Sue waren noch in den Boxen gestanden. Mary-Sue war trächtig. Jeden Tag musste es soweit sein, deshalb stand sie vorsichtshalber schon in der Box. Und Luzifer vertrug sich nicht mit allen Pferden und längst nicht mit allen Reitern. Julia jedoch hatte irgendwie einen Draht zu diesem störrischen und oft aggressiven Hengst gefunden. Er war ohne zu murren mit ihr gekommen. Vermutlich hatte ihn die Wärme gelockt, Luzifer genoss es, wenn die Sonnenstrahlen ihn kitzelten. Sein geschmeidiger Körper passte sich ihrem an, beinahe verschmolzen sie miteinander. Ich bin ein Zentaur, dachte sie. Genauso musste man sich fühlen, wenn man halb Pferd und halb Mensch war. Julia blickte auf die Uhr, schon vier, um fünf fing die Abendessens-Schicht an. Sie musste sich sputen. Doch sie spürte einen unbändigen Drang weiterzureiten.

Ihr Kopf war voll mit traurigen Gedanken und ihr Herz so schwer wie vor vielen Jahren, als der Mann ihrer Träume ihre beste Freundin heiratete. Sie hatte ihn bis zu diesem Tag nur aus Erzählungen gekannt, nie persönlich gesehen, weil sie damals noch im Ausland als Kellnerin gearbeitet hatte. Als sie ihn jedoch vor dem Altar stehen sah, ging ein Ruck durch ihren ganzen Körper, und als er ihr schließlich das erste Mal in die Augen sah, fühlte sie sich, als würde sie in einen Ozean eintauchen. Warm, geborgen und vertraut. Nur 30 Minuten später sagte Andreas »Ja« zu Jacqueline, und Julias Welt zersplitterte, noch ehe ihr Leben richtig begonnen hatte. Er war der Eine. Und erst vier Jahre nach der Hochzeit hatte Andreas ihr die Wahrheit anvertraut, dass er ihr auch sofort erlegen war und seine Frau nie geliebt hatte. Dass sie ihn quasi zur Ehe gedrängt und er sich verantwortlich gefühlt hatte. Als er ihr alles gestand, hatten sie sich zum ersten Mal geküsst, die Schmetterlinge in ihrem Bauch waren schier durchgedreht, und es hatte vom Scheitel bis zu den Sohlen gekribbelt. Nie zuvor oder danach hatte ein Kuss derart viel in ihr ausgelöst, und ihm war es ganz genauso ergangen. Zitternd waren sie damals übereinander hergefallen, und die Liebe war all die Jahre nie vergangen. Sie war echt. Doch hatte er zu diesem Zeitpunkt schon drei Kinder mit Jacqueline und wollte ihnen das Leben nicht zerstören. Mittlerweile waren sie erwachsen, und Julia hatte bis vor wenigen Tagen immer noch gehofft, er würde sich endlich zu ihr und ihrer Liebe bekennen, was er nicht tat. Stattdessen wollte er am nächsten Sonntag noch einmal vor den Altar und das Eheversprechen mit Jacqueline erneuern, und Julia sollte wieder die Trauzeugin sein. Mit dem Handrücken wischte sie sich die Tränen von den Wangen. 22 Jahre wartete sie auf diesen Mann, und jetzt würde er erneut »Ja« sagen, nur nicht zu ihr, sondern wieder zu Jacqueline. Wie sollte sie die Zeremonie nur überstehen?

Nach gut 50 Minuten konnte sie das Gestüt von Weitem ausmachen. In ihren Oberschenkelmuskeln spürte sie schon das vertraute Brennen. Immer wieder übertrieb sie es, hoffentlich konnte sie sich heute noch den ganzen Abend halbwegs auf den Beinen halten. Schnell noch zwischen den Bäumen hindurch. Da hob das Pferd plötzlich wiehernd die Vorderbeine und ging durch. Mit Müh und Not hielt sich Julia an den Zügeln fest und versuchte, mit Schenkeldruck und beruhigendem Zureden seinen Amoklauf zu stoppen. Doch noch einmal wieherte er laut auf. Julia blickte sich um, konnte aber nichts entdecken, das Luzifer so aufgeschreckt hätte. Die Zügel entglitten ihr. Sie krallte sich an der Mähne fest. Gott sei Dank lief der Hengst jetzt in Richtung Stall. Und noch während sie erleichtert aufatmete, bemerkte sie, dass Luzifer sein Tempo nicht verringerte, je näher er dem Stall kam. In gestrecktem Galopp jagte er auf das Gebäude zu. Julia riss vor Schreck die Augen auf. Der Stall kam immer näher. Das Letzte, was Julia sah und spürte, war die harte Holzwand. Das Letzte, woran sie dachte, war Andreas.

3

Der Dreck spritzte bis zu seinem Bauch, der schon mit jeder Menge Schlamm paniert war. Die Farbe des Trikots konnte man nur noch erahnen, die Hosenfarbe war durch den Dreck unkenntlich. Er lenkte das 250-Kubik-Zwei-Takter-Motocross-Rad der Marke Husqvarna in die nächste Pfütze. Dicke Tropfen spritzten auf das Visier seines Helms. Er grinste. Das war echte Männersache. Da konnte sich niemand was vormachen. Motorcross-Rallye war nichts für Frauen. Auf den Zuschauerrängen saßen dafür die schönsten Frauen aus dem ganzen Bezirk Mödling. Blondinen, Rothaarige und Brünette in knappen Miniröcken und über dem Bauch gebundenen Flatterblüschen. Ein wahrlich erfreulicher Anblick. Er konnte sich nicht beklagen. Seit er zum vierten Mal geschieden war, ging es ihm vortrefflich. Da er genug verdiente und es seit dem neuen Gesetz eine Playboy-Grenze für Alimente-Zahlungen gab, machte es ihm nichts aus, für sechs Kinder zu zahlen. Damit sorgte er für die Kinder, musste sie aber nicht mehr sehen, genauso wenig wie die Schlampen, die ihm die Kinder aufgedrängt hatten. Nur die erste war so klug gewesen, den Bastard, den er ihr gemacht hatte, abzutreiben und so schnell wie möglich seinen besten Freund zu heiraten, um die Schmach abzuwaschen. Er war nicht für die Ehe gemacht und zum Vater taugte er auch nicht. Er war wie Dieter Bohlen, der hatte auch sechs Bälger von verschiedenen Frauen, nur konnte er besser singen als Franz, der schon in der Schule keinen Ton traf. Aber dafür war Franz ein Ass mit Zahlen und hatte schon im Alter von 23 Jahren Millionen durch Aktienspekulationen verdient. Er riss die Lenkstange herum, blickte auf die Ränge. Es war Zeit für seine Show. Darauf warteten die Schnecken doch. Grinsend verlagerte er sein Gewicht nach hinten, während er das Vorderrad anhob. An den Tribünen entlang fuhr er seinen Wheelie, für den er berühmt war. Er konnte diese Position länger halten als die meisten Motorcrossfahrer und hatte schon einige Medaillen in der Kategorie Freestyle FMX gewonnen, allerdings nicht für Österreich, sondern für Australien, denn er besaß die Doppelstaatsbürgerschaft und hatte sogar schon bei der ›Red Bull X-Fighters World Tour‹ mitgemacht. Sittendorf 89 war seine Hausstrecke, hier hatte er im Alter von 14 Jahren begonnen, und hier war auch sein größter Fanclub. Von den Zuschauerrängen her drangen Johlen, Kreischen und Applaus gedämpft durch seinen Helm. Also gab er ihnen noch einen Stoppie. Schade, dass es hier gerade keine Rampe gab, er hätte richtig Lust auf einen Heelclicker oder einen Superman Seatgrab. Er liebte diesen Rausch! Bevor er nach hinten fuhr, legte er ein paar extra Runden mit seiner Husqvarna ein.

Nach einer kurzen, aber erfrischenden Dusche im Sportgebäude des Motorcross-Vereins fuhr er mit seinem Auto zum Schloss Wildegg 90, wo er gerne aß. Wildwochen waren angesagt. Der Wirt winkte ihn sofort zu seinem Stammplatz am Fenster, von wo aus er eine tolle Aussicht hatte, stellte ihm ein Glas frisches Weizen auf den Tisch und einen Gruß des Hauses. Hier wusste man Gäste zu verwöhnen. Franz tauchte das Brot in das Kernöl und biss ab. Herrlich. Er bestellte Wildente mit Rotkraut und Semmelknödeln und schnappte sich die Zeitung. Das Essen wurde blitzschnell serviert, hungrig langte er zu, ohne von der Zeitung aufzublicken. Hastig schluckte er Bissen um Bissen hinunter.

Sein Blick fiel auf eine Schlagzeile, die das Blut in seinen Adern gefrieren ließ. Ohne aufzublicken, stopfte er einen weiteren Bissen in den Mund. Jacquelines Gesicht blickte ihn aus der Zeitung an, darüber die Schlagzeile: ›Industrieller A. Hammer in Grotte Hinterbrühl ertrunken, Witwe wohlauf.‹

Sein bester Freund war tot? Er schnappte schockiert nach Luft, ohne darüber nachzudenken, dass er gerade einen Bissen im Mund hatte. Das Enten-Knödel-Gemisch wanderte sofort in die Luftröhre. Franz würgte, ein Schreien war unmöglich. Da er alleine im Privatstüberl saß, merkte niemand sein Ringen. Tränen liefen ihm über die Wangen, er griff sich an den Hals, beugte sich vornüber und versuchte, sich selbst auf die Brust zu trommeln, in der Hoffnung, der Klumpen würde sich lösen. Sein Körper glitt vom Sessel, er krümmte sich auf dem Boden und fühlte eine warme Flüssigkeit zwischen seinen Schenkeln. Als seine Gliedmaßen zum letzten Mal zuckten, entleerte sich auch sein Darm. Er schämte sich. Was für ein Tod, der ihm auch noch die letzte Würde raubte. So hatte er sich seinen Abgang nicht vorgestellt. Hatte er das verdient? Bevor er das Bewusstsein verlor, sah er immer noch Jacquelines grinsende Fratze vor sich.

4

»Was? Franz ist tot?« Jacqueline rieb sich über die Oberarme, als wollte sie sich wärmen. Ungläubig starrte sie den Chefinspektor, der ihr gegenüberstand, an. Franz, ihre große Liebe, war an einem Bissen Knödel erstickt? Welch bittere Ironie. Es geschah ihm recht. Warum fühlte sie sich trotzdem schlecht? Der Klumpen in ihrem Herzen, der ab dem Tag, an dem er sie abserviert hatte, ständig Raum einnahm, wurde von Sekunde zu Sekunde größer. Er drückte gegen ihren Magen, ihre Lunge und ihren Rücken. Alles schmerzte. Jacqueline taumelte.

Der Chefinspektor sprang zu ihr, hielt sie fest und geleitete sie zum Sofa. »Es ist mir klar, dass das alles ein bisschen viel für Sie ist.«

Jacqueline setzte sich und ließ sich vom Chefinspektor ein Glas Wasser reichen. Der zweite Beamte, der danebenstand, putzte sich die Brille. »Sie haben ja gerade erst zwei andere Schicksalsschläge zu verdauen. Erst ertrinkt Ihr Mann in Hinterbrühl. Dann bricht sich Ihre beste Freundin das Genick und jetzt …« Er brach ab, weil ihm der Chefinspektor böse Blicke zuwarf. Jacqueline war froh darüber. Und jetzt, ergänzte sie im Geiste, war auch Franz gestorben.

»Was für eine Pechsträhne, Frau Hammer, es tut mir wahnsinnig leid. Standen Sie sich sehr nahe, Sie und der beste Freund Ihres Mannes?«

Sie nickte. Es hatte keinen Sinn, nicht die Wahrheit zu sagen. »Es ist lange her, aber Franz und ich hatten eine Liebelei, lange bevor ich mit Andi zusammengekommen bin. Andi hat uns damals verkuppelt. Warum fragen Sie das?«

»Weil wir dieses Foto in seiner Ausweistasche gefunden haben.«

Jacqueline nahm das Foto entgegen. Es zeigte sie und Franz in Sittendorf bei einem Motorcross-Rennen. Franz schwenkte den Pokal, den er gerade gewonnen hatte, hoch in die Luft, sah dabei aber nur sie an. Jacquelines Blick hing jedoch angewidert an seiner dreckigen Rennfahrerkluft. Ihre Hüften waren weit von den seinen entfernt, obwohl er sie an sich drückte. Mit ihren Händen machte sie eine Abwehrbewegung. Seltsam. Sie drehte das Foto um und las erstaunt, was darauf notiert war: ›Meine einzige Liebe. Jacqueline. Ewig Dein, ewig mein, ewig uns.‹

War das nicht aus einem Film? Warum schrieb er das auf die Rückseite eines Fotos? Komplett abgegriffen und verknittert war es obendrein. Er musste es all die Jahre bei sich gehabt haben. All die Jahre! Das konnte doch nicht sein. Hatte sie sich in ihrer Wahrnehmung so getäuscht?

»Er muss Sie sehr geliebt haben, dieser Franz.« Der Chefinspektor strich mit den Fingern über ein Regal. Staub blieb daran kleben. Er wischte ihn an seiner Hose ab.

»Das glaube ich nicht, das muss ein Missverständnis sein. Er wollte damals schließlich, dass ich abtreibe.«

»Die Liebe ist ein seltsames Spiel, Frau Hammer.«

»Sie können das Foto behalten. Wenn wir irgendetwas für Sie tun können, geben Sie uns bitte Bescheid. Übrigens ist Ihr Mann zur Beerdigung freigegeben worden. Die Obduktion hat nur ergeben, was wir ohnehin schon wussten. Er ist ertrunken.«

Ja, niemand hatte bemerkt, dass sie sich auf seine Schwimmweste gestellt hatte, damit er nicht nach oben trieb. Es war so einfach gewesen.

»Ihre Freundin hat sich das Genick gebrochen, als der Kopf an der Stalltürkante aufschlug, weil das Pferd durchgegangen und in gestrecktem Galopp in den Stall gelaufen ist«, fuhr der Beamte fort. »Wir haben bis heute keine Hinweise darauf, warum. Aber die Besitzerin des Reitstalls hat gemeint, dass das Pferd generell sehr schwierig ist.«

Und aufbrausend und schreckhaft. Ein Stein hatte gereicht, um das Pferd verrückt zu machen. Sie wollte ihrer Freundin eigentlich nur einen Schrecken einjagen. Aber den Tod nahm sie mit Freude zur Kenntnis. Jahrelang war sie von ihr belogen und betrogen worden. Erst vor einer Woche hatte sie sämtliche Beweise für deren Affäre mit ihrem Mann beisammen, die anscheinend fast die ganze Zeit ihrer Ehe hindurch lief. Jacqueline wusste nicht, ob sie es schon nach ihrer Hochzeit miteinander getrieben hatten, oder ob es noch eine Weile dauerte. Die Flitterwochen waren jedenfalls eine Katastrophe gewesen. Andreas hatte damals keinen hochbekommen, und sie hatte sich in diesen zwei Wochen schon gefragt, ob die Heirat nicht ein Riesenfehler gewesen war. Im Lauf der Ehe hatte sich diese Impotenz weitgehend gegeben, bis sie nach etwa fünf Jahren wieder auftrat und Probleme machte. Jetzt wusste sie, wieso. Aber um Franz tat es ihr wirklich leid. Ganz kurz hatte sie überlegt, ihm noch eine Chance zu geben. Nach den Beerdigungen. Stattdessen würde sie jetzt auch ihm Erde auf das Grab schaufeln.

»Die Welt ist ungerecht, Frau Hammer, ich seh das jeden Tag.«

Damit hatte er recht. Deshalb war es an ihr gewesen, für etwas Gerechtigkeit zu sorgen und das Gleichgewicht wiederherzustellen. Sie atmete tief durch und wischte sich die letzten Tränen von den Wangen. »Vielen Dank. Ich möchte jetzt gern allein sein.«

Sie stand auf, aber der Chefinspektor drückte sie wieder sanft auf das Sofa zurück. »Bemühen Sie sich nicht, wir finden den Weg hinaus auch allein. Auf Wiedersehen, Frau Hammer.«

Als die Tür ins Schloss fiel, öffnete Jacqueline ihre Faust und blickte noch einmal in das Gesicht von Franz. Er war schuld daran, dass sie in ihrem Leben mehr Leid als Freude genossen hatte. Langsam nahm sie das Foto zwischen die Finger, spuckte darauf und zerriss es. Und während sie es in immer kleinere Schnipsel zerteilte, löste sich der Klumpen in ihrer Brust auf.

82 **Seegrotte Hinterbrühl**
Infolge eines gewaltigen Naturereignisses entstand im südlichen Niederösterreich eines der eindrucksvollsten Naturdenkmäler der Welt: die ›Seegrotte‹ in der Hinterbrühl. Das Schaubergwerk Seegrotte Hinterbrühl ist ein stillgelegtes Gipsbergwerk mit mythisch anmutenden Stollen, einem Bergwerks- bzw. Barbaramuseum und dem größten unterirdischen See Europas. Es war im Jahre 1912, als nach einer Sprengung im damaligen Gipsbergwerk Hinterbrühl mehr als 20 Millionen Liter Wasser aus einem so genannten ›Wassersack‹ mit ungeheurer Wucht in die Gänge und Stollen strömten. Durch den Einbruch des Wassers hat sich ›Der Große See‹ gebildet, der sich circa 60 Meter unter der Erdoberfläche befindet. Er hat eine Wasseroberfläche von etwa 6200 m² und ist im Durchschnitt nur 1,20 m tief. Die tiefste Stelle ist ein Schacht mit zwölf Metern. Im Zweiten Weltkrieg wurden diese Stollen leer gepumpt und als Lagerräume und Fabrikationsstätten für Kriegsgüter verwendet. Der See hat einen Zufluss aus sieben unterirdischen Quellen, aber keinen natürlichen Abfluss. Es werden jede Nacht ca. 50.000 bis 60.000 Liter Wasser weggepumpt, damit der Wasserstand auf 1,20 m stabil bleibt.
Täglich von Montag bis Sonntag durchgehend geöffnet, Führungen von 9 bis 17 Uhr (April bis Oktober) und 9 bis 15 Uhr (November bis März), Die Wartezeit zu den Führungen beträgt ca. 20 Minuten. Dauer der kompletten Führung inklusive Bootsfahrt: 45 Minuten

83 **Mödlinger Weinstraßenrunde**

Eine Runde mit dem Rennrad vom Rosenhügel nach Mödling, Pfaffstätten, Gaaden und über die Hinterbrühl, Brunn am Gebirge wieder retour. Schwierigkeit mittel. Zunächst geht's über die Breitenfurter und Brunner Straße nach Perchtoldsdorf und weiter nach Mödling.

Ab hier geht es dann hinauf am Haus an der Weinstraße vorbei (sollte man schon hungrig sein, hier kann man bei perfekter Aussicht über das Wiener Becken hervorragend essen) nach Gumpoldskirchen und weiter nach Pfaffstätten, wo wir rechts nach Gaaden abbiegen.

Jetzt geht's rund sieben Kilometer (moderat) bergauf, ehe wir rechts in Richtung Hinterbrühl abbiegen. Über Brunn am Gebirge geht es durch Perchtoldsdorf wieder nach Wien und zum Rosenhügel.

Höchster Punkt 384 m

Rast / Einkehr: Haus an der Weinstraße (oder ein Abstecher zum ›Richardshof‹)

84 **Mödlinger Kobenzl / Kalenderberg**

Der ›Mödlinger Kobenzl‹ ist ein großes bäuerlich eingerichtetes Lokal mit ausgezeichneter Küche am Kalenderberg.

Jubiläumspark 2, 2340 Mödling, Österreich

0660 / 143 14 53 www.moedlingerkobenzl.at

Der Kalenderberg ist ein Berg am Ostrand des Wienerwaldes in Niederösterreich und hat eine Höhe von 332 Metern. Der Berg befindet sich auf den Gemeindegebieten der Stadt Mödling und der Marktgemeinde Maria Enzersdorf im Naturpark Föhrenberge. In seiner Funktion als Ausflugsgebiet im Süden Wiens sind sowohl die Flora und Fauna als auch die zahlreichen Bauten und künstlichen Ruinen markant, die von Johann I. Joseph von Liechtenstein stammen. Das markanteste Bauwerk ist die Burg Liechtenstein am nördlichen Rand. Südlich wird der Kalenderberg durch die Klausen mit dem Mödlingbach begrenzt, wobei der Hang steil abfallend ist. Die beliebtesten Wanderziele sind die Burg Liechtenstein, das Pfefferbüchsel, der Schwarze Turm, die Kanzel, die Seegrotte in der Hinterbrühl (siehe Tipp 82) oder das Amphitheater.

85 Naturpark Sparbach

Der älteste Naturpark Österreichs liegt bei Mödling, nur einen Kilometer von Sittendorf entfernt im südlichen Teil des Wienerwaldes inmitten der Föhrenberge, und wurde vor mehr als 50 Jahren (im Jahr 1962) gegründet. Hervorzuheben sind die großzügigen Neugestaltungen im Jahr 2005 sowie viele attraktive Neuerungen im Jubiläumsjahr 2012. Das ummauerte parkartig gestaltete Areal prunkt mit Baumriesen, romantischen Ruinen und großzügigen Wiesen und lädt dazu ein, die Wienerwaldlandschaft zu durchwandern. Die Verbindung alter Elemente mit neuen gestalterischen Aspekten sowie die frei laufenden Wildschweine bieten den Gästen einen unvergesslichen Tag. Interaktives Naturparkhaus mit Tierstimmenwand und Tastboxen; Großer Abenteuerspielplatz mit Baumhaus, weitläufigem Wasser- und Sandspielbereich sowie einem Imbissstand am Spielplatz (bei Bedarf an den Wochenenden und Feiertagen geöffnet); Kleintiergehege mit Kaninchen, Esel, Ziegen und Schafen; neue Stallgebäude beim Kleintiergehege und bei der Galerie der Wildtiere ›Galerie der Wildtiere‹ mit Dam- und Muffelwild. Drei romantische Ruinen: Johannstein, Köhlerhaus und Dianatem-

pel. Baumliegen, renaturierter Lenauteich mit Mühle und zahlreichen Rastplätzen! **Wegen frei laufender Wildschweine sind KEINE HUNDE erlaubt!**
www.naturpark-sparbach.at/

86 **Via Sacra Pilgerweg**
In Niederösterreich, wo viele Wege nach Mariazell führen, hat Pilgern eine lange Tradition. Heute erlebt das Gehen in der Stille eine Renaissance. Die ›modernen‹ Pilger genießen es, dem Stress zu entfliehen, mit Muße unterwegs zu sein und in und aus der Natur Inspiration und neuen Sinn zu schöpfen. Der älteste Wallfahrerweg Österreichs ist die Via Sacra, die von Wien nach Mariazell führt. Wallfahrer können auf zwei Routen, der traditionellen Via Sacra und dem Wiener Wallfahrerweg 06, in rund vier bis fünf Tagen Fußwanderung Mariazell erreichen.

87 **Wienerwald Erholungsgebiet Purkersdorf**
Der Naturpark umschließt ein Waldgebiet am westlichen Stadtrand von Wien mit der Rudolfshöhe (475 Meter) als höchste Erhebung. Die Buchenwälder bilden hallenartige schattige Bestände, sodass hier auch im Sommer ein angenehm kühles Klima entsteht – der geeignete Ort für eine rasche und erholsame Abwechslung zur Großstadt. Es erwarten Sie unter anderem die Aussichtswarte auf der Rudolfshöhe, der Josef-Schöffel-Gedenkstein, das Naturparkzentrum Wienerwaldhaus mit Selfservicemuseum zu den Wienerwald-Bauern vor 100 Jahren, das Reh-, Rotwild- und Wildschweingehege, der Streichelzoo (Kellerwiese), ein Naturlehrpfad mit Kinder-Erlebnisstationen zur Flora und Fauna des Waldes sowie zum Wasser am Wienfluss und Blinddate: Sta-

tionen in Punkt- und Schwarzschrift für Sehschwache und Blinde, aber auch für Sehende, um Natur auf eine besondere Art wahrzunehmen (gegen Voranmeldung auch mit Führung). Ganzjährig werden Erlebniswanderungen und spezielle Programme angeboten. Hunde bitte an die Leine. Während der Wintermonate (Anfang November bis Ende März) sind das Naturparkzentrum sowie die WC-Anlage geschlossen. Keine Schneeräumung der Wanderwege.

88 **Hotelrestaurant Höldrichsmühle und Reitschule**
Im idyllischen Hotel Höldrichsmühle in Hinterbrühl (wenige Kilometer von Wien) genießt man beides: Schätze und Leben der Kaiserstadt ebenso wie Entspannung, Bewirtung und traumhafte Stille. Die Mischung ist zu empfehlen für alle Reisenden, die Wien besichtigen möchten. Genießen Sie ländlich-urbanes Lebensgefühl im zauberhaften Wienerwald, nur einen Katzensprung von Wien entfernt. In diesem historischen Haus wurde Franz Schubert im Schatten eines alten Lindenbaums zu seinem weltberühmten Lied ›Der Lindenbaum – am Brunnen vor dem Tore‹ inspiriert. In der angrenzenden Reitschule gibt es für alle Altersklassen Unterricht im Reiten und Voltigieren. Ausritte, Cavaletti- und Springübungen sowie Reiterspiele runden das Programm ab. Es werden auch Sommercamps für Kinder angeboten. Ausritte finden zum Beispiel auf den Anninger statt. Die Reitlehrerinnen Conny Karner und Irene Bürgmayr sind auf die Ausbildung von Reitern und Reiterinnen aller Alters- und Leistungsstufen spezialisiert!
Tel. 02236 26 27 454

89 Sittendorf Motocross

hat eine einzigartige Geschichte: 39 Weltmeisterschaften machten Sittendorf in der Gemeinde Wienerwald längst zum ›Mekka des Motocross-Sports‹.
Highlight der Strecke war und ist der Kinigadner-Steilhang.
Der zweifache Motocross-Weltmeister Heinz Kinigadner feierte 1984 in Sittendorf den WM-Laufsieg. Aufgrund dieses Sieges wurde der Name ›Kinigadner-Steilhang‹ vergeben. Der Hang ist nicht nur wegen seines Gefälles und des kurzen Anlaufes schwierig zu fahren, schon die Auffahrt macht den Anstieg aufgrund vieler Steine und Wellen äußerst beschwerlich. Neben dem Kinigadner-Steilhang warten auf die Fahrer natürlich weitere Herausforderungen wie der Kaisersprung, unglaubliche Schrägfahrten, schnelle Bergab-Passagen und die Sigi-Bauer-Abfahrt. Als Besucher einer der zahlreichen Wettkämpfe dürfen sie sich in Sittendorf neben dem berühmten Kreuzriegel natürlich auch auf die besten Fahrer freuen.

90 Sittendorf Schloss Wildegg

Die barocke Schlossdomäne Wildegg ist ein authentischer Erlebnisort der Geschichte. Tauchen Sie während einer Führung ein in diese historische Garten- und Wohnkultur! Das Schloss Wildegg lockt von Frühling bis Herbst mit vielseitigen Angeboten wie Führungen, Kursen und Workshops. Die Angebote richten sich sowohl an Erwachsene als auch an Schulklassen. Die Termine für öffentliche Führungen finden Sie auf der Homepage unter ›Veranstaltungen‹. Schloss Wildegg beherbergt auch eine Ausstellung. Sie befasst sich in verschiedenen Gebäuden und auf einem Audiorundgang mit der Geschichte der Schlossbewohner und ihren Lebenswelten. Für Kinder gibt's Spielmöglichkeiten. Um den großen Schlosshof gruppieren sich vier Gebäude: die Villa mit der Ahnengalerie, das gegenüberliegende Erlachhaus, das eigentliche Schloss, in dem sich ein Wohnmuseum befindet, und die Schlossscheune mit Spielmöglichkeiten für Kinder. Auf einem Audiorundgang erzählen sechs Adelige und ein Knecht von der Eroberung des Aargaus 1415.

LIEBE UND VERLUST

ICH LIEBE DICH

Von Veronika A. Grager

Sonnenstrahlen kitzelten meine geschlossenen Augen. Ich drehte mich wohlig im warmen Bett zur anderen Seite. Wollte noch ein wenig dösen. Doch ich war schon zu wach. Ich streckte mich genüsslich und schlug die Decke zurück. Merkte, dass ich Muskelkater in den Beinen hatte, als ich mich aus dem Bett wälzte. Von meiner letzten Radtour.

Ich liebte diese Morgenstunden. Wenn Kimmie, meine Freundin, schon zur Arbeit gefahren war und die Wohnung mir alleine gehörte.

Wie immer, wenn ich allein zu Hause war, pinkelte ich im Stehen und freute mich über jedes Tröpfchen, das neben die Muschel fiel. Wenn Kimmie da war, war ich Sitzpinkler. Sonst spielte sie wieder Zickenkrieg. Sie hatte sogar schon mal Mehl rund ums Klo geschüttet, nur um mir zu demonstrieren, was man im Stehen anrichtete. Unglaublich, diese Frau, oder?

Ich trabte in die Küche. Stellte Kaffee auf, das Radio an und warf schwungvoll zwei Semmeln in den Toaster.

Plötzlich durchbrach das hektische Geklingel des Telefons meine morgendliche Idylle.

»Ja?« Ich meldete mich nie mit Namen. Dann konnte kein Telefonverkaufsfritze mir irgendetwas andrehen.

»Morgen, Jan. Was ist mit Kim?« Kimmies Chefin Marlies.

»Hi, Marlies. Was soll mit ihr sein?«

»Sie ist heute nicht zur Arbeit erschienen.«

»Na und? Was geht das mich an?«

»Jan, was ist los mit ihr?«

»Keinen blassen Schimmer. Kim hat mich verlassen. Woher soll ich wissen, was sie treibt?« Daran wollte ich vor dem Frühstück unter keinen Umständen denken.

»Ihr habt euch getrennt?«

»Nicht wir uns. Kim ist weg.«

»Hat sie was gesagt, wohin sie will?«

»Natürlich nicht. Würdest du deinem Ex erzählen, wohin du mit dem Neuen gehst?«

»Ach … tut mir leid, Jan. Sollte Kim sich melden, sag ihr bitte, sie soll mich anrufen. Es ist dringend.«

Ich nuschelte eine unverständliche Antwort und drückte das Gespräch weg. Was da wohl schon dringend sein konnte! Marlies führte in Neunkirchen [91] in der Nähe des Rathauses einen Schönheitssalon oder so was Ähnliches. Jede Menge hippe Oberklasseweiber ließen sich dort regelmäßig Beine und Oberlippe enthaaren, Gurkenscheiben mit Honig ins Gesicht klatschen und Strähnchen ins Haar färben. Trotz Wirtschaftskrise war der Salon mit den drei Mädels, die mit Marlies dort werkten, immer auf Wochen ausgebucht. So viel zu den dringenden Bedürfnissen des Lebens. Immerhin gab es in der Nähe den ›Mühlfelderhof‹ [92]. Dort hatte ich des Öfteren hervorragend gespeist, wenn Kimmie wieder mal besonders viel Trinkgeld abgesahnt hatte.

Ich kehrte zurück zu meinen mittlerweile kalten Toasts. Nur mehr das halbe Vergnügen! Ich verdrängte alle Gedanken an Kim und griff mir ein Buch vom Bord, wo normalerweise die Tassen für den Kaffee ihren Platz hatten. Doch die vergammelten derzeit in der Spüle, wo sie hoffnungsvoll darauf warteten, dass ich sie irgendwann reinigte. Oder Kimmie zurückkam und den Abwasch erledigte.

Ich konnte mich nicht auf den Text im Buch konzentrieren. Meine Gedanken schweiften ab. Zu Kimmie. Nein! An sie wollte ich jetzt nicht denken.

Sie fragen sich, wieso ein junger Mann wie ich an einem ganz normalen Arbeitstag erst um halb elf aufstehen und dann noch gemütlich frühstücken kann? Ganz einfach. Ich habe meinen Job geschmissen. In der Bude wurde ich ohnehin nur gemobbt. Ich hatte in dem kleinen Regionalbüro einer Versicherung in Wiesmath [93] die Kunden aus der ganzen Buckligen Welt am Telefon betreut. Das hört sich nicht nach einer besonders verantwortungsvollen Tätigkeit an. Aber dazu musste man über alle möglichen und unmöglichen Arten von Schadensupergaus Bescheid wissen. Und wie man die Schadenszahlung an die Versicherten möglichst abwimmeln oder, wenn es sich nicht vermeiden ließ, die Leistung zumindest um Monate bis Jahre verschleppen konnte. Auf diese Weise sparte unser Unternehmen jede Menge Kohle, mehr noch: In diesem Zeitraum arbeitete das Geld für uns. Im Abwimmeln von Ansprüchen und Verschleppen von Auszahlungen war ich einsame Spitze. Was mich wirklich nervte, war der Arbeitsbeginn Punkt acht Uhr. Ich bin nun mal kein Morgenmensch. Und von Wiener Neustadt, wo wir wohnten, nach Wiesmath brauchte man um diese Zeit mit dem Auto eine halbe Stunde. Klar habe ich öfter mal verschlafen. Ja, es ist schon richtig, dass ich gelegentlich erst um zehn auftauchte. Na und? In der verbleibenden Zeit habe ich meiner Versicherung wesentlich mehr Geld eingebracht als alle anderen Mitarbeiter dieser Filiale zusammen. Zum Dank dafür haben mich die Armleuchter auf die Straße gesetzt.

Ich weinte dem Job nicht nach. Schade war nur, dass ich jetzt nicht mehr an der Burg Seebenstein [94] vorbei zur Arbeit fuhr. Den kleinen Umweg nahm ich gern in Kauf. Am Weg zur Burg oder weiter zum Türkensturz konnte ich herrlich abschalten. Wenn ich am Turnierplatz in der Sonne lag, hörte ich direkt die Hörner schmettern und die Wimpel der Ritter im Wind knattern. Das muss für die Ritter eine tolle Zeit gewesen sein. Nur die zugigen und kaum richtig beheizbaren Gemäuer waren im Winter wohl nicht die reine Freude gewesen.

Ich hatte es nicht eilig, einen neuen Job zu finden. Erst mal wollte ich meine Arbeitslose abfeiern. Wozu zahlte ich denn jahrelang Steuern? Das musste man ausnutzen. Genauso wie die zwei Wochen Krankenstand, die jedem Arbeitnehmer pro Jahr zustehen. Pech, wenn man dann außerhalb der Zusatzferien krank wurde. Das haute den Versicherern glatt ihre Statistik zusammen!

Vorerst wollte ich ein wenig durch die Weinberge stromern. Auf den Anninger 95 gehen, mit dem ›Salamander‹ auf den Schneeberg 96 fahren, die Aussicht und die köstlich flaumigen Buchteln bei der Mittelstation genießen, und wieder mal rauf zur Speckbacher Hütte 97 auf einen gepflegten Bauernschmaus. Ja, ich geb es zu: Ich esse gerne gut und viel. Mit meinem sportlichen Lebensstil verbrauchte ich diese Kalorien aber noch schneller, als ich sie zu mir nehmen konnte.

Kimmie hatte verstanden, dass ich mich erst von den Strapazen des Versicherungsdings erholen musste. Immerhin verdiente sie mit ihren gelegentlichen Überstunden und den Kundinnen, die sie schwarz auf Vorderfrau brachte, jede Menge Kohle. Weniger Verständnis brachte sie dafür auf, dass ich in meiner Rehabilitationszeit nicht die Wohnung putzte, Einkäufe erledigte und in ihren Augen dringend notwendige Reparaturen durchführte. Als ob man sich dabei erholen könnte!

Eines Tages hatte sie mir ein Ultimatum gestellt: Entweder ich suchte mir schleunigst einen Job, oder sie würde mich verlassen.

Ich habe mich ehrlich bemüht. Aber Sie wissen ja, mittlerweile hatten wir die Wirtschaftskrise. Die habe ich ganz sicher nicht verursacht! Es gab keine Beschäftigung. Nicht einmal zu einem Schandlohn. Doch ich schrieb Bewerbung auf Bewerbung. Dass ich sie nicht abschickte, war unerheblich. Immerhin hätte ich zur Post fünf Minuten Fußweg gehabt. Vergebliche Mühe. Denn auf die Schreiben, die ich früher versandt hatte, waren in den seltensten Fällen Antworten gekommen. Und bei den zwei Firmen, in denen ich mich vorstellen sollte, waren schon alle Jobs besetzt, als ich gegen Mittag dort aufkreuzte. Beide Firmen wären außerdem sowieso nicht infrage gekommen, da sich die eine in Pressbaum 98 im Wienerwald, die andere in Kernhof, beim Kameltheater 99, befand. Da wollte ich schon allein wegen der Anfahrtszeit von über einer Stunde nicht hin. Und zwar weder – noch. Und überhaupt: Kameltheater! Das war ja das Hinterletzte. Wenn es wenigstens der Weiße Zoo 100 gewesen wäre.

Kimmie hatte die Gangart verschärft. Wenn ich schon keiner Arbeit nachging, so erwartete sie von mir, dass die Wohnung picobello war, ich die Einkäufe erledigt hatte und ein warmes Essen auf dem Tisch stand, wenn sie nach Hause kam. Ich engagierte also eine Putzfrau, holte am Abend Essen vom Chinesen um die Ecke und gab es sogar aus den Plastikschüsseln auf Teller. Einmal sogar vom Steakhaus. Dafür bin ich extra zum Flugplatz in Wiener Neustadt rausgefahren. Alles für Kimmie!

Das Geld dafür musste ich mir natürlich von Kimmie leihen. Da sie es ablehnte, »meine Faulheit weiter zu unterstützen«, wie sie das formulierte, nahm ich es heimlich aus ihrer Spardose in der Küche. Als sie draufkam, war sie fuchsteufelswild. Ich erklärte ihr, dass ich alles zurückzahlen würde, sobald ich wieder Arbeit hätte. Doch Kimmie hörte mir gar nicht zu. Seit diesem Abend hatten wir keinen Sex mehr miteinander. Ihr Problem.

Im Haus gegenüber wohnte eine knackige Oberschülerin, die ich schon öfter mal vom Fenster aus beobachtet hatte. Gute Figur, langes dunkles Haar, zart, mit den Rundungen an den richtigen Stellen. Erst hatte ich sie verstohlen von hinter der Gardine beobachtet, wenn sie sich auszog. Dann merkte ich, dass sie genau wusste, wann ich sie betrachtete. Daraufhin zog ich die Stores zur Seite und zeigte ihr, welche Wirkung es auf mich hatte, wenn sie ihre Brüste streichelte.

Am nächsten Tag war sie nach der Schule vor meiner Tür gestanden. Wir redeten nicht viel. Die Kleider fielen vom Vorraum bis ins Schlafzimmer. Nach ein paar Wochen fragte sie mich, ob sie eine Freundin mitbringen könnte. Von mir aus die ganze Klasse!

Es folgten sehr erfüllte Tage und Wochen. Die Mädels hatten echt was drauf. Sie wussten meine bedingungslose Zärtlichkeit zu schätzen. Belohnten sie mit ausdauerndem Sex, waren anschmiegsam und anspruchslos. Natürlich hatte ich jetzt noch weniger Zeit, Bewerbungen zu schreiben, Hausputz zu betreiben und andere absonderliche Wünsche von Kimmie zu erfüllen.

Kimmie veränderte sich. Sie wurde mürrisch. Gab einsilbige Antworten. Ging früh zu Bett und drehte mir den Rücken zu. Tat, als ob sie schliefe, wenn ich unter die Decke kroch. Als hätte ich noch Kraft für irgendwas gehabt nach den zärtlichen Nachmittagsstunden.

Der nächste Krach war vorprogrammiert. Kimmie fand ein langes dunkles Haar auf ihrem Kissen.

»Du Scheißkerl, was treibst du, während ich arbeite?«, kreischte sie und schlug mit geballten Fäusten auf mich ein.

»Schatz, beruhige dich. Die Putzfrau war da. Wahrscheinlich ist das Haar von ihr.«

»Ach ja? Und was hat sie getan? Geputzt nämlich nicht. Die Küche ist voll mit schmutzigem Geschirr, das Bad starrt vor Dreck, der Schmutzwäschekorb ist so voll, dass der Deckel nicht mehr aufliegt. Und überhaupt: Wovon willst du die denn bezahlen?«

»Ich gebe Nachhilfestunden.« Die Idee war mir eben gekommen. Falls irgendein aufmerksamer Hausbewohner Kimmie stecken sollte, dass bei mir junge Mädchen ein und aus gingen.

»Ach ja? In *Ich-scheiß-mich-nix* oder *Die-faulste-Sau*?«

Eine Auseinandersetzung mit Kimmie zerrte an den Nerven. Die Frau war immer so unsachlich. Doch diesmal ging sie eindeutig zu weit. Sie rannte ins Bad und packte ihre Tiegel und Tuben in einen Beutel. Stürmte an mir vorbei ins Schlafzimmer, riss ihre Kleider aus dem Schrank und häufte sie auf das Bett. Schlug alles in ihre Decke ein und öffnete das Fenster. Warf den ganzen Packen runter auf den Gehsteig. Ich wollte mir nicht vorstellen, wie es da unten aussah. Wir wohnten im zweiten Stock.

Kimmie sauste weiter wie eine Furie durch die Wohnung. Raste die Treppe hinunter und schleppte ihre aus dem Fenster geworfenen Kleider ins Auto. Packte die gefüllte Reisetasche und etliche Plastiktüten obenauf.

Ich stand hilflos dabei und hatte keine Ahnung, wie ich sie beruhigen sollte. »Kimmie, findest du nicht, dass du überreagierst?«

Sie warf mir einen hasserfüllten Blick zu. »Ich habe mir das alles schon viel zu lange gefallen lassen. Jetzt ist Schluss mit lustig. Ich ziehe zu Bernd.«

Wer? War? Bernd? Kimmie hatte wohl auch ihre Geheimnisse.

»Die Miete kannst du jetzt allein berappen. Und das Essen. Und die Mietkaution, die ich ausgelegt habe, will ich auch zurück. Meine Kontonummer kennst du ja.« Damit wollte sie an mir vorbei.

Ich packte Kimmies Arm. »Kimmie! Krieg dich wieder ein! Du weißt doch, dass ich dich liebe.«

Sie lachte, bis ihr die Tränen über die Backen liefen. Das kränkte mich, wirklich. Ich hatte ihr nie einen Grund gegeben, an meiner Liebe zu zweifeln. Ich zog sie in meine Arme.

»Lass mich los!«

Ihr Gesicht, dicht vor meinem, wechselte von Lachen zu ängstlicher Sorge.

Ich drückte sie noch fester an mich. »Sag, dass du mich liebst«, verlangte ich von ihr. Sie schüttelte den Kopf. Doch in ihren Augen glomm ein Hauch von Panik auf. Ich hatte sie zwischen mir und der Wand des Vorzimmers eingeklemmt. Mit beiden Händen umfasste ich ihr Gesicht.

»Kimmie, es ist ganz einfach. Du sagst nur ›ich liebe dich‹. Dann lass ich dich los.«

Kimmie würgte und schwieg.

Zugegeben, das Sprechen wäre ihr schwergefallen. Meine Finger lagen nicht mehr auf ihrem Gesicht. Sie drückten ihre Kehle zu. So lange, bis sie wie ein nasser Sack zu Boden glitt.

Ach Kimmie. Was sollte ich denn jetzt tun? Mit einer Leiche in der Wohnung!

Immerhin hatte sie schon fast alle ihre Sachen gepackt und im Wagen verstaut. Den Rest warf ich noch in eine weitere Reisetasche. Ich wartete, bis sich die Straßen leerten und die Menschen schliefen. Dann packte ich Kimmie und die Tasche in ihr Auto. Und mein Rennrad dazu. Fuhr mit ihr zur Donau, in die Gegend von Haslau [101]. Dort wartete ich bis zwei Uhr früh. Holte mein Rad aus dem Auto. Startete, platzierte Kimmie hinter dem Steuer des Wagens und drückte ihren Fuß aufs Gaspedal. Ein dreifaches Hoch auf den Erfinder der Automatik! Hebel auf ›Drive‹, Tür zu, der Wagen rollte an, und Kimmie versank samt ihrem Zeug langsam in den Fluten.

Ich musste jetzt gut 80 Kilometer mit dem Rad nach Hause strampeln. Und weil es mitten in der Nacht war, konnte ich nicht einmal im ›Haslauerhof‹ einen gepflegten Imbiss zu mir nehmen. Den Adlerhorst, mit seinem wunderbaren Ausblick weit ins Marchfeld, ließ ich mir sonst nie entgehen. Aber was tat man nicht alles für seine Liebste!

An all das hatte mich Marlies' Anruf nun erinnert. Der Appetit auf Frühstück war mir gründlich vergangen. *Danke Marlies!*

91 **Neunkirchen**
Der Name Neunkirchen bezieht sich nicht nur auf die Stadt, sondern ebenso auf den Bezirk Neunkirchen. Das Rathaus von Neunkirchen im späthistorischen Stil wurde erst nach dem Zweiten Weltkrieg nach Plänen des Architekten Leo Kammel errichtet, weil der ursprüngliche Bau aus dem 19. Jahrhundert im Krieg zerstört wurde. In der Mitte des zweigiebeligen Gebäudes thront ein Turm. Die Fassade ist berühmt für ihr Sgraffitodekor.

92 **Mühlfelderhof**
Wer gerne in nettem Ambiente vorzüglich speist, wird im Mühlfelderhof eine reiche Auswahl zu bürgerlichen Preisen finden.
Mühlfelderhof, Schreckgasse 13, 2640 Neunkirchen

93 **Wiesmath**
Wiesmath liegt im Bezirk Wiener Neustadt, der noch zur Region Steinfeld gehört und komplett eben ist. Geografisch befindet sich Wiesmath jedoch schon in der Buckligen Welt. Ab hier wird die Gegend hügelig, daher der Name. Wiesmath liegt 695 Meter über dem Meeresspiegel. Es gibt einen großen Reiterhof. Von der spätgotischen Kirche der Heiligen Anna in Annaberg, die auf einem Bergrücken erbaut wurde, hat man den besten Blick ins Land.

94 **Burg Seebenstein und Türkensturz**
Der alte, teils verfallene Teil der Höhenburg stammt aus dem 13. Jahrhundert. Das Hochschloss aus dem

15. bis 17. Jahrhundert ist mehrfach renoviert worden und beherbergt ein umfangreiches Museum mit Kunstgegenständen, Gemälden, Gobelins, Marienstatuen und eine kleine Waffensammlung.
1824 ließ Fürst Johann I. von Liechtenstein die künstliche Ruine Türkensturz erbauen. Der Sage nach wurden 1532 an dieser Stelle die vor den erbosten Einheimischen flüchtenden Türken über die steile Felswand in die Tiefe gestürzt.

95 **Anninger**

Der Anninger mit seinen 675 Metern Höhe am östlichen Ausläufer der Alpen ist Teil des Wienerwaldes und der Hausberg der Anwohner von Wien bis Baden. Entsprechend ist er mit einem dichten Netz von Wanderwegen überzogen. Der Berg kann von allen Seiten leicht erstiegen werden, in der Klausen sind sogar einige kurze Klettersteige angelegt.
Die Wilhelmswarte krönt den höchsten der vier Gipfel der Hochfläche. Auf dem Escherkogel befinden sich das Anningerhaus und die Jubiläumswarte. Im Osthang, am Weg nach Gumpoldskirchen, liegt die Dreidärrischen-Höhle. In der Hallstattzeit diente die Höhle als Opferstätte, im Zweiten Weltkrieg als Zufluchtstätte für die Bevölkerung.

96 **Schneeberg**

Der Schneeberg ist mit 2076 Metern der höchste Berg Niederösterreichs und sowohl der östlichste als auch der nördlichste Zweitausender der Alpen. In diesem Gebirgsmassiv liegt das Wasserschutzgebiet der 1. Wiener Hochquellwasserleitung.
Seit 1897 fährt man von Puchberg mit der Zahnradbahn

auf 1796 Meter. Die beiden Gipfel sind von der Bergstation in ein beziehungsweise zwei Stunden Fußmarsch zu erreichen. Die Elisabethkirche ist dagegen nur einen Katzensprung entfernt.
Seit 1999 trägt der »Salamander«, ein Dieseltriebwagen, die Besucher etwas schneller und bequemer zum Bergbahnhof Hochschneeberg.

97 Speckbacher Hütte

Diese Hütte auf 1089 Metern kann man zu Fuß, etwa von Payerbach aus, erreichen. Aber auch für Couchpotatoes, die einmal deftig essen und dabei das grandiose Panorama auf das Semmeringgebiet genießen wollen, ist die Speckbacher Hütte ein Geheimtipp. Man kann bis vor die Tür fahren. Hier finden Sie den angeblich größten Rhododendron Europas. Er wurde 1908 gepflanzt und fühlt sich sichtlich wohl. Er ist riesig und steht Mitte Mai in voller Blüte.
Die Speisekarte ist nicht allzu groß, aber es erwartet Sie deftige Hausmannskost in sehr guter Qualität mit riesigen Portionen zu moderaten Preisen. Kleine Spazierwege in der Umgebung sind auch für Senioren und Kinderwagen geeignet.
Speckbacher Str. 51, 2673 Breitenstein

98 Pressbaum

Die Stadt Pressbaum liegt mitten im Wienerwald vor den Toren Wiens. Durch die Nähe zu Wien bietet sich Pressbaum auch als ruhiges Quartier und Basisstation für Ausflüge in die Metropole Wien an. Das ehemalige Holzfällerdorf erlebte mit dem Bau der Eisenbahn Ende des 19. Jahrhunderts eine Wandlung zum beliebten Ferienort für die bessere Wiener Gesellschaft. Dem-

entsprechend wurden hier viele prächtige Villen erbaut, die noch heute dem Ort ein besonderes Flair verleihen. 1909 wurde die katholische Kirche errichtet, einer der wenigen Sakralbauten im Jugendstil.
Besonders empfehlenswert für einen Ausflug in die Umgebung ist der Wienerwaldsee. Rund um den See gibt es zahllose Wanderwege, einen Skaterplatz und im Irenental, nur fünf Minuten von Tullnerbach entfernt, einen Klettergarten. Klettern im Hochseilgarten mit verschiedenen Schwierigkeitsgraden – ein aufregendes Erlebnis für Familien mit Kindern. Im Winter finden Sie in und um Tullnerbach mehrere Langlaufloipen.

99 Kernhof, Kameltheater

Kernhof gehört zur Gemeinde St. Ägid am Neuwalde. Die besondere Attraktion des Ortes ist das Kameltheater. Es liegt in einem wunderbaren Tier- und Blumenpark. Das Kameltheater besitzt einen eigenen Theaterpalast und hat Platz für etwa 280 Zuschauer. Die Akteure sind Prinz Saruk, Prinz Ari Sultan, Prinzessin Alaska, Ali Baba und Bianca, allesamt Kamele. Schäferhund und Zwergziegen agieren als Chor. Don Kamelo, der Gründer Herbert Eder, liefert eine beeindruckende Show mithilfe modernster Technik, die nicht nur Kinder begeistert.

100 Der Weiße Zoo

ist neben dem Kameltheater ein weiteres Highlight und weltweites Unikat: Drei weiße Tiger, zwei Schneeleoparden, weiße Kamele und Kängurus und noch allerlei andere seltene Tiere haben hier ihr Heim. Die Tigerdame Burani dürfte sich besonders wohlfühlen. Sie hat 2011 weiße Drillinge geboren, was damals als Sensa-

tion galt. Doch 2013 überbot sie die Drillings- mit einer Vierlingsgeburt, auf welche 2015 Fünflinge folgten. Alle Jungen waren kerngesund und munter. Das gab es in Europa noch nie!
Das ganze Areal überblicken können Sie von der roten Aussichtswarte. Für den großen und kleinen Hunger steht das Felsenwirtshaus ›Don Kamelo‹ bereit. Bei Kindern besonders beliebt: der ›Schmatzbasar‹.

101 Haslau an der Donau

Älteste Funde belegen, dass Haslau schon in der Bronzezeit besiedelt war. Aber die Geschichte von Haslau / Maria Ellend ist von 800 vor Christus bis heute aufregend und wechselhaft. Nachzulesen auf der Infoseite der Gemeinde.
Der Landgasthof ›Haslauerhof‹ liegt wie ein Adlernest beim Nationalpark Donau-Auen und bietet einen herrlichen Blick bis weit ins Marchfeld.

DAS ZWILLINGSMAL

Von Jennifer B. Wind

Ein schwerer Geruch hing im Raum: süß, orientalisch, verwegen. Eindeutig ›Hypnotic Poison‹, durchfuhr es ihn.

Beinahe war er versucht, laut loszulachen. Vor langer Zeit hatte ihn dieses duftende ›Gift‹ verdorben, um den Verstand gebracht und schließlich in den Ruin getrieben.

Mit der Linken fuhr er sich durch seine immer noch dichten Locken. Eine wischende Bewegung, als könnte er damit die Vergangenheit ausradieren. Doch der Schmerz würde nie vergehen. Jeden Morgen, wenn er die Augen öffnete, traf es ihn mit voller Wucht, auch noch nach fünf Jahren.

Seine Kollegin Patricia hatte den Raum für die neue Kundin bereits vorbereitet und die Dame hereingebeten. Die Frau lag schon frisch geduscht mit dem Gesicht nach unten auf der Liege, selbstverständlich unbekleidet. Der Raum war gesäubert, die Spuren der letzten Kundin sorgfältig entfernt. Abgedunkelt musste nicht werden, es war bereits 20 Uhr. Berufstätige Frauen kamen oft erst um diese Zeit ins Institut, das direkt am Schlossteich 102 in einem Privathaus lag. Der Besitzer war schon älter, die Kinder hatten längst eine eigene Familie, und seine Frau war vor vier Jahren verstorben. Deshalb vermietete der Mann die obere Etage mit separatem Eingang. Patricias Tante war dort eingezogen und hatte in den drei freien Räumen ein Massageinstitut eingerichtet. Christoph arbeitete jetzt seit drei Jahren hier, und er war seiner Chefin immer noch dankbar, dass sie von Anfang an sein Potenzial erkannt hatte. Angeblich war die Nacht sternenklar, den Vollmond konnte er förmlich spüren. An solchen Tagen war er immer unruhiger als gewöhnlich.

Alle Materialien, die er brauchte, waren an ihrem dafür vorgesehenen Platz. Patricia wusste, dass schon geringe Abweichungen für ihn einem Desaster gleichkämen. Beruhigende Sphärenklänge summten aus den Boxen, die in die Decke eingelassen waren.

Er vermied es, die Kundin mit einer Begrüßung in ihrer Entspannung zu stören. Sie sollte nicht reden oder denken, sondern sich einfach nur seiner Behandlung hingeben, um mit einem Lächeln auf den Lippen und strahlenden Augen schließlich das Institut zu verlassen – und natürlich wiederzukommen. Und das taten sie alle.

Mit sicherem Griff nahm er das Öl vom Tisch, das genau zehn Zentimeter von der rechten vorderen Ecke entfernt stand. Drei angewärmte Handtücher lagen – exakt gefaltet – etwa eine Handbreit links daneben. Mit seiner freien Hand hob er eines der Tücher hoch und entfaltete es. Sanft bedeckte er damit die Beine der Kundin.

Seine linke Hand hielt er anschließend wie einen Kelch geformt, um das Öl aufzufangen, das er vorsichtig aus der Flasche tropfen ließ. Darauf bedacht, so geräuscharm wie möglich zu hantieren, stellte er die Ölflasche wieder zurück auf den vorgesehenen Platz.

In seinen Händen wärmte er das Elixier, bevor er es behutsam auf dem Rücken der Kundin verteilte. Mit sanften Bewegungen rieb er das Öl in die Haut. Jetzt begann die eigentliche Arbeit.

Mit leichtem Druck ließ er seine Daumen auf ihren Schulterblättern kreisen, erspürte die verhärteten Muskelstränge und wirkte mit speziellen Rüttelbewegungen seiner Finger den Verspannungen entgegen. Seine Kundin seufzte – gedämpft durch das Handtuch, das über dem Loch auf der Massageliege lag – zufrieden und entspannt auf. Ein Zeichen, dass er es richtig machte. Langsam strich er mit den Zeigefingern links und rechts der Wirbelsäule entlang Richtung Steißbein und wieder zurück. Ihre Haut erwärmte sich unter seinen Fingern und wurde weich und geschmeidig aufgrund des Öls. Die Kundin stöhnte, als er mit seinen Händen den unteren Lendenbereich und die Pobacken massierte. Mit sanftem Druck kreiste er mit dem Daumen erst um die eine Backe, dann um die andere, immer nur wenige Zentimeter vom Zentrum der Lust entfernt. Dabei stellte er sich vor, die jeweilige Kundin wäre seine Geliebte. Dadurch bekam die Massage eine besondere Qualität. Er fühlte die Liebe von seinem Herzen in die Finger strömen, hörte aufmerksam auf die Reaktion der Kundin und passte seine Bewegungen an.

Ihr Atem ging jetzt schneller, er spürte, wie sie versuchte, ihre Erregung zu unterdrücken. Doch die Frauen kamen extra deshalb zu ihm. Er wurde als Geheimtipp gehandelt. Sanft löste er sich von der Haut der Frau und rieb seine Handflächen aneinander. Die nun heißen Hände drückte er vorsichtig auf das Steißbein. Von dort würde sich die Hitze ausbreiten und durch ihren Bauchraum wandern. Eine optimale Vorbereitung für das, was jetzt kam.

Er löste seinen Druck und strich mit beiden Händen über die Pobacken und die Oberschenkel entlang. Dabei berührte er sie kaum, einer Feder gleich flatterten seine Hände über die erhitzte Haut. Ein hörbar erregtes Keuchen drang von der Liege an seine Ohren. Völlig konzentriert auf das Geräusch verstärkte er seinen Druck, um mit liebkosenden Bewegungen an den Innenseiten ihrer Oberschenkel entlang zu streichen. Noch bevor seine Hände die Pobacken wieder erreichten, begann der Frauenkörper unter ihm zu zucken.

Währenddessen ließ er seine Hände auf ihrem Steißbein ruhen. Als das Beben verebbte, begann er die linke Rückenhälfte der Frau mit wellenförmigen Bewegungen zu kneten. Die Haut fühlte sich überall weich und seidig an. Er erspürte keine Unreinheiten oder Bindegewebsschäden, daraus folgerte er, dass die Frau sportlich war und gesund aß. Außerdem schien sie nicht zu rauchen, das sagte ihm seine empfindliche Nase.

Ohne Zweifel lag eine schöne Frau vor ihm beziehungsweise ein schöner Frauenkörper, denn über das Gesicht konnte er keine Aussage machen. Für ihn war das ohnehin egal, er beurteilte die Menschen schon lange nicht mehr nach dem Aussehen.

»Wissen Sie …«

Unterbrach sie jetzt die Ruhe?

»Ich war vor Jahren mit jemandem zusammen, der konnte genauso gut massieren wie Sie«, fuhr die Frau mit gedämpfter und heiserer Stimme fort.

Doch, sie machte es wirklich. Warum erzählte sie ihm das? Es passte nicht. Viele Menschen konnten massieren. Natürlich wusste er, dass seine Art der Massage nicht alltäglich war, trotzdem ging ihn ihr Privatleben weder etwas an noch interessierte es ihn besonders, obwohl ihm die Stimme seltsam vertraut vorkam. Er vermied es zu antworten, stattdessen wechselte er die Seite und knetete die andere Körperhälfte mit denselben gleichförmigen Bewegungen. Die Frau bewegte sich kaum merklich, aber er registrierte schon geringste Bewegungen, jede kleinste Veränderung und jedes erspürte Detail wurde von seinen Fingerkuppen an sein Gehirn weitergeleitet, um es dort zu einem Bild zu verbinden. Wie dieser Pickel, den er unter seinen Händen erspürte. Oder war es ein Muttermal? Sanft strich er noch einmal darüber. Er ertastete mehrere Haare auf dem etwa zwei Zentimeter großen erhabenen Fleck. Das Mal war unregelmäßig begrenzt, fühlte sich rau an, war von ovaler Form, lag genau zwei Fingerbreit unter dem rechten Schulterblatt der Frau und in einer Handbreit Entfernung von der Wirbelsäule. Wieso war ihm das nicht früher aufgefallen? Vermutlich, weil er sich auf die Reaktionen der Kundin konzentriert hatte. Vorsichtig strich er weiter über die Haut. Gleichzeitig schüttelte er den Kopf.

Was dachte er, dabei zu finden? So ein Muttermal hatten doch viele. Wie von selbst suchten seine Fingerkuppen weiter. Gespannt hielt er den Atem an.

Da waren sie! Das durfte nicht wahr sein! Genau an der rechten Halsseite fanden seine Hände ›die Zwillinge‹, zwei erhabene kreisrunde Flecke, die parallel nebeneinander lagen und aus deren Mitte jeweils ein borstengleiches Haar wuchs. Er schloss die Augen und atmete tief durch die Nase ein.

Mach dich nicht verrückt, ermahnte er sich selbst. Viele Frauen hatten behaarte Leberflecke am Rücken. Aber diese Symmetrie der zwei Flecke am Hals zusammen mit dem ovalen Fleck am Schulterblatt ließ ihn erschaudern. Der Dior-Duft machte ihn zusätzlich schwindelig.

Lag wirklich *sie* auf der Liege, und wollte er das wirklich wissen?

Er erlaubte sich nicht, die Kundin nach ihrem Namen zu fragen, denn das tat er nie, damit jede die gleiche Behandlung erfuhr und niemand bevorzugt oder benachteiligt wurde. Das Institut lag nicht weit entfernt vom ›Fontana Golfklub‹ in Oberwaltersdorf 103, und viele Prominente gingen hier ein und aus, vor allem Ehefrauen von Politikern oder Schauspielern, die keine andere Aufgabe hatten, als schön zu sein. Deshalb war es durchaus möglich, dass *sie* hier war. Denn sie gehörte zu diesen Kreisen.

Lass dir nichts anmerken, schalt er sich und fuhr mit den Fingerknöcheln den Rücken entlang, übte immer wieder leichten Druck aus.

Als er wieder bei den Schultern angelangt war, räusperte sich die Frau unter ihm. »Das tut wirklich gut.«

Gebannt lauschte er dem Klang ihrer Stimme. Durch das Handtuch wurde der Schall gedämpft, zudem hatte er ihre Stimme seit über fünf Jahren nicht mehr gehört. Hatte sie auch nie wieder hören wollen, nach allem, was ihm seine Ex-Frau angetan hatte. Angewidert würgte er den Kloß, der sich in seinem Hals gebildet hatte, hinunter.

Was zum Teufel fiel ihr ein, hierherzukommen und sich von ihm massieren zu lassen? Was wollte sie denn noch von ihm?

Ihr Nacken fühlte sich verspannt an, die Haut hatte das Öl bereits aufgenommen. Also bediente er sich noch einmal an der Flasche. Als er das Massageelixier auf ihren Schultern und dem Hals verrieb, ertastete er eine Narbe von vier Zentimeter Länge direkt auf der Halswirbelsäule. Links und rechts von der Narbe hatten sich Hügel gebildet. Die Narbe selbst drückte gegen die Wirbelsäule und bildete somit eine Rille. Ein klarer Fall von unzureichender Narbenbehandlung. Die Operation konnte noch nicht lange zurückliegen.

»Bandscheibenvorfall«, erklärte die Frau, als könnte sie seine Gedanken lesen. »Die Operation ist erst acht Wochen her. Kaum zu glauben, aber es war total knapp am Nervenstrang. Ich wäre beinahe gelähmt gewesen.«

Welche Ironie, dachte er und ertappte sich dabei, seinen Mund zu einem schadenfrohen Grinsen verzogen zu haben. Dabei rieb er gedankenverloren das Narbengewebe zwischen seinen Fingern.

»Gibt es die Narbenbehandlung gratis dazu?«, kam es von der Liege.

War ihr Ton schnippisch? Oder bildete er sich das ein? Das Gesagte würde zu ihr passen, anstatt dankbar zu sein für jegliche Extrabehandlung. Außerdem kam das Wort ›gratis‹ im Satz vor. Geld war seiner Ex-Frau immer wichtig gewesen. Solange er genug Geld heimgebracht und ihre Goldene Kreditkarte geglüht hatte, war alles in Ordnung gewesen. Er hatte sie so sehr geliebt, seit der ersten Begegnung im Erlebnisbad ›Aqua Splash‹ 104 in Traiskirchen 105. Damals hatte er noch studiert. Sein Leben war bis dahin eine einzige Achterbahn gewesen, er hatte viele Freundinnen gehabt. Doch als er sie sah, stand die Welt still. Nur das reine Vergnügen war nicht mehr wichtig. Er war in ihre Augen eingetaucht und wollte nie wieder auftauchen. Die Begegnung war kurz, nur eine Wasserrutschenlänge. Als er unten ankam, verlor er sie aus den Augen. Erst ein Jahr später sah er sie wieder. Sie trug schwarz und legte Blumen in der Nähe der Urbanikapelle 106 ab. Er hörte sie beten und dazwischen schluchzen. So gern er zu ihr gelaufen wäre, wusste er doch damals, dass der Zeitpunkt nicht ideal war. An diesem Tag folgte er ihr bis nach Hause. Sie wohnte in der Nähe des ›Geldscheißers‹, einer kleinen Statue eines Jungen, der eben Geld scheißt. Erst später kam er drauf, wie passend das war. Denn einen Geldscheißer brauchte sie. Zwei Monate später sprach er sie endlich an, im Rathauskeller 107, die Stimmung war locker, der perfekte Zeitpunkt. Sie redeten die ganze Nacht, dann brachte er sie heim. Am selben Abend küsste er sie vor ihrer Haustür. Die nächsten Monate vergingen wie im Rausch. In der Franz-Kroller-Sternwarte 108 machte er ihr schließlich einen Heiratsantrag, den sie strahlend annahm. Sie verloren keine Zeit. Schon drei Monate später heirateten sie am Standesamt Mödling im Rathaus 109 und feierten in Schloss Tribuswinkel mit über 700 geladenen Gästen, wovon er mindestens 690 nicht kannte. An diesem Tag merkte er zum ersten Mal, wie wichtig ihr ein gelungener Auftritt war. Nach seinem Jura-Studium bekam er leider nicht gleich den Job, den er wollte, und arbeitete bei Semperit, genau wie sein Vater. Allerdings stieg er schnell auf und wurde binnen zwei Jahren Vorstandsvorsitzender. Sie war stolz auf ihn und trug sein Geld durch die ›Shopping City Süd‹ 110, während sie einen Schauspielworkshop nach dem anderen absolvierte, aber ansonsten nichts arbeitete. Sie wartete auf ihren Durchbruch. Er akzeptierte das. Sie waren schließlich noch jung. Und so verliebt. Zumindest er. Wäre dieser Unfall nicht geschehen, dann wäre er bestimmt noch verheiratet, glücklich, wie er fälschlicherweise immer angenommen hatte. Dass sie längst einen Geliebten hatte, erfuhr er erst, als sie sich von ihm trennte. Sie hätten sich auseinandergelebt, gab sie vor Gericht an, doch er wusste die Wahrheit, kannte ihre Grausamkeit, ihren Ekel vor seinem Anblick, ihre Furcht vor den Blicken der Menschen und ihre Angst vor der Armut. Angesichts von Elend und Leid zeigte eben jeder sein wahres Gesicht. Blind war er gewesen, blind für ihren wahren Charakter. Sie hatte ihn von Anfang an nur des Geldes und des Ansehens wegen geheiratet.

Als beides weg war, konnte ihr die Scheidung nicht schnell genug gehen. Es war auch klar, dass sie das alleinige Sorgerecht für Michael bekam, ihren gemeinsamen Sohn.

Er konnte sich noch genau an die Geburt erinnern. Wie er zum ersten Mal über das zarte Köpfchen gestrichen hatte.

Sie waren ein Team gewesen: Michael und er.

Seine Frau hatte sie auseinandergerissen, sie mutwillig voneinander getrennt, weil sie mit ihrem Liebhaber nach Washington gegangen war. Als sie nach vier Jahren wiedergekommen war, wollte ihn sein Sohn nicht mehr sehen, sagte *sie* jedenfalls damals am Telefon.

Nur Gott wusste, was sie Michael eingeredet hatte.

Die Frau auf der Liege stöhnte. »Jetzt war es aber zu fest für meinen Geschmack.«

Hatte er es tatsächlich übertrieben? Dreimal schloss er seine Hände und öffnete sie wieder, um die Finger zu lockern.

Er durfte jetzt nicht die Beherrschung verlieren. *Halt noch zehn Minuten durch, dann ist sie weg.*

Die Frau lachte, es fing tief in ihrer Kehle an und zerfiel wie Goldstaub um ihren Kopf. Das war eindeutig *ihr* Lachen. Mit seiner Zunge fing er eine Schweißperle auf, die von seiner Nase tropfte.

»Manchmal habe ich es gerne härter«, hörte er sie sagen. »Man muss nur die Grenzen kennen.« Sie gluckste.

Grenzen zog *sie* doch gar keine.

»Seit der Operation müssen wir aufpassen, mein Mann und ich.« Sie hatte den Kerl also geheiratet? An ihrem Hochzeitstag waren doch sicher alle TV- und Radiostationen dabei gewesen. Er hätte davon hören müssen. Schließlich war ihr Neuer ein beliebter Showstar. Vielleicht hatten sie es erst vor Kurzem heimlich getan?

»Die operierte Stelle ist noch instabil, das braucht noch ein Jahr, und selbst dann ist sie nicht mehr so belastbar wie eine gesunde Bandscheibe. Also mit Kamasutra ist nichts mehr.« Sie lachte in das Handtuch und klang dabei wie ein kicherndes Schulmädchen. »Schade eigentlich.«

Warum erzählte sie ihm das? Für sie war er ein Fremder. Wusste sie, wer hinter ihr stand? Machte sie sich über ihn lustig? Er zuckte mit den Schultern. Dass er jetzt Masseur war, konnte sie gar nicht wissen. Sicher dachte sie, er würde immer noch in der Behindertenwerkstatt sitzen und Körbe flechten oder Besen bemalen.

»Mein Ex war ja eine richtige Flasche im Bett.«

Hört! Hört! Redeten Frauen nicht generell so über ihre Exmänner? *Lass dich nicht ärgern!* Das schienen die längsten 60 Minuten seines Lebens zu werden. Er hatte genug von dieser Kundin.

»Wenn er mal einen hochgekriegt hat, war's nach drei Minuten vorbei.«

Jetzt reicht es aber! Das ist eine Lüge! Er begann, die Haut und die darunter liegenden Muskeln schneller zu kneten. Das Fleisch in seinen Händen schien zu glühen, seine Handflächen brannten.

»Ansonsten wusste er auch nichts mit mir anzufangen, von erogenen Zonen hat er keine Ahnung gehabt.«

Verflucht, halt doch endlich den Mund! Du Hexe!

»Die Massage war immer gut, aber von einem Vorspiel bekommt man keinen Orgasmus, und den konnte er mir nicht verschaffen.« Das konnte nicht stimmen, sie log gewaltig. Warum bloß?

»Da musste ich ihn doch verlassen, als ich zum ersten Mal in meinem Leben richtig guten Sex kennenlernte.«

Deshalb hast du mich nicht verlassen, dachte er, du konntest meinen Anblick nicht mehr ertragen. Du konntest mit einem Behinderten nicht leben! Seine Hände wanderten zu ihren Schultern.

»Der Grund war ein anderer. Ich kenn' den Grund, und du kennst ihn auch.« Entsetzt stellte er fest, dass er den letzten Satz laut ausgesprochen hatte.

»Was erlauben Sie sich? Das geht Sie doch gar nichts an!«

Dann hätte *sie* nie davon anfangen sollen.

»Machen Sie gefälligst Ihre Arbeit!«, wies sie ihn barsch zurecht.

»Ich tu mein Bestes.« Es kostete ihn Überwindung, nicht ausfallend zu werden.

Anscheinend hatte sie seine Stimme nicht erkannt, stattdessen fügte sie hinzu: »Ist ja nicht gerade billig hier.«

Geld, Geld, Geld! Sie dachte an nichts anderes. Wie kam sie überhaupt dazu, so über ihn zu reden? Erzählte sie die Geschichte auch ihrem Friseur? Dem Arzt? Den Nachbarn? Wie viele Menschen hatten schon zu hören bekommen, was für ein Weichei er im Bett war? Wie vielen hatte sie diese Lügenmärchen schon erzählt, um verständnisvolle Blicke zu ernten? Etwa auch dem Familienrichter damals? Der Kloß in seinem Hals ließ sich nicht mehr hinunterschlucken. Er würgte. Seine Beine zitterten. Unablässig krochen die Dämonen in ihm hoch: all der aufgestaute Ärger, die nicht geweinten Tränen, die ganze Wut über Gott und die Ärzte, die ihm nicht helfen konnten; die sogenannten Freunde, die sich von ihm abwandten, und vor allem über seine Ex-Frau, die ihn eiskalt fallen gelassen hatte in seiner Not und ihm dabei noch das Liebste nahm. Etwas klirrte in ihm und zerbarst. Erneut.

Wie von selbst legten sich seine Hände um den Hals der Frau, strichen über das gerade erst verheilte Narbengewebe. Während seine Hände den Hals umschlossen, drückte er mit beiden Daumen fest auf die Narbe, genau zwischen den Halswirbeln C4 und C5 und lähmte damit ihren Körper. Und nicht nur das. An dieser Stelle lag auch die Verbindung zum Atemzentrum. Das wusste er. Querschnittgelähmte, die an dieser Stelle ein Problem hatten, mussten beatmet werden.

Es ging schnell.

Er hörte, wie sie vergeblich versuchte, nach Luft zu schnappen. Schreien vermochte sie nicht mehr. Auch wenn sie den Mund noch so weit öffnete, die Lunge würde die Arbeit nicht mehr erledigen. Er hatte die Nervenleitung gekappt. Seine Hände zitterten, als er von ihr abließ, zum Fenster ging und es aufriss, weil er das Gefühl hatte zu ersticken. Auf seiner linken Wange spürte er den Schein des Mondes. Ganz sanft konnte er das Licht erkennen, es war nur ein Hauch, der die Dunkelheit erhellte. Ein Nebelbild inmitten der ewigen Schwärze.

Nur Sekunden später öffnete er die Tür und schrie: »Patricia, schnell, die Ambulanz! Die Frau atmet nicht mehr!«

Doch es war nicht seine Kollegin, die ihm antwortete.

»Oh Gott, was ist mit meiner Schwester?«

Jemand kam auf ihn zu. *Dieser Geruch! Dieses Gift schon wieder!* Das konnte gar nicht sein!

»Christoph? Was machst du hier? Was ist mit Stella?«

Sie! Diesmal war es unverkennbar die Stimme seiner Ex-Frau Lilly.

»Stella?«, stammelte er. »Ich dachte …«

»Du dachtest … ich bin da drin?« Sie brach ab und rempelte ihn mit ihrem Ellenbogen an, als sie an ihm vorbei in den Raum zu ihrer Schwester rannte. Von drinnen hörte er sie hemmungslos schluchzen.

Was hatte er bloß getan? Ungläubig schlug er die Hände vor das Gesicht. Die Erinnerung an Stella formte sich in seinem Kopf.

Ihr Körper war beinahe identisch mit dem seiner Ex-Frau, wäre er nicht blind gewesen, hätte er Stella an ihren Haaren, Füßen und Händen erkannt. Zu sehr hatte er sich auf sein Gefühl verlassen, seit er bei einem Unfall das Augenlicht verloren und Lilly sich deshalb von ihm getrennt hatte, um anschließend mit diesem Moderator und seinem Sohn Michael nach Amerika zu gehen.

Damals hatte er nicht nur sein Augenlicht verloren, sondern sein ganzes bisheriges Leben.

»Die Zwillinge …«, flüsterte er mit tränenerstickter Stimme in den Raum hinein, »… es waren die Zwillinge.«

102 **Schlossteich 1 und 2 Oeynhausen Ebreichsdorf**
Keine Sehenswürdigkeit an sich, aber eine wundervolle Wohnanlage, in der es sich auch vortrefflich spazieren gehen lässt. Sollten Sie ein freies Grundstück oder Haus finden, schlagen Sie zu. Nirgendwo wohnt es sich feiner als an den Schloss-Seen.

103 **Golfklub Fontana Oberwaltersdorf**
Österreichs atemberaubendsten 7098 Yards!
Fontana ist Österreichs Kandidat für den Austragungsort des Ryder Cup 2022.
Fontana Allee 1, 2522 Oberwaltersdorf
Der gesamte Fontana-Wohnpark bietet jene Ruhe und Annehmlichkeiten, die man sich von diesem Luxus, der Lebens- und Wohnfreude erwarten darf. Durch die ideale Lage, nur 20 km südlich von Wien und in der Nähe von Baden, ist der Wohnpark sehr gut zu erreichen.

104 **Erlebnisbad Aqua Splash Traiskirchen**
Im Erlebnisbad Aqua Splash in Traiskirchen verbringen Eltern und Kindern vergnügliche Stunden im kühlen Nass. Das Schwimmbad mit großer Liegewiese wartet mit einer ganzen Reihe an Attraktionen auf. Die großzügige Bäderlandschaft verfügt über verschiedenste Einrichtungen für den Badespaß: Sport-, Sprung- und Erlebnisbecken, Doppelwellen- und eine 81,5 Meter lange Großwasserrutsche, Schwallduschen, Kletterzirkus, Grotte mit Strömungskanal, Fontäne, Boden-Blubber und vieles mehr. Für **Kinder** gibt es ein eigenes Planschbecken mit Schlangenrutsche, Kajütenboot

und Fontäne. Über eine Brücke erreichen Familien die angeschlossenen Rasen- und Beachvolleyballflächen mit zahlreichen Schattenplätzen. Darüber hinaus ist das Erlebnisbad Aqua Splash mit einem Kinderspielplatz, Skaterpark, einer Inlineskate- und Scooterbahn, mit Buffet und Sauna ausgestattet.

105 **TRAISKIRCHEN**

Mit seiner Fläche von 49,7 Quadratkilometern hat Traiskirchen unter anderem mit Schloss Tribuswinkel, Geldscheißer, Zunftbaum, Pestsäule, Dreieckiges Kreuz und Republikbrunnen einige Sehenswürdigkeiten zu bieten. Die Stadt Traiskirchen hat 17.200 Einwohner, 36,7 Quadratkilometer Grünfläche mit Parks, die zum Verweilen einladen.

106 **Urbanikapelle**

Die Urbanikapelle ist das Wahrzeichen von Traiskirchen und steht zum Schutz des Weinbaus in den Weinbergen am höchsten Punkt von Traiskirchen auf 256 Metern. Sie wurde 1989 im 100. Bestandsjahr des Weinbauvereins anstelle einer ›Hiater-Hüttn‹ zu Ehren des Heiligen Urban, dem lokalen Patron der Weinhauer, errichtet.

107 **Rathauskeller**

Seit 2011 ist das Ristorante ›Pierino‹ im mit viel Liebe zum Detail renovierten ehemaligen Rathauskeller in Traiskirchen eingezogen und verwöhnt Gäste mit Gaumenfreuden jeglicher Art.

108 **Franz-Kroller-Sternwarte**

Saison für Führungen ist prinzipiell von September bis Juni, auch an Feiertagen und in den Weihnachts-, Oster-

und Semesterferien. In den Monaten Juli und August ist Sommerpause. Es sind keine Vorkenntnisse erforderlich, der Besuch ist für alle Altersklassen möglich (Achtung: schmaler Stiegenaufgang aufs Dach, kein Lift). Dauer der Führungen: durchschnittlich eine bis eineinhalb Stunden, abhängig von den Wetterbedingungen, Lust und Laune der Gäste sowie Besucherzahl. Eine Voranmeldung zu den Führungen ist nur dann nötig, wenn Sie mit mehr als acht Personen kommen möchten oder mehr als 20 Minuten nach Führungsbeginn eintreffen werden. Eintritt: freie Spenden. Führungen finden auch bei Schlechtwetter statt, Himmelsbeobachtungen sind dann aber leider nicht möglich.
Sternwarte Traiskirchen am Dach der Stadtsäle Traiskirchen / Arkadia, 2514 Traiskirchen, Hauptplatz 17; Aufgang in der Bräuhausgasse

109 Mödling Rathaus, Standesamt

Das historische Rathaus in der Fußgängerzone von Mödling ist ein altehrwürdiges Stammhaus. Hier findet der überwiegende Teil der Hochzeiten statt. Auch Amtsräumlichkeiten sind hier untergebracht.

110 Shopping City Süd

Anfang der 70er-Jahre begann der österreichische Unternehmer Hans Dujsik mit der Planung einer Einkaufsstadt im Süden von Wien. Inmitten von Ackerland und aufgelassenen Ziegelteichen entstand das erste große Einkaufszentrum Österreichs am Schnittpunkt der wichtigsten Verkehrswege von Mitteleuropa. Das erste IKEA-Möbelhaus in Österreich wurde auf dem SCS-Areal eröffnet. Auf Initiative von Hans Dujsik wurde in der Nähe des SCS Stammhauses eine 40 Meter hohe und weithin sichtbare Pyramide mit einer exotischen Erlebniswelt errichtet und am 30. November 1983 eröffnet. 2001 wurde daraus ein Tagungs- und Veranstaltungszentrum, das als ›Event- und Congress-Hotel Pyramide‹ von der Austria Trend Hotel-Gruppe geführt wird. 2012 startete der große Umbau der SCS. Über 100 Millionen Euro wurden in Design, Haustechnik und die Sanierung der Außenanlagen investiert.

Auch sehenswert:

111 Heimatmuseum Möllersdorf

Die Sammlung wurde im Jahr 1967 begonnen, und zehn Jahre später, 1977, wurde das Museum eröffnet. 1986 fand eine Umgestaltung statt. Seit 1988 ist das Stadtmuseum Traiskirchen in den Gebäuden der ehemaligen Kammgarnspinnerei Möllersdorf untergebracht. Das Museum wird laufend erweitert: 1999 wurde das Mineralienkabinett und eine Abteilung zum Leben und Wirken des Chemikers Prof. Otto Vogl (Entwicklung von Kunststoffen) eingerichtet. Außerdem wurde am Freigelände ein Mühlrad aufgestellt. Im Jahr 2000 fand die Eröffnung einer Museumshalle zum Thema Feuerwehrwesen im Bezirk Baden statt. 2005 wurde im Haus die Dauerausstellung ›Matadormuseum‹ aufgebaut. Jährliche Sonderausstellungen erweitern das Themenspektrum zu einem ›Museum für die ganze Familie‹.

112 Kammgarnfabrik

Fast eineinhalb Jahrhunderte lang prägte die Vöslauer Kammgarnfabrik das Wirtschaftsleben von Bad Vöslau. Nach dem Niedergang der Kammgarn AG Ende der 1970er-Jahre wurden große Teile der Konkursmasse, darunter das Fabrikgelände mit den darauf befindlichen Gebäuden, von der Vöslauer Heilquellen-Verwertung AG übernommen, welche ihrerseits wiederum im Eigentum der damaligen Zentralsparkasse stand. Seither werden laufend große Investitionen getätigt, um die Bausubstanz ständig zu verbessern. Derzeit beherbergt das mittlerweile unter dem Namen ›Kammgarnzentrum‹ bekannte Areal rund 40 voneinander unabhängige Mieter, darunter ein Gesundheitszentrum, wo mehr als 30 Ärzte und Therapeuten ordinieren, mehrere Gewerbebetriebe, ein Tierarzt und viele mehr.

ENDE ODER NEUANFANG

FAST EIN LIEBESROMAN

Von den Triestingtaler Mordsfrauen

Roman Kolanski starrte seit geschlagenen 20 Minuten auf das magere Geschreibsel auf seinem Bildschirm. Vor zwei Monaten hätte er den fertigen Krimi abgeben sollen, konnte aber bis heute nicht einmal ein vernünftiges Exposé vorlegen. Selbst die Leseprobe war schlicht zum Kotzen. Sein Agent hatte ihm ein Ultimatum gestellt: Abgabetermin in vier Wochen. Wenn er das nicht schaffte, konnte er sich einen neuen Agenten suchen. Und vermutlich auch einen neuen Verlag.

Aber was tun, wenn ihm einfach nichts einfiel, was nur annähernd an die Qualität seines ersten Romans herankam? ›Panic Girl‹ war ein Überraschungserfolg geworden. Dabei hatte er eigentlich nur die Geschichte seiner ersten Liebe Carina erzählt. Die ihn nicht wollte, obwohl die Zuneigung gegenseitig, aber er nicht reich und smart genug war. Die sich an alle möglichen Playboys gehängt hatte, in der Hoffnung, dass einer sie vielleicht heiraten würde. Roman hatte ihren raschen Aufstieg als It-Girl aufmerksam verfolgt. Ebenso den schnellen Absturz, der nicht lange auf sich warten ließ – mit tödlichem Ausgang. Carinas Mörder lief immer noch frei herum. Da sie als Edelprostituierte galt, war die Polizei auch nicht gerade mit Volldampf an der Aufklärung interessiert gewesen. Er hatte sich nur andere Namen und ein fiktives Ende ausdenken müssen. Damit hatte sein kometenhafter Aufstieg begonnen. Und jetzt war *er* kurz davor, abzustürzen.

Roman klickte den unsäglichen Text weg. Er brauchte eine zündende Idee. Vielleicht sollte er im Internet reale Kriminalfälle checken? Möglicherweise fand er da eine Anregung. Motiviert machte er sich ans Werk. Wenig später stieß er auf eine Seite, die seine Neugier weckte. Details zu echten Morden wurden auf www.moecl.at versprochen. Als er sie anklickte, stand dort als ausgeschriebener Name: Mörder-Club.at. Na, das klang doch vielversprechend!

Im Impressum fand er eine Mailadresse. Dann ran an die Tasten!

Von: roman.kolanski@a1.at
An: mc@moecl.at
Betrifft: Anfrage
Lieber Mörder-Club,
Kann man eurem Klub beitreten und wenn ja, wie?
Hoffe auf baldige Antwort,
Euer Roman

Eine Stunde später war eine Antwort da.

Von: mc@moecl.at
An: roman.kolanski@a1.at
Betrifft: Re: Anfrage
Du willst beitreten? Schick uns die Beschreibung deines Mordfalles. Wir melden uns dann.
Lg
mc

Seines *Mordfalles*? Ach, die meinten sicher sein Buch! Klar, wenn sich jemand für Krimis interessierte, dann kam er wohl an ›Panic Girl‹ nicht vorbei. Er hatte noch die Erstfassung der Inhaltsangabe, als er plante, das Buch aus der Perspektive des Mörders in der Ich-Form zu schreiben. Was er dann nicht getan hatte, um die Polizei nicht auf dumme Ideen zu bringen. Das schickte er nun los.

Eine Woche später kam die Antwort.

Von: mc@moecl.at
An: roman.kolanski@a1.at
Betrifft: Mitgliedschaft
Dein Antrag wurde im Rundlauf genehmigt. Wähle ein Pseudonym aus der angehängten Liste aus. Alle schwarzen sind frei, die grauen sind vergeben. Namen, die mit einem Kreuz gekennzeichnet sind, kannst du auch nicht verwenden. Dabei handelt es sich um verstorbene Mitglieder, die wir trotzdem in Ehren halten möchten. Wir nennen keine Klarnamen, aber bitte nutze die Namen trotzdem gendergerecht. In deinem Fall wähle also einen Männernamen. Die genaue Identität kenne nur ich als Verwalterin der HP. Ich bin übrigens die Blutgräfin. Heinrich VIII. ist der Vize des Vereins. Er weiß natürlich auch über alles Bescheid.

Zum Kennenlernen der anderen Mitglieder kannst du in den Gruppenchat einsteigen. Such dir einen Namen aus der Liste aus, steig ein und ändere das vorgegebene Passwort, das wir dir separat per Mail schicken, auf ein beliebiges. Wir freuen uns auf dich.

Lg
mc

Roman klickte auf die Liste. Himmel, was waren denn das für abgefahrene Namen?

Lord Voldemort
Gollum
Die Herzkönigin
Käpt'n Hook

Dschafar
Medusa †
Lukrezia Borgia
Der Zodiac-Killer †
Ted Bundy
Joker
Hannibal Lecter
Sauron
Blofield
Darth Vader
Severus Snape
Loki
Lex Luthor
Coriolanus Snow
Frankenstein
Nosferatu
Freddy Krueger †
Michael Myers
Poison Ivy
Jack Torrance
Regan McNell †
Cruella
Malefiz
Phantom of the Opera
Vlad Teppes
Mephistofeles
Belzebub †
Die Blutgräfin
Shir Khan †
Kardinal Richelieu
Heinrich VIII.
Jack the Ripper

Nach kurzer Überlegung entschied sich Roman für *Joker* und teilte das dem Mörder-Club mit. In einer kurzen Antwort wurde ihm die Übermittlung seines Mitgliederbuttons angekündigt. Dann stieg er in den Chatroom ein. Mann, was lief denn da?

Joker: *betritt den Raum*
Blofield: Hat einer von euch Tipps, wie man lästige Nachbarn unauffällig verschwinden lassen kann?
Voldemort: Du bist doch sportlich. Nimm sie mit auf einen Berg. Abgestürzt ist schnell einer.
Blofield: Die Nachbarin ist über 70!
Loki: Na, umso besser. Die würd eh nicht mehr wachsen.
Cruella: Raubmord vortäuschen. Kann für dich doch kein Problem sein .*grins*
Voldemort: Hi, Joker!
Cruella: Grüß dich, Joker!

Auch wenn Roman jetzt ein wenig mulmig zumute war, wollte er sich mal melden. Er tippte ein einfaches »Hallo, ich bin hier neu«.
Blofield: Hi, Joker!
Loki: Haben wir schon gesehen. Na, was hast du denn angestellt, dass du hier Zugang bekommen hast?
Joker: Ich dachte, das wisst ihr alle.
Cruella: Klar, aber wir wollen ein paar schmutzige Details.
Phantom of the Opera: Geh, verschreckt den armen Kerl nicht gleich.
Voldemort: Leute, ich brauch einen guten Anwalt. Ich sitz immer noch im Häfen.
Nosferatu: Untersuchungshaft oder schon verurteilt?
Voldemort: Ersteres.
Nosferatu: Da kann ich sicher was deichseln. Ich bin Anwalt.

Wechsle in den Privatchat. Dann können wir eine Strategie ausarbeiten.
Voldemort: *wechselt in Raum 1 privat*
Cruella: Anwalt! Nosferatu, du alter Schlingel. Du bist doch der, der auch den schlimmsten Vergewaltiger und den ärgsten Serienmörder raus haut. Du bist so was wie unser Consigliere!
Nosferatu: Schatzi, zu viel der Ehre …
Poison Ivy: Ja, mir hat er auch geholfen! Er ist der Hit!
Nosferatu: Na, bei dir war es nicht schwer. War doch ein Unfall! ;-)
Poison Ivy: Aber die im Gericht haben mir fehlende Reue diagnostiziert.
Nosferatu: Na ja, nicht jeder versteht, dass man für eine Reise nach Sydney alles tun würde.
Nosferatu: *wechselt in Raum 1 privat*
Poison Ivy: Bin eh grad wieder dort. So geil, ich sag euch, sobald ich einen Mann hier find, bleib ich in Australien!
Cruella: Tu das, aber erst nach dem Treffen, gell? Du bist schließlich unsere Schriftführerin.
Nosferatu: *betritt den Raum*
Phantom of the Opera: Leute entschuldigt, dass ich unterbreche, aber ich brauch auch Hilfe! Ich bin jetzt seit drei Monaten in der Psychiatrie, wo mich meine liebe Schwägerin reingebracht hat.
Voldemort: *betritt den Raum*
Nosferatu: Da kann ich leider gar nichts für dich tun.
Cruella: So ein Mist, Phantom. Was hast du denn angestellt? Wieder Möbel aus den Fenstern geschmissen?
Nosferatu: *wechselt in Raum 1 privat*
Phantom of the Opera: Nein, ich wollt meine Family mit Schwammerln vergiften.
Cruella: Und warum hat das nicht geklappt?

Phantom of the Opera: Die Schwägerin hat mich blöderweise heimlich beobachtet.
Severus Snape: Na und da sollen wir noch Mitleid mit dir haben?
Phantom of the Opera: Es war alles total ausgeklügelt.
Severus Snape: Na eben nicht, sonst hätte es ja geklappt, oder?
Severus Snape: *flüstert zu Poison Ivy* – Hi, Schnecke, wie geht es dir? Hab Sehnsucht.
Poison Ivy: *flüstert zu Severus Snape* – Ist deine Frau schon wieder auf Kur?
Severus Snape: *flüstert zu Poison Ivy* – Bingo!
Poison Ivy: *flüstert zu Severus Snape* – 10 Uhr Hotel Orient, Zimmer 231?
Severus Snape: *verlässt den Chat und loggt sich aus*
Poison Ivy: *verlässt den Chat und loggt sich aus*
Phantom of the Opera: Ja, immer auf die armen Kranken losgehen *heul*!
Die Blutgräfin: Kommts, ned streiten! Wir sind ein loyaler Verein.
Cruella: Ma, die Präsidentin sagt auch einmal was.
Die Blutgräfin: Was willst damit sagen? Dass ich nichts tu? Ich hab grad Stunden an unserer Vereinswebsite gesessen und die Pakete an euch bestückt und beschriftet. Sogar Aufkleber gibt's heuer und T-Shirts.
Heinrich VIII.: Genau, und ich hab mitgeholfen. Ihr solltet schon a bisserl Respekt vor dem Vorstand zeigen.
Cruella: Werden wir sonst geköpft? *rofl*
Jack the Ripper: Cruella, ich glaub ich komm bald mal in der Nacht rüber zu dir.
Cruella: Hui, Jack, da krieg ich aber Angst vor deinem langen Schw… ähm … Messer ;-)
Jack the Ripper: *wechselt in Raum 2 privat*

Cruella: *wechselt in den Raum 2 privat und schließt ab*
Heinrich VIII.: Sie hört auch nie auf, bei dir zu baggern, Jack. *lol*
Die Blutgräfin: Der kann dich nimmer hören, Heinrich ;-)

Roman fand, er sollte sich jetzt ausloggen. Er sollte drüber nachdenken, ob er wirklich in diesem Haufen verrückter Mörder oder einfach durchgeknallter Typen, die sich für Mörder hielten, Mitglied werden wollte. Was, wenn da einer auf die Idee kam, ihn um die Ecke zu bringen?

Drei Tage später kam ein kleines Päckchen mit dem Klubabzeichen. Adressiert an Roman Polanski. Roman musste grinsen. Nicht zum ersten Mal verwechselte ihn da jemand mit dem berühmten Regisseur. Dabei war der zwei Generationen älter als er. Ein schwarzer Button mit einem roten Muster drauf lag in einer kleinen Schatulle, die mit rotem Samt ausgeschlagen war. Erst beim genaueren Hinsehen erkannte er, dass dieses Muster einen Totenkopf darstellte. Sehr raffiniert!

In den vergangenen Tagen hatte er lange darüber nachgedacht, ob er sich dieser Gesellschaft anschließen sollte. Jetzt war er überzeugt davon, dass es sich vermutlich nur um einen Haufen Spinner handelte, die den anderen vormachten, dass sie grausame Mörder waren. Er stieg in den Chat ein.

Phantom of the Opera: Ich hab die Einladung zum Treffen erhalten, aber ich sitze immer noch in der Psychiatrie. Jemand eine Idee, wie ich da rauskomm? *heul*
Malefiz: Da hab ich was in Planung! *G*
Phantom of the Opera: Ehrlich? Du bist ein Wahnsinn! :-D
Malefiz: Besser, du weißt nix vorher … damit du auch überrascht bist.
Phantom of the Opera: Wann?

Malefiz: Bald ;-)
Phantom of the Opera: Rechtzeitig zum Jahrestreffen?
Malefiz: Klar, sonst hat es ja keinen Sinn. Lass mich nur machen.
Phantom of the Opera: Wenn du das schaffst, hast echt was gut bei mir!
Malefiz: Ja, ja, lad mich auf einen grünen Apfelshot ein. *kicher*
Phantom of the Opera: Es ist jetzt eh leichter, bin schon im offenen Bereich und nicht mehr fixiert in der Nacht.
Malefiz: Dann beherrsch dich und stell in der Zwischenzeit nichts Blödes an!
Phantom of the Opera: Keine Angst! Ich bin Musiker, wir sind doch generell nicht kriminell.
Gollum: Nein, wir sind nicht kriminell, sind wir nicht, halt den Mund, du doofer Pianist! Wer hat was gesagt. Der da! Der mit der Posaune.
Nosferatu: Na, da zieht jemand sein Alter Ego bis zum Exzess durch. *lach*
Frankenstein: Diese Künstler werden uns eines Tages noch das Genick brechen! *rofl*
Nosferatu: Frankie!! Altes Haus, wo warst du denn die ganze Zeit?
Frankenstein: Hab ein paar Frauen zersägt und anders wieder zusammengesetzt. Schaut geil aus, mein Wachsfigurenkabinett aus Echthaut.
Darth Vader: Du bist mein Meister!!!
Phantom of the Opera: Da frag ich mich, warum Frankie nicht in der Geschlossenen sitzt.
Frankenstein: Weil ich nur ›Material‹ benutze, das niemand vermisst. Obdachlose, Stricher und all das Gesocks, das sonst noch so die Luft verpestet.
Nosferatu: :-D Gute Nachricht, Voldemort. *freu* Ich krieg

dich auf Bewährung raus. Wir brauchen allerdings ein bisserl Knete für die Kaution. :-/

Voldemort: Supi!! Wieviel brauchst denn?

Nosferatu: Nur 100.000, dann ist die Sache geritzt.

Voldemort: Shit! So viel borgt mir niemand.

Lukrezia: Kannst von mir haben. Schick mir die Kontonummer, aber bitte über Russland oder Afrika, und doppelt verschlüsselt!

Nosferatu: Schick es direkt an mich, ich sende dir gleich alle Daten. Dann ist der Voldemort in zwei Tagen schon draußen.

Voldemort: Tausendmal danke! Was täte ich nur ohne euch! <3

Nosferatu: *verlässt den Chat*

Loki: Will auch Geld!

Lukrezia: Rutsch mir den Buckel runter!

Loki: Du hast einen Buckel?

Lukrezia: Blödmann!

Coriolanus Snow: Kindischer Verein! Hat jemand eine Motorsäge?

Lukrezia: Wozu brauchst die denn?

Coriolanus Snow: Meine hat gestern den Geist aufgegeben, hab leider eine Leich mit einer Knochenkrankheit erwischt, die waren voll hart, die Dinger.

Lukrezia: *verlässt den Chat*

Joker: *betritt den Raum*

Joker: Ich bin wieder da!

Cruella: Wo warst denn so lange?

Loki: Am Klo. Hat sich angeschissen, als er unsere Unterhaltung mitgekriegt hat.

Blofield: Loki, schleich dich aus dem Chat. Du bist echt unerträglich blöd.

Joker: Ich hab heute den Button bekommen. Wofür brauch ich den?

Voldemort: Einmal im Jahr gibt es ein Treffen. Heuer in Baden. Und da ist das unser Erkennungszeichen.

Joker: In Baden? Gehen wir da ins Arnulf Rainer Museum 113?

Loki: Wozu? Hab ich dort Verwandte?

Cruella: Du sicher nicht, Loki. Deine wohnen im Urwald auf den Bäumen.

Loki: Was soll denn das heißen?

Voldemort: Dass sie Affen sein müssen ;-)

Loki: Haha. Wetten, der Joker kommt ohne Button, weil er die Hosen gestrichen voll hat?

Cruella: Loki, wieso bist du noch immer da?

Phantom of the Opera: Ich arbeite schon an einem Plan, wie wir den kleinen Scheißer loswerden.

Loki: Super!

Blofield: Da hat der falsche Mann überlebt, echt jetzt.

Joker: Keine Angst, ich komm schon, ist sicher interessant, außerdem war ich noch nie im Casino 114.

Loki: Du warst noch nie spielen? Da hast was versäumt!

Blofield: Ja, deine Schulden, Loki? *rofl*

Loki: Jetzt geh ich aber, ihr seid alle so gemein!

Loki: *loggt sich aus*

Joker: Spielen hat mich nie interessiert. Aber das Ambiente ist sicher auch so schön.

Voldemort: Wie hochgestochen der redet! *lol* Das Ambiente …

Cruella: Na, endlich mal ein eloquenter Mann. Die meisten hier haben ja bestenfalls mittlere Reife.

Gollum: Wir haben Reife, ja, nicht nur mittlere, wir sind ausgereift, komplett ausgereift. Haben mehrere Leben gelebt. Junge und alte Leben. Ja.

Cruella: Mann, ich halt den nimmer aus. Das ist ja kein LARP Game!

Gollum: Frau will uns mundtot machen. Aber wir lassen das nicht zu, wir sind auch Menschen!
Gollum: *verlässt den Chat*
Lukrezia: *betritt den Raum*
Malefiz: Ich hab die alte Motorsäge im Schuppen von meinem Papa gefunden, kannst dir heute noch holen, Snow!
Coriolanus Snow: Funktioniert sie? Es warat dringend, die Resteln von der Leich miachteln schon.
Malefiz: Sie ist a bisserl verstaubt und schon in die Jahre gekommen, aber gut in Schuss.
Coriolanus Snow: Danke, ich fahr gleich los. Wohnst immer noch in der Blutgasse in Wien?
Malefiz: Klar, wie damals ;-) Soll ich mich schick machen?
Coriolanus Snow: Schön wär's, aber die Leich ist wichtiger wie der Trieb, vielleicht wenn i die Säg zurückbring? <3
Malefiz: Wenn noch a bisserl Blut drauf ist, würd mich das echt anturnen.
Phantom of the Opera: Aber Leute, können wir diesmal nicht einfach nur Spaß haben?
Lukrezia: Was meinst denn?
Phantom of the Opera: Na, immer wenn wir uns treffen, geht einer drauf.
Coriolanus Snow: Das liegt wohl an unserem Beruf.
Frankenstein: Beruf*ung*, meinst wohl.
Phantom of the Opera: Aber wir haben eh schon so wenig Mitglieder *traurig*. Vor allem die Frauen gehen uns aus.
Poison Ivy: Hast Notstand?
Phantom of the Opera: Na ja, meine letzte feste Freundin hab ich auf der Uni gehabt.
Poison Ivy: Na, du musst halt ein bisserl forscher werden.
Coriolanus Snow: Wenn er die halbe Lebenszeit in der Psychiatrie gesessen ist, dann kann er doch froh sein, überhaupt mal eine gehabt zu haben.

Lukrezia: Snow! :-O
Phantom of the Opera: Wieso redest du in der dritten Person mit mir?
Coriolanus Snow: Vielleicht hab ich gar nicht mit dir geredet. *lol*
Phantom of the Opera: *verlässt den Chat und loggt sich aus*
Die Blutgräfin: *verlässt den Raum*
Die Blutgräfin: *lädt dich in Raum 5 privat ein.*
Die Blutgräfin: *flüstert zu Joker* – Du musst die Einladung annehmen.
Joker: *betritt Raum 5 privat*
Die Blutgräfin: *schließt ab*

Im Privatchat informierte die Blutgräfin Roman offiziell darüber, dass das jährliche Treffen auf neutralem Boden anstand. Ab 17. September 19 Uhr. Treffpunkt: Casino Baden. Erkennungszeichen: Clubbutton am Revers.

Der 17. September war ein Donnerstag und bis dahin war es nur noch ein Monat. Roman hoffte inständig, dass die seit zwei Monaten anhaltende Hitzewelle dann ein wenig abgeklungen wäre. Bei weit über 30 Grad würde er sich nur ungern in einen dunklen Anzug mit Krawatte zwängen.

Der Tag der Abreise nach Baden rückte näher. Was sollte er an Kleidung mitnehmen, abgesehen von dem Anzug fürs Casino und seinem Pyjama mit den Streublumen drauf? Er musste noch einmal in den Chat mit den anderen. Denn die hatten ja vermutlich schon länger Erfahrung.

Joker: *betritt den Chat*
Joker: Ist da wer?
Loki: Klar, immer. Außerdem hast du rechts ein Kasterl, da steht genau drin, wer in welchem Raum ist.

Ausgerechnet. Der unsympathische Angeber.
Joker: Wieso haben die letzthin gemeint, dass der Falsche überlebt hat?
Loki: Weil ich mein Bruderherz um die Ecke gebracht hab :-)
Joker: Ach! Und wie?
Loki: Hab die Seile an seinem Gleitschirm ein bisserl geritzt ;)
Joker: Und dann ist er abgestürzt?
Loki: Zuerst bin ich abgeschmiert. Aber der Depp hat nicht damit gerechnet, dass ich immer Glück hab. Immer!
Joker: Du hast einen Absturz überlebt? Echt jetzt?
Loki: Nein, unecht. Hier sitzt ein Geist. *lach*
Phantom of the Opera: Loki, halt den Schnabel. Hallo, Joker. Ich bin übrigens draußen! Die heiße Krankenschwester hat es echt drauf. Leider bin ich nicht ihr Typ *schmoll*. Aber ich kann jetzt auch zum Treffen kommen. Bin voll happy :-D
Joker: Gratuliere!
Nosferatu: Voldemort hat's auch geschafft. Heute wird er aus der U-Haft entlassen.
Poison Ivy: Nossi, du bist der Größte! *spring*
Nosferatu: Ich weiß, Schätzchen, und ich hab auch den größten … *fg*
Poison Ivy: Einbildung ist auch eine Bildung ;)
Phantom of the Opera: Und wir sehen daran, dass die meisten Soziopathen Narzissten sind.
Nosferatu: Ja, genauso wie die Künstler. *lol* Wer hat denn sechs Facebook-Seiten?
Joker: Leute, was ich euch fragen wollte: Was an Kleidung nehm ich mit? Abendanzug fürs Casino geht klar, aber sonst?
Loki: Die Fliegerkombi, den Tauchanzug, das Himalaja-erprobte Zelt, Helm, die Reitgerte …
Voldemort: Loki, du Arsch, hau ab. Oder halt den Mund.
Loki: Ich sag doch gar nix. *lol*
Poison Ivy: Ganz normale Tageskleidung. Bisserl sexy. Knall-

enge Jeans, ein paar hübsche Hemden, Badehose, falls wir ins Thermalbad gehen, und irgendwas Bequemes für den Abend am Lagerfeuer.

Voldemort: Seit wann haben wir im Thermalbad was an? Und ein Lagerfeuer? Wo machen wir das? Im Hotel?

Loki: Apropos Hotel. Wo wohnen wir denn?

Poison Ivy: Für dich haben wir ein Standl am Grünen Markt reserviert.

Loki: *schmoll*

Die Blutgräfin: Wir wohnen im ›At the Park Hotel‹ 115, das ist ganz nah beim Casino.

Voldemort: Chefin! Du bist auch wieder mal da.

Loki: Nobel, nobel! Und wer zahlt das alles? :-O

Coriolanus Snow: Na du, du miese Ratte!

Die Blutgräfin: Keine Bange, Loki, das wird von den Mitgliedsbeiträgen bezahlt, wie jedes Jahr. Heuer hatten wir ordentlich Mitgliederzugänge und haben deshalb Überschuss, auch weil ich die Website selbst relauncht hab.

Jack the Ripper: Super Hotel! Wie checken wir dort ein? Unter Klarnamen?

Die Blutgräfin: Wohl eher nicht, oder? Wir heißen alle Meier, Müller, Bauer, Gruber und so weiter.

Loki: Und wie erfahren wir, wer wer ist?

Die Blutgräfin: Jeder von euch, der am Wochenende teilnimmt, bekommt von mir eine Nummer. Das ist die Zimmernummer. Die nennt ihr und bekommt euren Schlüssel. Keiner wird Fragen stellen. Der Portier ist mit einem kleinen Geschenk ruhiggestellt worden.

Phantom of the Opera: Aber dann wissen wir immer noch nicht, wer wer ist.

Die Blutgräfin: Ich schreibe im geheimen Bereich unserer Website eure Chatnamen neben die passenden Nummern.

Poison Ivy: Haben wir alle Doppelbetten im Zimmer?

Heinrich VIII.: Wieso fragst du?
Poison Ivy: Na, ich bin Flugbegleiterin, ich bin es gewohnt, auf jeder Reise einen netten Herrn aufzugabeln, oder auch zwei.
Jack the Ripper: Platz ist in der kleinsten Hütte, wenn man will. *G*
Poison Ivy: Aber ich brauch ein großes Bett für danach.
Jack the Ripper: Bei mir gibt's kein Danach. *kicher*
Coriolanus Snow: Malefiz, soll ich dir die Säge mitnehmen?
Die Blutgräfin: Ins Hotel? Bist du wahnsinnig?
Coriolanus Snow: Ich frag ja nur. Blut wär drauf.
Malefiz: Hab mich eh schon gefragt, ob du mit deinem Langzeitprojekt irgendwann einmal fertig wirst ;-)
Phantom of the Opera: Also, ich freu mich auf den Neuen. Bin schon sehr gespannt, wie der ausschaut, der Herr Autor.
Joker: Woher weißt du, was ich von Beruf bin?
Phantom of the Opera: Na ja, wo du doch so eloquent bist. *G*
Joker: Ich geh jetzt packen. Bis bald.
Joker: *verlässt den Chat*
Phantom of the Opera: *verlässt den Chat*
Coriolanus Snow: Die zwei sind wie Weiber, die immer gemeinsam aufs Klo gehen. Geht der eine, geht der andere auch. *lol*
Lukrezia: *rofl*

Wieder einmal beschlich Roman ein eigenartiges Gefühl. Angst? Nein, nur ein gewisses Unbehagen. Die waren doch alle richtig durchgeknallt. Und sie wussten zu viel. Aber heutzutage wurde man doch überall abgehört und beobachtet. Vorsichtig blickte er zwischen den Gardinen nach draußen. Stand dort an der Lampe nicht einer? Und was tat er da? Jetzt sah er nach oben, genau in sein Fenster. Roman zuckte zurück, drehte das Licht ab und schloss die Gardinen. Andererseits – was sollte passieren? Immerhin trafen sie sich in der Öffentlichkeit, wohnten in einem tollen Hotel, im Casino gab es bestimmt auch Sicherheitspersonal – also worüber zerbrach er sich den Kopf? Müde schaltete er den Rechner ab, schleppte sich zum Bett und schaffte es grade noch, seinen Pyjama mit den roten Rennautos anzuziehen, bevor ihn der Schlaf übermannte.

Mit dem schönen Gefühl, dass sich sein Leben heute zum Positiven verändern würde, erwachte Roman. Keine Ahnung, woher das kam. Am Abend war er noch so unsicher gewesen. Er packte Zahnputzzeug und Hausschuhe in den Koffer, lud ihn ins Auto und machte sich auf den Weg nach Baden. Wunderschön romantisch war der Weg durchs Helenental. Das Lied vom kleinen Wegerl im Helenental kam ihm in den Sinn. Er summte ein paar Takte. Nur der wahnsinnige Sportwagenfahrer, der ihn in einer unübersichtlichen Linkskurve überholte, trieb ihm kurzzeitig den Schweiß auf die Stirn. Was hatte denn der eingeworfen?

Das Hotel war leicht zu finden. Als er seinen Wagen am hoteleigenen Parkplatz abstellte und mit seinem Gepäck Richtung Aufzug schlenderte, sah der den tomatenroten Ferrari, der ihn so blöd überholt hatte. Ob der auch zu ihrer Truppe gehörte? Nicht ganz von der Hand zu weisen. Das war ja ein typisches Narzissten-Fahrzeug. Ob es dem gehörte, der im Chat behauptet hatte, den Längsten zu haben? Würde passen. Roman grinste in sich hinein. Die waren schon alle ein bisschen durchgeknallt. Aber wie durchgeknallt war eigentlich er selbst, wenn er da mitmischte?

Ohne Zwischenfälle erreichte Roman sein Zimmer, packte seine Utensilien aus und zog sich für den Casinobesuch um. Im Badezimmerspiegel warf er noch einen Blick auf seine Erscheinung. Fesch! Ungewohnt seriös, aber sehr fesch.

Er schlenderte gemächlich zum Casino, einem beeindruckenden Gebäude neben dem Kurpark [116], und sah dahinter die Sommerarena [117]. Dort war er schon einmal gewesen. Er konnte sich nur nicht erinnern, wann das gewesen war und was er dort gesehen hatte.

Der Fahrstuhl ratterte nach unten. Neben mir knutschte ein Pärchen. Sie keuchte, als würde sie mit dem Ertrinken kämpfen. Das wunderte mich nicht. Der Typ hatte unglaubliche Schlauchbootlippen und drückte diese derart heftig auf ihr Gesicht, dass er damit auch ihre Nase verschloss. Ekelhaft. Ich senkte den Blick, sah auf meine glänzenden Schuhspitzen und würgte. Der Krawattenknoten drückte unangenehm auf meinen Kehlkopf, ich zupfte daran. Seltsam eingesperrt fühlte ich mich in dem Ding. Das lag vermutlich daran, dass ich wochenlang fixiert im Bett gelegen hatte. Dieses Gefühl meiner eingeengten Hand- und Fußgelenke setzte sich jetzt am Hals fort. Das Schmatzen neben mir wurde lauter und ging in ein Stöhnen über. Ich wischte die Schweißperlen von meiner Stirn, zwängte meinen Zeigefinger durch den Knoten an meinem Hals, lockerte ihn etwas, öffnete den ersten Knopf des Hemds und schnappte gierig nach Luft. Besser. Als die Lifttür aufging, trat ich nach draußen. Die Tür schloss sich beinahe lautlos und fuhr mitsamt dem Pärchen wieder nach oben. Verrückte Welt! Gebannt sah ich mich um. Noch nie war ich in einem Casino gewesen. Lichterglanz, blinkende Leuchtanzeigen, Stimmengewirr, Gelächter und Pling-Geräusche umgaben mich. Jemand klopfte mir auf die Schulter. Es war Malefiz, die Krankenschwester, die mich aus der Psychiatrie geholt hatte. »Hey, Heinrich, oder besser gesagt: Phantom. Wie geht es dir?«

»Danke gut, und danke noch mal für deine Hilfe.«

»Gern geschehen. Komm mit, wir sind alle da hinten.«

Sie geleitete mich zum Roulettetisch. Ich blickte in die Runde. Lauter bekannte Gesichter lächelten mich an, alle waren hier. Ich begrüßte einen nach dem anderen. Dann sah ich ihn. Drüben beim Glücksrad. Roman Kolanski. Das konnte doch nicht wahr sein. War Roman der Neue, oder war er zufällig hier? Ich lief zum Glücksrad und zwinkerte ihm zu. Auf seinem Revers glänzte der Totenkopf-Button. Er war tatsächlich Joker. »Hey«, flüsterte ich. »Schöne Überraschung.«

Roman hob die Augenbrauen, als er meinen Button sah, und nickte wissend. »Seit wann bist du in diesem Klub, Heinrich?«

»Schon seit mehr als einem Jahr.«

»Wahnsinn, wie lange haben wir uns nicht mehr gesehen?«

»Zuletzt beim Uni-Jahrgangstreffen, weißt du noch?«

»Ja, da warst du noch mit Theres zusammen, der japanischen Pianistin. Gibt es die noch?«

»Leider nein. Die liegt am Zentralfriedhof.«

Der Croupier klopfte ihm auf die Schulter. »Entweder spielen Sie oder gehen an die Bar. Aber nur rumstehen und reden geht nicht, Sie versperren den anderen Leuten nur die Sicht und verwirren sie.«

Ich drehte mich zu Roman um, aber der stand nicht mehr neben mir. Schulterzuckend ging ich zum Roulettetisch zurück, wo die anderen saßen, und setzte mich. Und dann passierte es. Etwas, worauf ich mein Leben lang gewartet habe. Ich sah sie. Sie saß am Ende des Tisches und lachte. Es war diese seltene Art Lachen, die einem warm ums Herz werden und Schmetterlinge im Bauch tanzen lässt. Ein Lachen, das einen so tief berührt, dass man sich wünscht, von ihm davongetragen und umarmt zu werden. Ein Lachen, das alle Sorgen vergessen lässt und alle Probleme in Nichts auflöst. Mein ganzer Körper vibrierte. Meine zitternden Hände verbarg ich peinlich berührt unter dem Tisch, aber ich konnte meine Augen nicht von ihr abwenden. Ihr langes Haar fiel in einer Kaskade dunkler Locken bis auf den grünen Samt des Tisches, auf dem eine stattliche Anzahl von Chips lag. Ihr Lachen erreichte jedes Mal ihre Augen, die von dichten dunklen Wimpern umrahmt wurden und deren Iris in einen sanften Bernsteinton getaucht waren. Auf den Wangen tanzten zarte Sommersprossen, ebenso auf der Nase, die einen eleganten Schwung aufwies. Es war keine dieser schnuckeligen Himmelsfahrtnasen, wie sie Kleinkinder hatten, und genau das mochte ich neben ihrem Lachen sofort an ihr. Sie trug ein rotes Seidentop, tief ausgeschnitten, die Brüste schienen echt zu sein, denn sie zeichneten sich nur ganz leicht unter dem Top ab. Eine Handvoll, schätzte ich, genauso, wie ich sie mochte. Der Rest ihres Körpers blieb unter dem Tisch verborgen, was mich schier wahnsinnig machte, weil meine Vorstellung Purzelbäume schlug. Mit ihren langen Fingern fuhr sie sich spielerisch durch die Locken und zwirbelte immer wieder eine Strähne zwischen Daumen und Zeigefinger. Die Fingernägel leuchteten in einem irisierenden Rotton. Wie gebannt starrte ich sie an und blieb an ihren Lippen hängen, die wie reife Kirschen glänzten. Speichel füllte meinen Mund. Ich schluckte und leckte mir über die ausgetrockneten Lippen. Es pochte in meinem Schritt und drückte schmerzend auf die Reißverschluss-Naht meiner Hose. Herrgott, was für eine Erscheinung! Ich schluckte wieder.

In diesem Moment jauchzte sie und rief: »Gewonnen! Schon wieder. Ich geb eine Runde aus!«

Dabei sah sie mir tief in die Augen, und für einen Moment setzte mein Herzschlag aus. Alles rund um mich verschwamm zu einer bunten Masse, da war nur noch sie, sie, sie. Und etwas sagte mir, dass es ihr genauso ging, denn ihr Lachen verstummte und ihre Augen versanken in den meinen.

Ein Johlen drang an mein Ohr. »Danke Angelika!«, rief

jemand. Angelika … natürlich, der perfekte Name für einen Engel. In meinem Kopf spielte ein Orchester, im Geiste sang ich: Angelika … i just met a girl named Angelika , and suddenly a sound will never be the same to meeeee, Angelika … Mist! Ich drehte richtig durch. Dann sah ich Roman, der mir zuzwinkerte und hinter Angelika trat. Nein!

Roman trat hinter eine schöne Frau. »Hallo, ich bin Joker.«

Sie blickte sich nicht um, schob aber einen Stapel Plastikchips auf die Zahl 7. »Grüß dich!«

Galt das ihm oder dem Kerl, der plötzlich an ihrer Seite aufgetaucht war?

»Darf ich fragen, wer du bist?«

»Klar. Ich bin Lukrezia alias Angelika. Und du?«

»Rainer, freut mich!«, brüllte der andere, bevor Roman einen Ton herausbrachte.

Der Croupier sammelte die Chips ein und schob einen weiteren Haufen vor Angelika, die ihn dem Kellner weiterreichte.

»Einmal Kir Royal für alle am Tisch!« Sie packte ihren Gewinn in ein Plastikkörbchen und stand auf.

Roman begrüßte alle artig und setzte sich neben Angelika. Nicht nur Angelika, auch der Haufen an Spielchips in ihrer Tasche machte ihn nervös. Die hätte er gut gebrauchen können. Nicht zum Spielen, sondern um sein mageres Budget damit ein wenig aufzufetten. Nach seinem großen Erfolg mit ›Panic Girl‹ hatte er sich finanziell etwas übernommen. Er hatte ja gedacht, dass er jetzt einen Bestseller nach dem anderen rausschmeißen würde. Doch seine Fantasie hatte ihn schmählich in Stich gelassen, und schon bald saß er finanziell auf dem Trockenen. Ob er …? Warum nicht?

Er fischte das kleine Fläschchen mit den K.o.-Tropfen aus der Sakkotasche. Als alle durch die Ankunft von Heinrich und Jacqueline abgelenkt waren, ließ er unauffällig ein paar

Tropfen in Angelikas Glas fallen. Wenn die Gute einnickte, würde er ein paar ihrer Chips einkassieren.

Mit Entsetzen beobachtete ich Roman, meinen Freund seit Kindertagen. Wir hatten uns zwischenzeitlich zwar immer wieder aus den Augen verloren, aber echte Freundschaften konnte das nicht zerstören. Aber was Roman jetzt tat, sehr wohl. Er wollte Angelika vergiften, eindeutig. Das ging wirklich zu weit. Ich musste sie retten! Bloß wie? Im Augenwinkel sah ich, dass Rainer ein Pulver in ein anderes Glas mischte, das er an Marions Platz stellte. Sicher Schlafmittel, Rainer ließ ja nichts anbrennen. Das war nicht das erste Mal, dass er so zu einem Schäferstündchen kam. Im selben Moment formte sich eine Idee in meinem Kopf. Ich schlenderte zu den anderen rüber und vertauschte elegant und unauffällig drei Gläser miteinander. Im Grunde war es mir egal, wer von den anderen abkratzte, denn sie waren alle Schwerverbrecher, aber Angelika musste beschützt werden. Ich konnte mir nicht vorstellen, dass dieses elfenhafte Wesen jemals einen Menschen umgebracht hatte. Um sicherzugehen, stellte ich mein eigenes Glas vor Angelika ab, denn an dem konnte noch niemand dran gewesen sein. Angelikas Glas kam ganz an den anderen Rand des Tisches, und ich wartete ab.

Poison Ivy alias Marion wieselte davon, und Loki alias Florian ließ sich auf ihren Sessel plumpsen. Der war ja noch ein Kind! Sein Haar war zu lang, fiel bis auf die Schultern, und Benehmen hatte er auch keins. Er legte doch glatt seine schmutzigen Schuhe auf den Tisch.

»Runter mit den Latschen!« Die Blutgräfin, alias Jacqueline, klang ärgerlich.

»Leck mich! Du bist nicht meine Mama!«

»Gott, könnte den Deppen nicht einer im Undinebrunnen ertränken? Der geht mir sowas von auf den Geist.« Lord Voldemort, im echten Leben Rainer, sah aus, als würde er am liebsten gleich zur Tat schreiten.

»Welchen Geist?«, fragte Blofield, der eigentlich Jan hieß, und lachte prustend.

»Super Idee«, meinte Coriolanus Snow, der Professor Ralf Schneider, und schubste Florians Füße vom Tisch, woraufhin der fast mit dem Stuhl umgefallen wäre.

Roman überlegte, ob er nicht auch mal einen Schluck nehmen sollte. Aber welches war sein Glas? Es sah fast so aus, als wäre das ein Stück weiter gewandert. Oh Mann! Welches Glas gehörte wem? War nicht einfach festzustellen, da alle Kir Royal tranken, den Angelika ausgegeben hatte. Er wollte ja nicht gerade seine eigenen K.o.-Tropfen aussüffeln.

In dem Moment stürzte Marion an den Tisch. »Habt ihr meine Glückssträhne gesehen?« Sie schnappte sich ihr Glas und stürzte den Inhalt hinunter. Es war dasjenige, an dem sich Rainer zu schaffen gemacht hatte. Gleich darauf sank Marion auf einen Sessel, verdrehte die Augen und wurde bewusstlos.

»Kinder, nehmt eure Gläser, wir gehen spielen!«, rief Blofield, mit Klarnamen Jan, ohne weiter auf Marion zu achten. Also schnappten sie ihre Gläser und gingen quer durch den Raum zu einem wenig besetzten Roulettetisch. Die Gläser stellten sie auf einem Stehtisch in der Nähe ab. Roman bemerkte, als er gerade verlor und Angelika wieder massenhaft gewann, dass ein Kerl mit speckigem Anzug und dreckigen Schuhen an den Tisch von vorhin trat und die Gläser der Reihe nach leerte. Kurze Zeit später sank er in einer Ecke langsam zu Boden. Das waren wohl die K.o.-Tropfen gewesen. Schmarrn! War wohl nichts mit Aufbesserung der Kasse.

Angelika fragte, ob sie nicht gehen und den Abend im Hotel ausklingen lassen sollten. Malefiz alias Gabriele fand, das sei eine gute Idee. Da konnten sie besser miteinander quatschen. Und es gab natürlich viel zu erzählen.

Roman war erleichtert, als sie alle zusammen aufbrachen. Er hatte null Bock darauf, dass jemand den schlafenden Kerl in der Ecke fand und ihn vielleicht mit einem von ihnen in Verbindung brachte.

Sie trafen sich in der Hotelbar. Angelika hatte im Casino ihre Chips in Geld gewechselt, und ihre Handtasche sah mit den vielen Scheinen drinnen aus wie ein Kugelfisch.

»Willst du die Tasche nicht nach oben bringen?«, fragte Jacqueline. »Sonst kommt Florian noch auf blöde Ideen.«

»Der gehört um diese Zeit eh ins Bett.« Der Professor klang gereizt.

»Kümmer dich um deinen eigenen Kram, du alter Sesselpupser!«

»Florian, benimm dich. Sonst kriegst Stubenarrest«, mahnte der Professor.

»Na das schau ich mir an«, keifte Florian zurück.

»Ach, ihr seid alle so rührend besorgt um mich.« Angelika lächelte engelsgleich. »Ich würde jedem von euch mein Leben anvertrauen. Aber ich bring das Geld lieber in den Hotel-Safe. Bin gleich wieder da.«

Ich meldete mich auch kurz ab und ging in mein Zimmer, denn mein Hemd klebte förmlich an meinem Oberkörper, außerdem spannte meine Hose immer noch im Schritt. So nah an Angelika zu sein, hatte mich ordentlich schwitzen lassen und mein Blut in Wallung gebracht. Im Badezimmer riss ich mir den Stoff vom Leib und überlegte, ob ich schnell unter die kalte Dusche hüpfen sollte. Doch der Druck in meiner Hose ließ keinen klaren Gedanken zu. Rasch öffnete ich sie, machte mich ans Werk und schüttelte 30 Sekunden später erleichtert die letzten Tropfen in die Muschel. Völlig erledigt setzte ich mich auf den Badewannenrand und blickte auf die Hochflormatte. Auf dem Blau klebten zarte weiße Tropfen. Ich hatte im Eifer des Gefechts wohl nicht genau getroffen. Im Raum nebenan klingelte es. Mühsam erhob ich mich und nahm einen Anruf auf dem Hoteltelefon entgegen. Es war Romans Stimme. Aufgeregt fragte er mich, ob ich gesehen hätte, dass Marion gestorben war. Ich bejahte. Und dann fragte ich ihn, was er Angelika ins Glas gegeben habe. Er wurde total verlegen und erklärte mir, dass es nur ein leichtes Schlafmittel war, weil er an ihre Chips wollte. Er könnte ihr nie etwas antun! Roman mochte Angelika anscheinend genauso gern wie ich. Jedenfalls fassten wir zusammen einen Plan. Rainer musste unschädlich gemacht werden. Also rief ich Rainer an und erklärte ihm, dass Angelika ihm ein größeres Darlehen gewähren würde, er müsse dafür nur eine Bedingung erfüllen: So rasch wie möglich sollte er die Treppe rauflaufen und von ganz oben wieder zurück bis zu ihrem Zimmer rennen und anklopfen. Angelika würde öffnen. Danach sollte er in ihrem Zimmer bis an den Tisch robben, wo ein Kuvert mit Scheinen auf ihn warten würde, das er aber nur bekäme, wenn er danach alles täte, was Angelika ihm auftragen würde. All das sollte innerhalb von zwei Minuten geschehen.

»Oh Mann, so eine Scheiße«, schnaufte Rainer ins Telefon. »Dass sie so eine SM-Tussi ist, hätte ich ihr nie zugetraut.«

Ist sie auch nicht, du mieser Drecksack, dachte ich. Rasch legte ich den Hörer auf, begab mich nach draußen und fuhr mit dem Lift in den zweiten Stock, wo das Zimmer von Angelika lag. Noch im Gehen schloss ich meine Hose. Dass mein Oberkörper nackt war und nur die Krawatte locker um meinen Hals baumelte, störte mich nicht. Ich hatte eine Mission zu erfüllen. In einem Erker im Treppenhaus verbarg ich mich und wartete. Nach wenigen Minuten hörte ich Rainers Trampeln auf den Stiegen. Es dauerte nur den Bruchteil einer Sekunde. Genau in dem Moment, als Rainer um die Ecke bog, ließ ich elegant den Fuß hervorschießen. In hohem Bogen flog er die weiteren Treppen hinunter und rührte sich nicht mehr.

Roman tauchte grinsend im Flur auf und zog an meiner Krawatte. »Ich borg mir die mal aus. Man muss es richtig machen.«

Ich beobachtete, wie Roman die Krawatte um Rainers Hals legte und zuzog. So kannte ich ihn gar nicht. Was war bloß mit meinem alten Schulfreund passiert, dass er jetzt rumlief und grinsend mordete? Aber die Mission war immerhin erfüllt. Gemeinsam mit Roman schaffte ich den Leichnam in den Keller. Dort zerrten wir ihn in eine Besenkammer. Einträchtig marschierten wir dann die Treppe hinauf und über den Flur. Als ich an Angelikas Zimmer vorbeiging, sah ich, dass die Tür offen war. Sollte ich es ausnützen? Nein, meinen Engel würde ich nicht einfach so schäbig überfallen, sondern um ihn werben.

Florian und Jan begannen an der Hotelbar einen leisen, aber hitzigen Disput. Was trieb denn die um? Roman rutschte näher, damit er verstand, um was es ging. Schließlich brauchte er Stoff für den neuen Roman. Für Romans Roman. Das klang echt witzig.

Jan knallte sein Glas auf den Tresen. »Hör zu, du Affengesicht, du kannst meine Freundin gar nicht kennen.«

»Na du musst es ja wissen!«, gab Florian mit maliziösem Lächeln zurück.

»Wie hat sie denn geheißen? Und wo hat sie gewohnt?«

»Kimmie. Und sie hat bei dir gewohnt.«

»Scheiße! Willst du im Ernst behaupten, Kimmie wäre so blöd gewesen, sich mit so einem Grünschnabel wie dir einzulassen?«

»Ich brauch nichts behaupten. Es war so. Du hast es im Bett wohl nicht gebracht.«

»Du verdammter …«

Jemand legte von hinten die Hand auf Jans Arm.

»Kinder, ich muss euch das Programm für morgen geben. Wir gehen in den Zirkus Pikard 118. Unser junger Freund hier«, mit diesen Worten tätschelte Jacqueline Jans Schulter, »tritt dort zum ersten Mal auf. Und zwar als Messerwerfer.«

»Oho! Wie denn das?«, fragte der Professor.

»Ich hab irgendwas machen wollen. Ich bin schon so lang arbeitslos. Messer haben mich immer schon fasziniert. Und schon als Kind konnte ich den Taschenfeitel auf zehn Meter so werfen, dass er in einem Holzblock stecken geblieben ist.« Jans Stimme klang freundlich, wobei er Florian immer noch giftig anblickte.

Jacqueline bestellte eine letzte Runde, und Roman rief »Prost«. Vermutlich war er zu leise gewesen, denn erst als Angelika ihr Glas erhob, stimmten die anderen ein und stießen ihre Gläser aneinander.

»Auf den Zirkus freu ich mich schon.« Angelika erhob sich. »Jetzt geh ich ins Bett. Ich will morgen ausgeschlafen sein.«

»Da schließe ich mich an. Ich brauche auch meinen Schönheitsschlaf«, bemerkte der Professor.

Das war vermutlich das Signal für alle aufzubrechen. Denn im Nu waren sie unterwegs zum Aufzug.

Nachdem ich den Beleg beim Kellner unterschrieben hatte, sah ich Roman an der Aufzugstür auf mich warten. Aber im Moment galt all mein Denken und Sehnen meinem Augenstern Angelika. Sie war so süß! Allein wie sie mit elegantem Schwung ihres Armes das Glas nahm und mir zuprostete. Und mir dabei tief in die Augen sah. War das Liebe? Ich hoffte es so sehr, dass es fast wehtat. Widerstrebend trat ich den Rückzug in mein Zimmer an. Viel lieber wäre ich schnurstracks zu Ange-

lika marschiert. Aber was, wenn ich alles missverstanden hatte und sie mich rauswarf? Nein, daran durfte ich jetzt nicht denken! Und warum auch? So liebevoll, wie sie mich ansah, konnte es gar nicht anders sein, als dass sie meine Gefühle erwiderte.

Ein strahlender Morgen versprach einen wunderbaren Tag. Alle hatten sich an einem langen Frühstückstisch versammelt. Neben dem Professor saß Jack the Ripper alias Christoph und winselte ihm zum wiederholten Mal die Ohren voll. Weil er blind war, weil er beim Massieren seine Schwägerin mit seiner Ex verwechselt hatte, weil die Erde rund war, oder weiß der Teufel, was ihn noch alles störte. Roman beobachtete, wie genervt der Professor reagierte, wenn Christoph sich mit weinerlicher Stimme wieder an ihn wandte. Interessant. Konnte nicht mehr lang dauern, bis dem der Kragen platzte.

»Christoph, was hältst du davon? Machen wir einen Spaziergang? Damit du auf andere Gedanken kommst?«, wandte sich der Professor an den Jammerlappen.

»Ich weiß nicht … wohin willst denn gehen?«, stammelte Christoph.

»Wie wär's mit der Ruine Rauheneck **119**? Da kann man auf Baden und ins Wiener Becken runtergucken«, schlug Jacqueline vor.

»Aber ich kann ja nichts sehen, was hab ich von der Aussicht?«

»Ich weiß, dass du nichts siehst. Erwähn das nicht dauernd. Aber ein bisserl Bewegung wird dir nicht schaden«, meinte der Prof.

Roman beschloss, sich der Truppe anzuschließen.

Leider jappelte Roman schon wieder mit. Ich konnte es nicht verhindern. Der Weg hinauf zur Ruine brachte mich ganz schön außer Atem.

»Hast in der Klapse keine Bewegung gemacht?«, fragte mich Professor Ralf Schneider.

»Na, wie denn? Ich war doch die erste Zeit fixiert«, gab ich zurück. »Aber die Kondition kommt schon wieder, keine Sorge.«

Als sie endlich oben angekommen waren, bewunderte Roman die Aussicht. Doch es kam keine Antwort. Also beschloss er, den Druck seiner Blase zu verringern und die Böschung hinab zu pinkeln. Währenddessen kippte der Prof den blinden Christoph über die Mauer der Ruine in den Abgrund. Man hörte ein Schreien gefolgt von einem dumpfen Platscher, als der Körper unten auf den Felsen aufprallte.

Fassungslos starrte ich in die Tiefe. Schneider hatte einfach einen wehrlosen Behinderten in den Abgrund gestoßen. Was war das bloß für ein Mensch? Ein totaler Psychopath. Furchtbar. Er sah mich nur grinsend an. »Was ist? Ja, so schaut das aus, wenn man wirklich jemanden umbringt. Schlappschwanz!«

»Er hat dir nichts getan.«

»Ich hasse Jammerlappen, pass auf, dass du nicht der Nächste bist.«

Ich blickte zu Roman, der gerade sein Gemächt wieder in der Hose verstaute. Irgendwie brauchten wir beide keine Worte, wir verstanden uns einfach blind. Sozusagen. Roman kam auf uns zu und blieb vor uns stehen. Ich verwickelte Schneider weiterhin in ein Gespräch und ging nach jedem Satz einen Schritt vorwärts.

»Was willst du von mir?«

»Ich will, dass du sagst, dass es dir leidtut.« Ich stemmte meine Hände in die Hüften und versuchte, bedrohlich dreinzuschauen. Roman machte mir vor, wie es ging. Er hatte wirk-

lich alles drauf. Mein Freund machte wohl immer dieselben Phasen zur gleichen Zeit durch. Ob er auch schon mal in der Psychiatrie gewesen war?

»So etwas habe ich in meinem ganzen Leben noch nie gesagt.« Der Professor lachte und trat einen Schritt zurück.

Er versuchte, an mir vorbeizugehen, doch ich stellte mich ihm in den Weg.

»Verzieh dich!« Kleine Spuckebläschen landeten auf meiner Brille.

Verschwommen sah ich, wie Roman seine Hände ausstreckte und Schneider über die Böschung stieß. Nach einem kurzen Schrei hörte ich wieder einen dumpfen Aufprall. Dann sahen wir einander an, Roman und ich, und nickten. Wir waren das perfekte Team. Wortlos kehrten wir ins Hotel zurück. Roman trank noch einen Absacker an der Bar, während ich im Zimmer in einen traumlosen Schlaf fiel, nicht ohne vorher an Angelika zu denken.

Nach einem verspäteten Mittagessen war es dann an der Zeit, sich für den Zirkus fertig zu machen. Er hatte in Baden beim Trabrennverein [120] seine Zelte aufgeschlagen, wie jedes Jahr. Sie fuhren in zwei Autos los, das reichte, denn das Grüppchen war nun deutlich kleiner geworden.

»Wem gehört denn der rote Flitzer?«, fragte Florian begeistert, als sie im Parkhaus an dem Ferrari vorbeikamen, der Roman im Helenental so blöd geschnitten hatte. Das würde ihn auch brennend interessieren.

»Nosferatu, dem Rechtsverdreher. Seid lieb zu ihm. Er holt euch alle aus dem Bau, wenn ihr was ausfresst«, antwortete Angelika.

Das Zelt war imposant, und die Leuchtschrift machte Lust auf mehr. Der jüngste Zirkusdirektor Österreichs war hier am Werk und leistete unglaubliche Arbeit. Angelika war hingerissen. »Ihr werdet sehen, das hier ist wirklich erste Sahne. Und wie hinreißend sie zu den Tieren sind.«

»Willst du damit sagen, sie trainieren sie, ohne die Gerte einzusetzen?«

»Ganz genau, es ist nicht nur der schönste, sondern auch der zärtlichste Zirkus, in dem ich je war.«

Gemeinsam betraten sie das Vorzelt, in dem Zuckerwatte und Getränke verkauft wurden, während Angelika die Eintrittskarten vom vorgelagerten Wohnwagen abholte.

Sie kauften sich Bier und Süßigkeiten. Roman stand mehr der Sinn nach Popcorn. Doch keiner hörte auf ihn, und er selbst hatte keinen einzigen Cent dabei. Verärgert trottete er hinter der Gruppe her, als Angelika mit den Eintrittskarten wedelnd hereinkam. Sie drückte jedem eine in die Hand und lief voraus. Das Zelt war gut besucht. Viele Kinder saßen auf den Rängen, einige schwenkten leuchtende Stäbe und Windräder. In den Logen vorne saßen Leute, die bereits gebannt in die Manege schauten. Rasch setzten sie sich in die Seitenlogen, und dann wurde auch schon das Licht gedimmt. 80er-Jahre Musik erklang, und herein kam ein Mann mit einer knappen Hose bekleidet und nacktem Oberkörper. Um den Kopf trug er ein Stirnband. In der Hand hielt er Reifen. Es wurde noch dunkler, und schon sah man, warum: Nicht nur die Kleidung und das Stirnband, sondern auch die Reifen leuchteten in Neonfarben. Der Jongleur warf sie im Takt zur Musik und fing sie wieder. Ein tolles Schauspiel. Als er fertig war, tauschte er die Reifen gegen leuchtende Keulen, danach jonglierte er mit brennenden Fackeln. Dazu ertönte ›Oh Fortuna‹ aus den Boxen.

»Ist das nicht traumhaft?«, schmachtete Angelika. Ja, das war toll. Auch Roman klatschte, bis seine Handflächen brannten. Der Jongleur setzte noch einen drauf, indem er mit Krummsäbeln jonglierte, bevor er die Manege wieder verließ.

Es kamen noch weitere Darbietungen. Dann kündigte eine Blondine Jan an, den neuen Messerwerfer. Dieser trat in die Manege, mit einem Cowboy-Kostüm verkleidet, und öffnete einen Holzkoffer. Darin lagen jede Menge Messer. Er blickte in die Zuschauer-Ränge. »Ich brauche einen Freiwilligen.« Viele zeigten auf. Florian war nicht darunter. Trotzdem zeigte Jan auf ihn. »Wunderbar! Wir haben einen Freiwilligen.«

Ich war ebenfalls fasziniert vom Ambiente. Die Musik und die Artisten rissen mich genauso mit wie die Farben, mit denen sie spielten. Es war einfach grandios. Gebannt blickte ich jetzt in die Manege, wo Jan den griesgrämig dreinschauenden Florian gerade an ein Holzkreuz band. Florian zuckte kurz zusammen, als Jan es anscheinend beim Anbinden etwas übertrieb. Dann stellte sich Jan in einigen Metern Entfernung auf, und die Blondine von vorhin drehte das Kreuz, bis Florian kopfüber stand. Leise hörte ich ihn fluchen. Doch in den hinteren Rängen war es sicher nicht zu hören, denn die Musik wurde lauter. Zu hippen Country-Klängen warf Jan ein Messer nach dem anderen haarscharf an Florian vorbei auf das Holz. Die Zuseher klatschten begeistert. Jan kündigte die nächste Nummer an. Dabei würde die Blonde das Kreuz drehen, während Jan warf. Schaurige Musik löste die heiteren Klänge ab. Jan warf, und Florian schloss die Augen. Zack, zack, zack, zack, zack! Applaus ertönte! Florian öffnete die Augen wieder. Die Tussi brachte Jan ein schwarzes Tuch und half ihm, es um seine Augen zu binden. Was wurde das? Florian riss die Augen auf und schüttelte wild den Kopf. Doch niemand nahm Notiz davon. Das Publikum ging davon aus, dass das zur Show gehörte. Die Musik setzte nun komplett aus, und Trommelwirbel erklang. Jan warf die Messer, während Florian verängstigt die Augen zusammenkniff. Zack, zack, zack, zack, zack! Florian schrie bei jedem Messerwurf. Das Publi-

kum tobte. Sie sprangen von den Sitzen und grölten. Die Blondine band Florian los und geleitete ihn in die Loge. Anstatt sich zu setzen, kletterte er über die Sessel und lief wutentbrannt nach draußen.

Die Blondine kündigte eine Taubennummer an. Doch irgendwie konnte ich nicht ruhig sitzen, denn Roman war nirgendwo zu sehen. War er nicht vorher mit uns reingegangen? Panisch blickte ich mich um. Angelika warf mir von der Loge gegenüber heiße Blicke zu. Das konnte kein Zufall sein. Sie meinte wirklich mich. Ich lächelte nervös. Sie fuhr sich durch die Haare und lächelte zurück. Mir wurde heiß. Ich brauchte dringend eine Abkühlung. Ich entschuldigte mich und lief aus dem Zelt. Draußen dämmerte es bereits. Ich ging über die Wiese zum Wohnwagen, in dem die Toiletten untergebracht waren, und erstarrte. An einem Baum lehnte Florian, die Augen weit aufgerissen. Eine Blutspur zog sich vom Kopf über das Gesicht nach unten. In der Stirn steckte ein Krummsäbel. Als ich näher ging, sah ich schemenhaft, wie Roman hinter dem Toilettenwagen verschwand.

Oh Mann, was für ein Abend. Nach der Vorstellung verließen sie fast fluchtartig das Zelt, so sehr trieb Jan alle zu den Autos. In der Bar des Hotels trafen sich die noch lebenden Mitglieder des Mörderklubs dann wieder. Jan wurde stürmisch gefeiert.

Jacqueline fragte, wo Florian war. Als ob der irgendjemandem abgehen würde!

»Sei froh, dass der Blödmann auf dem Zimmer geblieben ist«, antwortete Jan.

Erst wollte ich protestieren und sagen, was Sache war. Aber warum eigentlich? Der kleine Scheißer war uns doch allen tierisch auf den Sack gegangen. Um den war es nicht schade.

»Was machen wir morgen?« Gabriele gähnte.

»Wir fahren in die Asia Therme Linsberg 121. War da schon jemand von euch?«, antwortete Jacqueline.

»Nein. Wieso nicht in Baden?«, maulte Jan.

»Du kannst ja hierbleiben«, kam es schnippisch zurück. »Glaub ja nicht, dass dich irgendwer vermissen wird.«

»Jackie, sei nicht so streng mit ihm.«

Roman versuchte zu vermitteln, aber niemand hörte ihm zu. Idioten! Wenn die nur streiten konnten, vergaßen sie alles rundherum.

Kurz nach dem Frühstück brachen wir auf. Diesmal wollten Gabriele und Jan mit ihren eigenen Autos fahren. Jacqueline fragte, ob Jan sie mitnehmen würde. Das war natürlich super. Dann konnte ich mit Angelika fahren. Niemand würde dauernd blöd reden, keiner würde uns stören. Vielleicht könnte ich ihr endlich gestehen, wie sehr sie mir ans Herz gewachsen war.

In der Therme verschwanden die Mädels sogleich im Saunabereich, während Jan und Roman erst ein paar Längen im Becken schwammen und sich dann in die Rondeaus mit den Sprudeln setzten.

Als sie sich ihrer Badehosen entledigt hatten, konnten sie die Frauen nirgends entdecken. Roman streifte durch den ganzen Saunabereich. Schließlich fand er Jacqueline und Gabriele. Sie waren in einer finnischen Saunakammer und bereiteten gerade einen Aufguss vor.

Die Damen unterhielten sich leise. Plötzlich machte Roman eine seltsame Entdeckung. Gabriele hielt eine Spritze in ihrer Hand verborgen. Was hatte sie vor? Er suchte Jans Blick. Doch der war noch damit beschäftigt, sein Badetuch umständlich auf einer Liege zu platzieren. Roman wartete daher noch. Sie mussten vor dem Aufguss ja nicht zweimal die Tür aufreißen. Kam keine ordentliche Temperatur zusammen. Roman blickte wieder interessiert in die Saunakammer. Gabriele näherte sich Jacqueline und stieß ihr die Nadel in den Oberschenkel.

»Bist blöd? Was machst denn da?« Jacqueline rieb sich das Bein.

»Ich habe dir eine süße kleine Dosis Insulin verabreicht.«

»Oh gut. Ich hab meine Spritze heut eh vergessen. Da kann ich dann ja sogar was essen.« Jacqueline klang erfreut. »Aber wieso hast du gewusst, dass ich Diabetikerin bin?«

»Ich bin Krankenschwester, schon vergessen?«, quetschte Gabriele zwischen zusammengebissenen Zähnen hervor.

Hm, das klang eher so, als wäre Gabriele unangenehm überrascht.

Roman öffnete die Tür, denn endlich war Jan soweit, dass sie die Sauna betreten konnten. Wurde auch Zeit. Für den Aufguss nämlich.

»Wo ist eigentlich Angelika?«, fragte ich.

»Die wollte in die Dampfkammer«, entgegnete Gabriele. »Aber jetzt lässt du schön die Tür zu. Jan macht uns einen Aufguss. Du kannst die fade Nocken ja nachher suchen.«

Ich warf Gabriele einen Blick zu, der in der Schärfe an die Messer erinnerte, mit denen Jan im Zirkus geworfen hatte.

Jan lag auf der Bank und hielt die Augen geschlossen. Gabriele hatte die Beine angezogen, ihren Kopf auf die Knie gelegt und schien ebenfalls zu dösen. Hinter dem Dampf saß Jacqueline, ich rückte näher. Roman saß ganz dicht neben ihr, sie schien das nicht zu stören. Ich rutschte ebenfalls näher. Jacqueline sah mich mit großen Augen an. Aha, das störte sie also. Dumme Gans. Ich war doch kein Serienmörder, wovor fürchtete sie sich? Da sah ich es. Roman hielt eine Spritze in der Hand und hatte sie aufgezogen. Einfach so. Roman hielt die

Hand von Jacqueline fest, steckte die Spritze in die Vene und drückte auf den Kolben. Das alles ging so rasend schnell, dass ich gar nichts tun konnte, außer zuzusehen, wie Jacqueline ihren letzten Atemzug tat. Roman war völlig außer Kontrolle. Ich musste irgendwas tun. Wer wusste schon, wann ich, oder noch schlimmer, Angelika auf der Liste standen.

»Gehen wir jetzt etwas essen?«, fragte Jan.

»Aber sicher!« Gabriele zog sich den Bademantel an und band den Gürtel zu.

»Was ist mit Jacqueline? Die wollte doch auch …«, warf Roman ein.

»Jacqueline will erst noch einen weiteren Aufguss machen«, flötete Gabriele. »Wird ihr nicht schaden. Sie ist eh zu dick.«

Roman ärgerte sich. Die blöde Schnepfe ließ ihn nicht einmal ausreden. Lustlos stapfte er hinter ihr her in den ersten Stock, wo das Restaurant lag. Dort saß Angelika, vor sich ein Getränk, und blätterte in einer Illustrierten. Sie sah liebreizend aus mit ihren zart geröteten Wangen und den feuchten Haaren, die sie zu einem Dutt hochgesteckt hatte, der sich langsam löste. Als sie es bemerkte, zog sie die Haarklammer ganz heraus.

Hinreißend sah sie aus. Meine Angelika. Ich beobachtete still und mit innerem Jauchzen, wie sie in der Zeitschrift blätterte. Ihre Lippen waren gespitzt und glänzten in einem leuchtenden Rotton. Mit ihren Fingern spielte sie gedankenverloren mit einer gelockten Strähne ihres Haars, das sie wieder offen trug. Ihre Beine wippten unter dem Tisch, und die Finger ihrer anderen Hand tanzten über die Seiten. In diesem Moment, in dem sie sich völlig unbeobachtet fühlte, trat ihre ganze Schönheit zutage. Ihre Unschuld, ihre Anmut, ihr sanftes Wesen, ihre ganze Seele meinte ich, in diesem Moment spüren zu kön-

nen. Jetzt war endlich der Zeitpunkt gekommen, an dem ich mich nicht mehr zurückhalten konnte, und es auch nicht mehr wollte. Ich ging zu ihr an den Tisch und räusperte mich zaghaft, um sie nicht zu erschrecken. Neugierig sah sie auf. Ein Blick in ihre bernsteinfarbenen Augen reichte, um all meine Eloquenz zu verwerfen. Ich wollte mich in ihr verlieren. Nichts war mehr wichtig. In einem Vakuum aus Zeit und Raum verlor ich den Kontakt mit dem Boden, lösten sich die Wände des Hotels in Zuckerwattewölkchen auf, schwebte der Tisch aus dem Fenster ins All, tropfte das Leder von meinen Füßen und vermischte sich mit dem Schaumstoffparkett, tanzte mein Herz mit dem Magen Rumba, prickelte meine Haut zu Brause, ertrank ich in ihren Augen und fand meine Seele die ihre.

Nach dem Abendessen im Hotelspeisesaal bemerkte Roman, dass Gabriele und Jan die Köpfe zusammensteckten. Als sie im Gang stehen blieben, versteckte er sich hinter einer Kübelpflanze und belauschte sie.

»Jetzt, wo Jackie aus dem Weg ist, könntest du zu mir kommen.«

»Was hat Jacqueline mit uns zu tun?«, fragte Jan.

»Jetzt tu nicht so. Du bist doch mit ihr auch in die Kiste gesprungen.«

»Du hast einen Knall. Ich war doch ohnehin jeden Abend bei dir im Zimmer.«

»Jaja. Und nachher bist zu ihr geschlichen.«

»Du leidest unter Verfolgungswahn!«

»Ach, das glaub ich nicht. Ich hab euch nämlich beobachtet. Aber ich bin ja nicht so. Wenn du bereit bist, mich in Zukunft wirklich zu lieben und mir das auch hin und wieder zu sagen, dann bin ich bereit, deine Untreue zu vergessen.«

»Na klar liebe ich dich, Schätzchen. Geh voraus, ich komme gleich nach.«

Kaum war Gabriele außer Hörweite, setzte Jan hinzu: »Blöde Weiber. Wollen alle immer nur geliebt werden. Und was kommt als Gegenleistung? Nichts, nada. Ganz im Gegenteil. Da erwarten sie noch von dir, dass du ihnen den Trottel machst, Geld herbei scheffelst und sie behandelst, als wären sie eine Prinzessin. Aber nicht mit mir!«

Roman beobachtete, wie Jan die Fäuste ballte und verstummte, als der Lift hielt und eine Gruppe anderer Gäste ausstieg.

Roman ahnte Böses und schlich Jan hinterher. Der ging erst in sein Zimmer, krakeelte dort eine Weile herum – allem Anschein nach sprach er mit sich selbst – und dann ging die Dusche an. Roman überlegte, ob er überhaupt warten sollte. Wer weiß, wann der Fatzke zu seinem Sexkätzchen aufbrach. Doch während er noch überlegte, riss Jan die Tür auf. Roman konnte gerade noch um die nächste Ecke verschwinden. Dann machte sich Jan auf den Weg zu Gabrieles Zimmer.

Nach dem wundervoll intensiven Gespräch mit Angelika schwebte ich geradezu durch die Gänge. Mein Herz tanzte Samba, meine Füße kribbelten, als ich über den Teppich ging, und in meinem Kopf spielte eine Romanze in G-Moll. Leicht und lebendig zugleich fühlte ich mich, und irgendwie schien mein neues Ich auch die Stimmen zu verwirren, denn sie meldeten sich seltener und leiser. Ein Blick in den Spiegel brachte mich zum Lachen, denn wer mir da entgegenblickte, hatte keine Ähnlichkeit mehr mit dem deprimierten und desillusionierten Mann, der ich noch vor wenigen Tagen gewesen war. Jan, Gabriele und alle anderen hatten doch keine Ahnung, wie sich wahre Liebe anfühlte. Aber ich wusste es jetzt. Nach all der Zeit hatte meine Seele eine andere berührt, und es war, als erkannten wir einander, als wären wir schon einmal ein Liebespaar gewesen, irgendwo, irgendwann, irgendwie. Ach nein, jetzt hatte mir Nena dazwischengefunkt. Schallend lachte ich mein Spiegelbild an. Die Stimmen kicherten zurück. Doch zum ersten Mal störte mich das nicht im Geringsten. Ich strich zwei Tropfen Gel in meine Locken, um sie zu glätten, was aussichtslos war. Achselzuckend verließ ich mein Zimmer. Angelika sah mir stets in die Augen, sie hatte meine störrischen Haare sicher noch gar nicht bemerkt. Das Stimmengewirr auf dem Gang lockte mich zu Gabrieles Zimmer. Gebannt horchte ich an der Tür. Genau wie Roman, der auf der anderen Seite stand und seinen Zeigefinger an die Lippen drückte, um mir zu verstehen zu geben, dass ich leise sein sollte. Gemeinsam hörten wir Jan auf Gabriele einreden, doch diese gab nur unterdrückte Laute von sich. Was ging da drin vor? Es klang nicht gerade wie ein Schäferstündchen, es sei denn, Gabriele ließ sich gern als Schlampe beschimpfen.

Als Roman Gabriele schreien hörte, wollte er schon die Tür gewaltsam öffnen. Doch dann war sie wieder ruhig, und er entspannte sich. War wohl nur ein ordentlicher Orgasmus gewesen. Er blieb ruhig.

Ich wagte es nicht, die Tür zu öffnen. Horchte weiter. Stille. Gespenstische Stille. Dann hörte ich Schritte auf die Tür zukommen. Rasch versteckte ich mich hinter der nächsten Ecke. Jan ging aus dem Zimmer den Gang entlang. Als ich mich aus dem Versteck wagen wollte, sah ich ihn zurückkommen, und das Schild ›Bitte nicht stören‹ vor die Tür hängen. Seltsam.

Seltsam. Wollte Gabi kein Abendessen? Vielleicht sollte er doch nach ihr sehen. Roman wartete, bis Jan verschwunden war, und schlich zu Gabrieles Tür. Er klopfte an. Nichts. Er rief leise ihren Namen. Noch immer keine Reaktion. Mann, so schnell konnte doch niemand einschlafen! Er öffnete die Tür und sah Gabriele reglos auf dem Bett liegen.

Roman schlich einfach in Gabrieles Zimmer. Ich blieb draußen stehen, um ihn zu warnen, falls jemand käme. Durch den Spalt in der Tür beobachtete ich, wie Roman sich Gabriele näherte, die auf dem Bett lag. Ihre Arme baumelten kraftlos herunter. Ihre Augen waren weit aufgerissen. Ich sah, wie Roman ihren Puls fühlte und nickte. Gott sei Dank! Sie lebte noch. Als ich ihren kleinen Finger zucken sah, war die Gewissheit noch sichtbarer. Auch Roman blickte auf die zuckende Hand von Gabriele. Erleichtert seufzte ich auf, doch was passierte hier? Romans Gesichtsausdruck veränderte sich rapide, er setzte sich auf Gabriele, nahm das Kissen in die Hand und drückte es ihr auf das Gesicht. Ich war so perplex, dass ich zu langsam reagierte. Als ich bei Roman ankam, um ihn von Gabriele zu stoßen, bewegte sie sich nicht mehr. Roman rempelte mich zur Seite. »Was ist?«

»Ich frag mich, was zur Hölle mit dir los ist?«

Roman hob die Schultern. »Reanimier sie doch! Aber lass mich in Frieden.«

Genau das tat ich. Roman verließ fluchend das Zimmer, und ich versuchte, Gabriele zu reanimieren. Aber es klappte nicht. Die Angst, wieder in die Psychiatrie zu müssen, lähmte mich. Ich kletterte vom Bett, schlich aus dem Zimmer und zog die Tür hinter mir zu. Das ›Bitte nicht stören‹-Schild baumelte am Türknauf.

Am Morgen saßen außer Roman nur mehr Angelika und Jan beim Frühstück.

»Die anderen sind alle schon abgereist«, meinte Angelika, als Jan fragte, wo denn heute alle seien.

»Ach schade. Ich wäre noch gerne schießen gegangen.«

»Schießen?«, fragte Angelika und runzelte ihre hübsche Stirn. »So richtig mit der Pistole?«

»Nein, um Gottes willen. Ich meine mit Pfeil und Bogen.«

»Ein verhinderter Robin Hood«, warf Roman ein und überlegte, ob es in der Gegend überhaupt einen entsprechenden Platz gab.

»Ach interessant. Gibt es denn hier in der Nähe eine Anlage?«, fragte Angelika interessiert.

»Ja, in Wöllersdorf 122. Da kann man auch als Nichtmitglied schießen gehen. Die haben einen schönen 3D-Parcours mit 30 interessanten Zielen.«

»Hört sich super an, Jan. Ich komm gern mit dir, wenn du magst«, wandte sich Roman direkt an ihn.

»Was ist mit dir, Angelika? Kommst du mit?«

»Nein danke, wirklich nicht. Ich möchte noch ins Puppenmuseum 123.«

Roman überkam ein mächtiger Groll. Die saßen da und redeten übers Bogenschießen. Jan fragte nur Angelika, ob sie mitwollte, und ignorierte ihn völlig. Aber er würde mitkommen. Auf jeden Fall! Das ließ er sich nicht entgehen. Er war noch nie auf einem 3D-Bogensportplatz gewesen. Aber auf Scheiben konnte er schießen. Sogar wenn sie weit weg standen, traf er meist recht gut. Die würden sich noch wundern! Er war vermutlich besser als sie alle miteinander!

Tolle Idee, Bogenschießen zu gehen. Das hatte ich seit Jahren nicht mehr gemacht. Ich überlegte, mit meinem eigenen Auto zu fahren. Wer weiß, ob Jan danach gleich zurückfuhr. Und ließ es dann doch. Ich wollte nur unbedingt Angelika treffen, wenn sie aus dem Puppenmuseum kam. Mit Schaudern erinnerte ich mich daran, dass ich dort schon einmal gewesen war. Das war total furchtbar! Ich war in Panik verfallen und schreiend aus dem Gebäude gerannt. Und meine ganze Familie hatte sich ausgeschüttet vor Lachen.

Es geschah bei Ziel 23, das am Waldrand lag und nicht leicht vom Rest des Platzes einzusehen war. Jan tat den ersten Schuss, ich schoss als Zweiter. Und während Jan sich auf den Weg machte, um seinen Pfeil aus der Figur zu ziehen, schoss Roman. Was für ein Schuss! Jan wurde von hinten getroffen und der Pfeil war mitten durchs Herz gegangen, wenn mich nicht alles täuschte. Was war nur aus meinem alten Freund geworden? Er, der immer freundliche Autor, der höchstens mal auf dem Papier meuchelte, entwickelte sich immer mehr zu einem unberechenbaren Massenmörder! Ich holte rasch meinen Pfeil und lief dann Richtung Eingang. Um keinen Preis der Welt wollte ich mit Roman in Verbindung gebracht werden. Nichts wie weg!

Roman sprintete noch zu Jan und legte ihm zwei Finger an die Karotis. Nichts. Das war doch wirklich ein toller Schuss gewesen! Langsam drehte er sich um und schritt Richtung Ausgang. Dann fiel ihm etwas ein, er machte noch einmal kehrt und durchwühlte Jans Sakkotaschen. Wo hatte der blöde Kerl nur seine Autoschlüssel versteckt? Er musste hier weg, bevor jemand den leblosen Körper entdeckte. Ah, im Hosensack fand er ihn. Roman nahm ihn an sich, wischte sich das Blut von den Fingern und schlenderte davon.

Ich stand beim Auto und rüttelte daran. Mist. Natürlich hatte ich keine Schlüssel. Ob ich noch einmal zur Leiche zurückgehen sollte? Während ich darüber nachsinnierte, sah ich Roman auf mich zulaufen. In mir brodelte es bereits jedes Mal, wenn ich ihn traf. Zum Kotzen fand ich meinen Freund. Nichts Gutes war in ihm, er war durch und durch ein Psychopath. Ich musste ihn zur Rede stellen, ein für alle Mal. Nur noch

Angelika und ich konnten auf seiner Liste stehen. Langsam bekam ich es mit der Angst zu tun. Was, wenn er Angelika bereits umgebracht hatte?

Roman grinste und streckte den Arm in meine Richtung. Am Zeigefinger baumelten die Autoschlüssel. Blut klebte darauf. Mich schauderte. Romans Grinsen wurde breiter, als er merkte, dass es mich vor Ekel schüttelte. »Du bist ein Weichei!«

»Besser ein Weichei als ein Mörder«, entgegnete ich.

Roman wollte in das Auto steigen. Ich stellte mich vor die Tür. »Du kommst nicht mit.«

»Spinnst du?« Er rempelte mich an, doch ich blieb hart, krallte mich mit einer Hand am Türgriff fest und schrie: »Du fährst nicht mehr mit ins Hotel! Ich muss Angelika vor dir schützen.«

Roman lachte auf. »Und du meinst, die will das? Merkst du nicht, dass zwischen ihr und mir auch etwas läuft?«

»Ganz sicher nicht! Du drängst dich da nicht dazwischen.«

»Aber wir haben doch immer alles geteilt. Schon in der Volksschule. Ich war der Einzige, der neben dir sitzen wollte. Erinnerst du dich nicht?«

Doch, ich erinnerte mich mit Grauen an die Schulzeit. Wann immer ich etwas gesagt hatte, hatte ich nur verständnislose Blicke meiner Klassenkameraden geerntet. Ich las mit zehn Jahren schon Nietzsche und beschäftigte mich mit Kant, Marx und Hegel. Roman war nach einem halben Jahr neu in die Klasse gekommen. Von da an tröstete mich der Gedanke, dass Roman sogar von der Lehrerin ignoriert wurde. Roman begleitete mich auch ins Gymnasium, von da in die Oberstufe, er maturierte mit mir und studierte mit mir zusammen an der Akademie. Allerdings war sein Bereich die Literatur, während meiner die Musik war. Gemeinsam ergänzten wir uns prächtig. Er schrieb auch die Libretti zu meinen Stücken.

Sanft strich er mir nun über die Wange. »Du brauchst mich doch, hmm?«

Ich hatte ihn wirklich gebraucht. In den Zeiten, in denen wir uns aus den Augen verloren haben, litt ich und hatte Sehnsucht nach meinem Freund, dem einzigen Freund. Der Einzige, der mich nie verurteilt hatte, dem meine Krankheit egal war. Ich zögerte.

Dieses Zögern nutzte Roman schamlos aus. Mit einem Kick beförderte er mich in den Schlamm. Mit dem Gesicht nach unten lag ich im Dreck und versuchte, nicht zu atmen. Roman drückte meinen Kopf nach unten und rief: »Aber ich brauch dich nicht!«

Nur kurz fühlte ich mich schwach, ausgenutzt und verraten. Dann wurde ich richtig böse. Irgendwie schaffte ich es, Roman abzuschütteln. Ich sprang auf und bretterte ihn auf die Motorhaube, dann zog ich ihn hoch, schleifte ihn runter und drückte ihn gegen die Autotür.

»Und was willst du jetzt tun?«, fragte Roman mit einem amüsierten Glitzern in den Augen. »Willst du mich umbringen?«

Genau, dachte ich. Diesmal zögerte ich nicht. Fest umfasste ich Romans Hals und drückte mit den Daumen auf seine Glottis. Er röchelte, dann grinste er und redete einfach weiter. »Hast du es immer noch nicht kapiert? Du kannst mich nicht töten!« Ich drückte fester zu. Roman redete weiter. »Ich existiere doch nur, weil du es willst! Du und ich, wir sind eins.« Ich taumelte. Nein! Wovon sprach er?

»Du hast mich erschaffen, damals in der Volksschule. Weißt du nicht mehr? Als niemand neben dir sitzen wollte. Eines Tages war ich da.«

Ich rieb mir die Augen. Roman lehnte immer noch am Wagen und strahlte. »All die Jahre war ich an deiner Seite«, fuhr Roman fort. »Bis auf ein paar Unterbrechungen, zuge-

geben. Aber manche Medikamente, die sie dir gegeben haben, brachten mich dazu, mich von dir fernzuhalten.«

Das konnte nicht wahr sein. Roman, mein einziger Freund, war nicht real? Genauso wenig wie die Stimmen? Und er hatte recht. Ich hatte ihn gebraucht. Damals. Als niemand sonst mit mir spielen oder reden wollte. Aber stimmte das noch? Ich horchte tief in mich hinein.

Romans Grinsen wurde breiter. »Komm, lass uns fahren. Angelika wartet.«

Angelika. Nein, er wollte doch nicht … er konnte doch nicht … das durfte ich nicht zulassen. Die Zeit mit Roman war schön, sie hatte mir über vieles hinweggeholfen. Doch jetzt war es an der Zeit, einen neuen Lebensabschnitt zu beginnen. Erneut hob ich meine Hände und drückte zu. Wild entschlossen. Ich schrie dabei. Die Fingerknöchel drückten sich durch das Autoblech, ich fühlte den Schmerz. Der war real. Roman war es nicht. Und in diesem Moment durchzuckte mich die Wahrheit. »Nein!«, schrie ich. »Ich brauch dich nicht mehr!« Mit Schaudern sah ich mit an, wie Roman erst blasser wurde und sich schließlich in Nebel auflöste. Gleichzeitig verstummten die anderen Begleiter. Stille machte sich in meinem Kopf breit und schuf Platz für Musik.

Ich saß mit Angelika im Beethoventempel 124*. Der Vollmond schien durch die Bäume. Eine leichte Brise kühlte angenehm meine vom Sonnenbrand erhitzte Haut. In der Ferne hörte ich das Quaken eines Frosches. Kokosduft stieg mir in die Nase, es war ihr Shampoo. Ich linste zu ihr hinüber. Eine leichte Röte überzog ihre Wangen. Mit glänzenden Augen blickte sie auf die Bühne. Wieder einmal konnte ich mein Glück nicht fassen, mit diesem Engel zusammen sein zu dürfen.*

Gerade hatte der Pianist die Mondscheinsonate beendet und wurde mit Applaus gefeiert. Da trat der Moderator auf die Bühne. »Und heute haben wir eine besondere Überraschung. Unter uns ist einer der größten Geigen-Virtuosen der Neuzeit. Begrüßen Sie mit mir Heinrich Stadler.«

Angelika sah mich erstaunt an, während ich ihre Hand küsste. »Das ist für dich, mein Schatz.« Leichten Schrittes erklomm ich die Bühne. Wie am Vortag ausgemacht, überreichte mir der Moderator meine Geige und kündigte das Stück an. »Heinrich Stadler spielt eine brandneue Komposition. ›Pour Angelique‹ in G-Moll. Wir wünschen gute Unterhaltung.«

Und ich spielte das Lied, das, seit ich Angelika zum ersten Mal gesehen hatte, in meinem Kopf festsaß.

Als ich die ersten zarten Töne spielte und die Tränen in Angelikas Augen sah, wusste ich, dass ich angekommen war. In meinem wahren Leben. Es war der schönste Abend meines Daseins, den ich mit einem Heiratsantrag vor dem Publikum krönte, welchen Angelika sofort annahm. Nur ganz kurz zuckte ich zusammen, als ich bei der anschließenden After-Show-Party ein Gespräch mit anhörte. Eine beleibte Frau sagte zu ihrem Mann: »Ein großartiger Musiker, dieser Stadler!« Worauf der Mann antwortete: »Ja, und so vielseitig begabt. Wusstest du, dass er unter Pseudonym auch diesen Mega-Bestseller namens ›Panic Girl‹ *geschrieben hat?«*

113 **Arnulf Rainer Museum**
Im ehemaligen ›Frauenbad‹ am Josefsplatz wurde 2009 das Museum für den in Baden geborenen Künstler eingerichtet. Hier vereint sich ein architektonisches Juwel mit den Arbeiten eines großen Künstlers von weltweitem Ruf. Die Ausstellungen stehen jeweils unter einem Thema und wechseln etwa halbjährlich.
Seine Arbeiten zeigen eindrücklich, dass Malen nichts Statisches ist, sondern eine Entwicklung von der Stille bis zum Chaos.

114 **Casino Baden**
Das Casino liegt am Rande des Kurparks in einem ehemaligen Kurhaus. Schon 1934 wurde hier das Casino Baden als erster Ganzjahresbetrieb der Österreichischen Spielbanken eröffnet. Während des Krieges blieb es geschlossen. Im Jahr 1955 wurde es wiedereröffnet. 1968 musste das Casino für ein Jahr ins Badener Kongresshaus ausweichen, weil das Gebäude renoviert wurde. Seit 1977 besteht es in der heutigen Form. Es gilt als eines der schönsten Casinos in ganz Europa. Vier Restaurants und eine Bar sorgen für das leibliche Wohl.

115 **At the Park Hotel**
Ein modernes Hotel in der Innenstadt für den gehobenen Anspruch. Bekannt auch für ›Jazz at the Park‹ an einem Samstagabend alle drei Monate. Und im Sommer für die After-Work Chill-out-Events auf der Parkterrasse.
Seit 2015 auch eine der Austragungsstätten des ›Art Experience‹ Kultur Festivals.

116 Kurpark Baden, Römertherme

Der heutige Kurpark entstand aus dem ehemaligen Theresiengarten, der 1792 vor dem Theresienbad, das dort stand, wo sich heute das Casino befindet, zu Ehren von Kaiserin Maria Theresia angelegt wurde und schon damals öffentlich zugänglich war. Im Park befindet sich ein Musikpavillon, um 1900 erbaut, in dem noch heute die bei Gästen besonders beliebten Kurkonzerte stattfinden. Nicht weit vom Musikpavillon liegt der Undine-Brunnen. Die Blumenuhr nahe dem Casino ist seit 1929 in Betrieb. Wohl eine Meisterleistung der Uhrmacher dieser Zeit. Zahlreiche Denkmäler erinnern an Persönlichkeiten aus der Vergangenheit. Da finden wir Grillparzer, Lanner und Strauß ebenso wie Kaiser Franz Joseph. Die Römertherme Baden ist ein sehr beliebtes Kur-Ziel.

117 Badener Sommerarena

Sie entstand aus dem ›k. u. k. privilegierten Tagestheater der landesfürstlichen Stadt Baden‹. Damals handelte es sich um ein reines Schönwettertheater ohne Dach, ein Holzbau, der rund 900 Gäste aufnehmen konnte und besonders wegen der Möglichkeit, im Theater zu rauchen, überaus beliebt war. Die neue Sommerarena wurde 1906 in nur vier Monaten erbaut. Sie erhielt ein abfahrbares Glasdach, das bei Schlechtwetter geschlossen werden konnte. 1939 wurde das Theater geschlossen und erst 1957 wiedereröffnet. Der Schwerpunkt des Programms liegt bis heute bei Operettenaufführungen. Seit 2009 gibt es gelegentlich auch Schauspielproduktionen im Repertoire.

118 Zirkus Pikard

Die Urgroßeltern und Großeltern der Familie Schneller und der Familie Picard waren bereits Artisten, Komödianten oder Kunstreiter und durch ihren Beruf immer auf Wanderschaft. Jenö Schneller, der Vater von Ernö Schneller, heiratete Olympia Picard (daher kommt auch der Zirkusname Pikard), und die beiden führten die Tradition in den 30er-Jahren mit einem eigenen Zirkus weiter, in welchem Ernö und seine Geschwister aufwuchsen. Im Oktober 2004 verstarb Direktor Ernö Schneller unerwartet während eines Gastspiels in Krems. Seitdem führt sein Sohn Alexander Schneller als jüngster Zirkusdirektor Österreichs den Zirkus mit viel Liebe zum Detail und sanftem Umgang mit den Tieren. Seine Schwester beherrscht als einzige Österreicherin die Kunst der Antipodistik (Jonglieren mit den Füßen), und Alexander Schneller ist ohnehin einer der besten Jongleure. Gemeinsam mit ihrem reizenden und engagierten Team bringen sie zauberhafte Zirkusmärchen auf die Bühne und begeistern Jung und Alt mit ihren Shows, zu denen auch fetzige Musik gehört.

119 Ruine Rauheneck

Sie liegt im Helenental auf einem Vorberg des Badener Lindkogels und wurde vermutlich, ebenso wie die gegenüberliegende Ruine Rauhenstein, im 12. Jahrhundert vom Rittergeschlecht der Tursen erbaut. Auf drei Seiten fällt der Fels steil ab, nur an der vierten Seite gibt es einen Zugang. Der Bergfried konnte aus Platzgründen nur dreieckig gebaut werden. Im Verein mit Rauhenstein wurde hier über lange Zeit das Raubrittertum gepflegt.

120 Trabrennverein Baden

Rennsaison von Juni bis August. Die ›Badener Meile‹ ist ein international bedeutendes Rennen. Daneben auch ein Zentrum für Unterhaltung und Gastronomie entlang der Strecke. Der Verein wurde 1892 gegründet.

Der erste offizielle Renntag fand am 16. Juli 1893 statt. Einer der bekanntesten Vertreter des Vereins war Adi Übleis, der nicht nur zwei Europameistertitel errang, sondern 1971 auch Weltmeister wurde.

121 **Asia Therme Linsberg**
Hotel und Spa in gediegenem Ambiente. Der Thermalbad- und Spabereich bietet auf 15.000 Quadratmetern acht Pools, verteilt über den Innen- und Außenbereich sowie neun verschiedene Saunaräume. Etliche gemütliche Ruheräume bieten Entspannung, und im Wellness-Angebot finden Sie eine üppige Vielfalt asiatischer und klassischer Massagen und kosmetischer Anwendungen. Im Restaurant ›Red Lotus‹ können Sie die Kombination von asiatischer und regionaler Küche genießen. Im Café ›Green Bamboo‹ finden Sie neben Kaffee und köstlichen Süßspeisen frische Säfte, Cocktails und Snacks.

122 **Bogensportanlage Wöllersdorf**
Die 3D-Anlage Wöllersdorf ist eine Sektion des Heeressportvereins Wiener Neustadt. Dieser steht aber auch Zivilpersonen offen. Zur Verfügung stehen 30 3D-Ziele. Der anspruchsvolle Parcours besitzt einen Einschießplatz, der von der Straße gut sichtbar ist. Der Parcours kann auch mit dem Blasrohr vom weißen Pflock geschossen werden. Nur einen Katzensprung entfernt findet der Bogensportbegeisterte in Markt Piesting das ›Bogenkistl‹. Hier gibt es fast alles, was des Bogensportlers Herz höherschlagen lässt.

123 **Spielzeug- und Puppenmuseum**
Die Sammlung Helga Weidinger stellt in vier Räumen über 1.000 Exponate aus. Die Puppen und Spielsachen

stammen insgesamt aus drei Jahrhunderten von 1760 bis 1950. Die Puppen und das Zubehör sind thematisch geordnet zu den entsprechenden Themen wie beispielsweise: Greißler, Mode, Küche. Auch zu sehen: historische Puppen und Plüschtiere auf Rädern.

124 **Beethoventempel**

Der Tempel steht mitten im Kurpark und ist umgeben von üppigem Grün und Blumenrabatten. Auf sanft ansteigenden Wegen erreicht man ihn in etwa zehn Minuten bei gemütlichem Tempo. Er bietet eine traumhafte Aussicht auf die Stadt Baden und das Umland. Er wurde 1927 anlässlich des 100. Todesjahres von Ludwig van Beethoven errichtet. Die Fresken im Inneren sollen Allegorien zur 9. Sinfonie darstellen.

AUCH SEHENSWERT:

125 **Museum Walzengravieranstalt Guntramsdorf**

Die Walzengravieranstalt wurde 1911 gegründet und hat sich im Laufe der Jahre kaum verändert. 1986 musste der Betrieb eingestellt werden. Das Museum hält die Erinnerung daran aufrecht. Die Gravieranstalt lieferte 75 Jahre lang Prägewalzen für Firmen der Textil-, Papier-, Metallfolien- Kunststoff- und Glasbranche. Die Motive wurden händisch auf Stahlmoletten graviert und mechanisch oder chemisch auf die Walzen übertragen. Die Erfindung der Fotogravur und der Laserstrahltechnik läutete schließlich das Ende des Betriebes ein.
Alle Maschinen und Geräte sind komplett erhalten, ebenso die zentrale Transmissionsanlage, die sogar noch funktioniert.

STATT EINER DANKSAGUNG

Die Autorinnen im Gespräch

V: Hi, Jenny! Hallo, Leseratten!
J: Sag einmal, in welche Baumschule bist denn du gegangen?
V: In eine katholische Privatschule. Warum?
J: Und da lernt man so grüßen?
V: Nein. Da heißt's: Grüß Gott, Hände falten, Goschen halten.
J: Mann! Bist du mit dem Wolfgang Schüssel in die Klasse gegangen?
V: In einer Mädchenschule? Na, was soll ich denn sonst sagen? Griaß eich, die Madeln, servas, die Buam?
J: Nur wenn du eine Inkarnation von Heinz Conrads bist.
V: Das fängt ja schon wieder gut an mit dir. Und, wie würdest denn du die Leserinnen und Leser begrüßen?
J: Griaß eich, Leutln. Schön, dass ihr unser Buch in euren Händen haltet und immer noch nicht zugeklappt habt.
V: Oh Mann! Ich dachte, wir stellen uns hier richtig seriös vor.
J: Nix da. Wir werden ein bisserl plaudern und Schmankerln aus unserem Leben servieren.
V: Aha. Was willst denn da erzählen?
J: Zum Beispiel, dass wir das halbe Buch im Krankenhaus geschrieben haben?
V: Da bekommt der Satz »Lachen, bis der Arzt kommt« gleich eine ganz andere Bedeutung.
J: Weil uns die spaßbefreite Graten im Bett gegenüber nie-

dergebrüllt hat, weil wir so laut gelacht haben dabei? Denn: »Im Spital lacht ma nicht!«

V: Geh, das ist peinlich. Das erzählen wir lieber nicht.

J: Wir hätten ihr verraten sollen, dass es sogar eigene Klinikclowns gibt.

V: Das hätte die uns eh nicht geglaubt.

J: Apropos Ärzte. Kennst den Unterschied zwischen einem Arzt und einem Dieb?

V: Nein.

J: Der Dieb weiß immer ganz genau, was seinem Opfer fehlt.

V: Das hat er mit dem Pathologen gemeinsam.

J: Das ist aber auch ein Arzt, also quasi!

V: Wieso warst denn du eigentlich im Krankenhaus?

J: Kreuz ausgerenkt. Saupech.

V: Das war ja schon mein vorletzter Krimi. Du bist zwei Jahre hinten nach.

J: Den Sautanz kann ich momentan nicht tanzen. An deinen unaussprechlichen letzten Titel kann ich mich grad nicht erinnern. Aber dich haben's ja auch niederg'spritzt?

V: Erinner mich nicht dran. Mich hat die Hex g'schossen.

J: (grinst) Passend! Die Hex hat eine Hexe geschossen!

V: Kann das sein, dass du frech bist?

J: Nie! Sag, wieso schreibst du eigentlich Kriminalromane?

V: Den Grundstein zu der kriminellen Karriere hab ich schon als Kind gelegt. Ich bin auf einem Bauernhof aufgewachsen …

J: Aber du bist doch aus Wien?

V: Es war ein Bauernhof in Wien.

J: Das gibt's?

V: Heut nimmer. Aber gleich nach dem Krieg …

J: Ah ja, ich hab vergessen, dass du ein Oldtimer bist.

V: (grummelt) Ich hab ein eigenes Beet im Garten gehabt. Da hab ich meine Puppen vergraben.

J: Stark. Wetten, die Leser ekeln sich jetzt?

V: Ich mochte nämlich keine Puppen. Und als ich dann mit dem Schreiben anfing, da war bald klar, dass es nur Krimis sein können. Und wie war das bei dir?

J: Ich bin eines Tages in Simmering an einer Gstettn vorbeigegangen und hab einen Fuß gefunden. Ich bin furchtbar erschrocken und hab geglaubt, da hat jemand ein Baby vergraben. Wie eine Blöde hab ich dort mit den Händen gebuddelt und gegraben und gegraben. Und weißt du, was ich gefunden hab?

V: Na, sag schon!

J: Sieben Puppen!

V: Aber nicht wirklich, oder?

J: Ich hab quasi ausgegraben, was du ein halbes Jahrhundert vorher eingraben hast.

V: Jetzt pass einmal auf …

J: Na, ist eh ein Schmäh. Hätte aber passieren können. Bei mir war's nämlich generell umgekehrt. Ich hab gern ausgebuddelt und aufgeschnitten. Ich hab alles zerlegt. Ich hab sogar die Mühlensteine zerschnitten.

V: Dumm, aber fleißig. Ideales Stimmvieh für jede Partei.

J: Wie heißt denn jetzt dein komischer neuer Krimi?

V: *Schlossteichleich*. Und er ist schon im Herbst 2015 erschienen.

J: »Schon« ist gut. Das hat eh zwei Jahre gebraucht. Aber du warst schon immer langsam.

V: Ich, langsam? *Du* hast für *Als Gott schlief* zwölf Jahre gebraucht! Wenn du für dein nächstes Buch auch wieder so lang brauchst, erleb ich das wahrscheinlich gar nicht mehr.

J: Geh bitte, du lebst noch lang! Unkraut vergeht ja ned. Außerdem ist der zweite Roman seit April fertig. ;-)

V: Das glaub ich erst, wenn ich das Buch in der Hand halte! Ich habe gehört, du bist jetzt ein Star. Mit deiner Kolumne *Lies und Plausch mit Jenny* in der Online-Woman. Hast da Wahnsinnsleute interviewt, wie Sebastian Fitzek, Claudia Rossbacher, Veit Etzold oder Andreas Gruber.

J: Nur Wahnsinnsleute waren das auch wieder nicht. Du warst ja auch dabei.
V: Eben – drum läuft das ja super! 1000 Klicks pro Woche. Daneben schreibst du, liest wahnsinnig viel und hast einen Mann und zwei kleine Töchter. Wie bringst du das eigentlich alles unter einen Hut?
J: Ach, das ist ganz einfach. Der Tag hat 24 Stunden und wenn das nicht reicht, nehm ich einfach die Nacht dazu.
V: Soso. In Mathe bist durchg'falln bei der Matura, oder? Sag, ich hab da was gehört, sie wollten dich im Herbst als Kulturbeauftragte in der Regierung?
J: Ist nix draus geworden.
V: Hab ich gemerkt. Und warum?
J: Seit wann nehmen die jemanden, der von seinem Fach was versteht?
V: Auch wieder wahr. Da fällt mir ein, neulich war ich mal im Parlament.
J: Was hast denn dort gemacht?
V: Ich wollt mir den Zirkus einmal live geben.
J: Und, was war?
V: Na ja, das war ein bisserl peinlich. Grad als ich mitten in einer hitzigen Diskussion zwischen den Blauen, Schwarzen und Roten meinen Kommentar dazu abgeben hab, war's plötzlich totenstill. Und dann haben mich zwei Herren in Uniform aus dem Parlament begleitet.
J: Um Himmels willen, was hast denn gesagt?
V: Ich hab zu meinem Begleiter gesagt: Ich glaub, meine Augen haben Tinnitus. Ich seh lauter Pfeifen.
J: Lustig. Du, Ich hab wirklich Tinnitus.
V: Und was hast du gemacht?
J: Na ja, als es angefangen hat, war Sonntag, Da hab ich gleich bei der Tinnitus-Hotline angerufen.
V: Und was haben die dort gesagt?

J: Derzeit sind alle Leitungen besetzt. Hinterlassen Sie Ihre Nachricht nach dem Pfeifton.
V: Originell. Apropos Politik. Was hältst du vom Text der neuen Bundeshymne?
J: Gar nichts, wie der Gabalier! Auch wenn ich nicht immer seiner Meinung bin.
V: Wie bitte? Der Komiker, der denkt, er ist benachteiligt, weil er ein Manderl und kein Weiberl ist?
J: Vielleicht wollt er auf den neuen Ampeln sein: »I blink rot für di, i glaub i steh auf di«. Aber ein bisserl recht hat er schon, oder? Der ganze Genderwahnsinn und all die Wörter, die man nimmer sagen darf. Sogar die Pippi Langstrumpf wollens umschreiben.
V: Warum denn das?
J: Weil ihr Vater ein ›Negerkönig‹ war.
V: Die Leute haben Sorgen! Aber ich persönlich finde die Umeinandeierei wegen der Gendergeschichten viel schlimmer. Überall muss ›Innen‹ hintendran stehen: die LeserInnen, die WählerInnen, die MörderInnen. So ein BlödsInnen … äh – Blödsinn!
J: Seit Neustem darf man ja nicht einmal mehr Frauen sagen.
V: Wie denn sonst? Männer ohne? FrauInnen?
J: Menschen mit Menstruationshintergrund.
V: Na geht's noch? Und der Altweibersommer heißt dann vielleicht »Femininer Naturzustand, spät im Jahr, ohne Menstruationshintergrund«?
J: Den Blödsinn hab ich noch nicht gehört. Aber da wird schon noch wer draufkommen.
V: Ja, ich.
J: Jetzt will ich das mit dem Bauernhof in Wien wissen. Wo war der schnell?
V: Im elften Bezirk.

J: Das gibt's nicht! Ein Bauernhof in Simmering?
V: In der Nachkriegszeit gab's dort eine Dorfgasse. Nichts wie Wiesen und Felder rundherum. Heute steht dort ein Hochhaus neben dem anderen.
J: Witzig, du, wir haben auch so eine Art Bauernhof gehabt, als ich klein war. Mehr so eine Art Kleintierzoo.
V: Goldhamster, Meerschweinderln, Hasen?
J: Na – Silberfischerln, Kellerasseln, Bettwanzen, Läuse.
V: Bäh, hör auf. Da juckt's mich gleich überall. Wo war denn das?
J: In Wien Favoriten.
V: Ich hab geglaubt, du bist in Murau geboren?
J: Ja schon, aber meine Mama wollt was erleben, also ist sie nach Wien gezogen. Na, da haben wir dann was erlebt!
V: Wieso, erlebt man in Murau nix?
J: Nö. Außer Bier und Bäume gibt es da nix, deshalb hat die Region Murau vermutlich die höchste Selbstmordrate Österreichs.
V: Na dann ists ja besser, dass du weggezogen bist, sonst hätte ich das Buch allein schreiben müssen.
J: Du, das war damals nicht so mit der Hygiene. Das Klo am Gang, duschen einmal die Wochen im Tröpferlbad. Wenn'st keine Läuse gehabt hast und nicht ein bisserl gemüffelt hast, warst in Favoriten ein Außenseiter.
V: Immer noch besser, als des Plumpsklo neben dem Misthaufen, auf dem die Ratten Kirtag gehabt haben. Na ja, Deutsch hast du trotzdem gelernt.
J: Bei dir dürfte es ja auch irgendwie geklappt haben. Aber Favoriten ist super. Viele große Künstler haben dort gewohnt. Zum Beispiel Peter Alexander, Alfred Böhm, die Resetarits Brüder, der Düringer, der Vitasek, der Sobotka …
V: Hör mir auf mit dem Vitasek. Der hat mir meine Buchpräsentation von *Sautanz* in Wiener Neustadt total versaut.
J: Wieso? War er auch dort?

V: Ja. Daneben im Theater. Und ganz Wiener Neustadt war bei ihm.
J: Komisch (kichert). Wer war denn dann bei dir?
V: Na ja, die Leute von der Buchhandlung, mein Mann, und ein paar, die keine Karten mehr bekommen haben. Aber fällt dir auf: Alle aus dem zehnten Hieb sind Komödianten. Ohne Humor überlebst in Favoriten scheinbar nicht.
J: Das kann schon sein, drum war vielleicht auch die Löwinger-Bühne dort angesiedelt.
V: Darauf muss man nicht unbedingt stolz sein.
J: Jetzt sei nicht so. Warum bist du aus Wien weg?
V: Weil's mir zu laut, zu voll und zu unpersönlich geworden ist.
J: Ich vermisse vor allem das kulturelle Angebot.
V: (grinsend) Die Löwinger-Bühne?
J: Die vielen kleinen Beiseln …
V: Ha, da schlägt dein Bierbezug wieder durch. Du bist ja sozusagen mit Murauer Bier gestillt worden.
J: Besser als mit Mohnlutscher aufgezogen. Vermisst du Wien gar nicht?
V: Nein. Ich finde, Wien ist am schönsten, wenn es im Rückspiegel verschwindet.
J: Wenn wir in Wien lesen, sagst das aber nicht, oder?
V: Ich bin doch nicht blöd!
J: Na, eh nicht, da sagen wir dann, St. Pölten ist am schönsten, wenn es im Rückspiegel verschwindet.
V: St. Pölten kommt doch gar nicht im Buch vor. Vielleicht im nächsten Teil.
J: Sag, wie kommt man auf einen Buchtitel wie Schlossteichscheiß, ähm … Schlossteichscheich, Schoßteichkeuch, … geh bitte.
V: Schloss-teich-leich! Ja, der Titel ist der beste Alkotest. Die Polizei hat schon angefragt, ob sie ihn verwenden darf.
J: Willst du damit sagen, ich bin betrunken?

V: Wundern tät's mich nicht. Aber jetzt ernsthaft. Du warst Stewardess bei der Lauda Air. Warum hast du eigentlich mit der Fliegerei aufgehört?
J: Aus gesundheitlichen Gründen. Die 100 Kilogramm schweren Essens-Trolleys haben mein Kreuz ruiniert. Und dann erst der Jetlag. Ich bin überhaupt nicht mehr aus dem Bett gekommen.
V: Jaja, der Jetlag … Nennt man in Fachkreisen die feschen Flugkapitäne so?
J: Geh bitte! Jetzt geht deine schmutzige Fantasie mit dir durch.
V: Ist eh egal. Jetzt bist du mit einem seriösen Polizisten verheiratet.
J: Ich hab mich aber nur mit ihm eingelassen, weil ich gedacht hab, der Kerl in der Stripperuniform könnt Spaß machen.
V: Ein Krimineser zum Mann ist natürlich ein ziemlicher Vorteil, wenn man Krimis schreibt.
J: Allerdings, es garantiert größtmöglichen Realismus in den Geschichten! Es hat natürlich auch Nachteile.
V: Wieso? Musst du täglich zum Lügendetektortest?
J: Nein, aber regelmäßig ins Röhrl blasen.
V: Wie bitte? Nein, sag's nicht! Womit wir zu den Kindern kommen. Ihr habt zwei.
J: Zwei wilde Töchter, deswegen wohnen wir jetzt in Niederösterreich, weil die mehr Auslauf als eure Hunde brauchen.
V: Apropos Kinder! Sag, sind deine auch so närrisch auf Handys und Chatten?
J: Na und wie. Neulich hab ich zu ihnen gesagt: Legt jetzt sofort das Handy weg, sonst kommt ihr ins SMS Kinderdorf.
V: Und, was war?
J: Die Große hat das gleich gegoogelt und dann gesagt: »Mama, das gibt's ja gar nicht.«
V: Schlaues Kind. Das hat sie sicher vom Vater.

J: Wie meinst du das?
V: Äh, Themenwechsel. Du hast in deiner ersten veröffentlichten Geschichte gleich in deinem ehemaligen beruflichen Umfeld gemeuchelt?
J: Na ja, es heißt ja immer, man sollte – besonders am Anfang – von etwas schreiben, das man kennt. Und so entstand die erste Story über eine ermordete Flugbegleiterin.
V: 2011 erschienen von dir Ratekrimis in der *Presse am Sonntag*.
J: Ja, da gab es auch Anfangsschwierigkeiten, den ersten Ratekrimi wollten sie nicht drucken.
V: Warum denn nicht?
J: Weil in der Geschichte der Chefredakteur der Presse mit seiner Geliebten ermordet im Swingerklub aufgefunden worden ist.
V: Da wolltens die Lösung vom Ratekrimi sicher auch nicht mehr wissen. Aber bei dir gibt's irgendwie immer Bröseln. Was war denn mit deinem ersten Buch los?
J: Wie das Leben so spielt, gab es zuerst nur das E-Book.
V: Was ist passiert?
J: Das wollte kein Verlag drucken, das war ihnen zu heiß und zu nah an der Realität, und mich hat keiner gekannt, und dann komm ich außerdem noch aus einem Kuhdorf und nicht aus einer Metropole wie Berlin. Dann war das E-Book aber fast so erfolgreich wie *Shades of Grey*, seitdem rennen mir die Verlage die Tür ein.
V: So erfolgreich wie *Shades of Grey*! Ich lach mich scheckig. Dein Kirchen- und Klosterdings gegen Sado Maso-G'schichtln. Aber eins ist schon komisch. Alle Firmen, bei denen du je gearbeitet hast, gehen in Insolvenz. Eine Bäckerei, der Konsum, die Lauda Air … Eigentlich solltest du ein Schild tragen: *Noli me tangere*.
J: Was heißt denn der Quatsch?

V: Das ist Latein und heißt wörtlich übersetzt, dass keiner an dich anstreifen sollt.
J: Und du willst meine Freundin sein?
V: Schatzi, wir haben eine Zweckgemeinschaft. Und pass bitte auf, dass du nicht noch ein paar Firmen zugrunde richtest. Eigentlich sollte man dich ja exportieren nach China. Die nehmen uns die ganzen Arbeitsplätze weg. Wenn da ein paar von den Billigsdorfer-Firmen eingehen täten …
J: Aber in Griechenland war ich wirklich nicht! Ich schwör's!
V: Wer weiß!
J: Du, sag mal, so ganz unter uns: Mit wem würdest du lieber ins Bett gehen: A) mit deinem Mann oder B) …
V: B!
J: Ich sag's ihm nicht weiter!
V: Der weiß das eh schon. Denn den Gag hat uns jemand geklaut und auf YouTube gestellt.
J: Frechheit! Und wie geht dein Mann sonst so mit deiner mörderischen Ader um?
V: Frag nicht. Der hat sich schon gefürchtet, als ich meinen ersten Roman geschrieben habe.
J: War der so grauslich?
V. Geh! Das war ein Liebesroman. Und dein Mann?
J: Na ja, der kocht jetzt selber.
V: Hat er Angst, dass du ihn vergiftest? Immerhin bin ich diejenige mit einer einschlägige Vergangenheit. Ich war fünf Jahre in einem Chemielabor mit einem sehr delikat bestückten Giftschrank. Damit hätte ich halb Österreich ausrotten können.
J: Hast was mitgehen lassen?
V: Das werd ich ausgerechnet dir erzählen, wo du mit einem Kieberer verheiratet bist.
J: Ich würd nicht petzen.
V: Eh klar. Aber mich vielleicht erpressen, damit ich dir was abgeb?

J: Na, so ein Botoxspritzerl wär doch fein, oder? Aber was anderes. Was ich dich schon immer fragen wollt. Du könntest in der Pension jedes Jahr sechs Monate auf Teneriffa sitzen. Und was machst du? Du fängst an zu schreiben. Hast du auch mit Kurzgeschichten angefangen?
V: Nein, mit zwei Romanen im Eigenverlag.
J: Wollt die kein richtiger Verlag?
V: Doch, ein Zuschussverlag. Da hätt ich eh nur 15.000 Euro zahlen müssen, damit sie die Bücher überhaupt drucken.
J: Dann hast Glück g'habt, denn die Kurzgeschichtensammlung *Tote nur nach Voranmeldung* ist dann schon im Kral-Verlag erschienen. Und seither hast ja jedes Jahr eine Veröffentlichung bei einem richtigen Verlag geschafft. Mir persönlich hat ja des Team von *Nanobots* besonders gut gefallen. Wird's da jemals eine Fortsetzung geben?
V: Wenn sich dafür ein Verlag findet, sicher. Aber es darf halt nicht wieder ein internationaler Wissenschaftsthriller sein. So etwas von einer Österreicherin – das interessiert keinen.
J: Neulich hab ich einen Traummann kennengelernt. Vom TV.
V: Geh, was willst denn mit dem? Das Einzige, das noch authentischer für eine Krimischriftstellerin ist als ein Kieberer, ist ein Krimineller. Such dir lieber einen aus dem Häfen. Du sitzt ja eh sozusagen an der Quelle. Die Strafanstalt Hirtenberg ist gleich ums Eck von dir.
J: Kommt nicht infrage. Ich hab zwei kleine Kinder. Musst halt du dir einen Häfenbruder anlachen.
V: Ich bin auch verheiratet, falls das deiner Aufmerksamkeit entgangen sein sollte!
J: Na und? Du hast doch vorhin »B« gesagt!
V: Was hat denn das damit zu tun? Ich bin aus dem Alter schon heraus, wo man alles seiner Karriere opfert. Sag, wenn das mit dem TV-Menschen nix wird, bleibst du dann bei deinem Kripomann?

J: Wahrscheinlich. Aber deine Idee mit dem Knastbruder hat schon auch was Verlockendes. So ein immens reicher, echt fieser Mafiapate …
V: Bleib am Teppich. Heute High Life und morgen Betonpatscherln, wenn er genug von dir hat.
J: Hm. Irgendwie hast du ein Talent, einem alles mies zu machen.
V: Ich bin nur realistisch.
J: Und wo bleibt da die Romantik? Die Abenteuerlust? Die Leidenschaft?
V: Pfeif drauf! Mit 68 bist im siebten Himmel, wenn du in der Früh aufstehst und es tut dir nix weh.
J: Na ja, manche erreichen des Stadium schon mit 40.
V: Ach, ein kleiner Anflug von Realismus! Apropos Realismus: Dein Beitrag zur ersten Camping-Anthologie war ja ein bisserl härterer Tobak. Dabei fangt er so idyllisch an: Garten, Teich, Vogerln, …
J: Das nennt man Spannungsaufbau. Schon mal was davon gehört?
V: Da will ich einmal nett zu dir sein! Und das ist der Dank. Jetzt gibt's ja schon eine zweite Camping-Anthologie, und du hast wieder eine Geschichte dafür geschrieben. Gehst du so gerne campen?
J: Nein, im Gegenteil! Als Kind hatten wir einen Wohnwagen am Stubenbergsee, deshalb waren wir ständig campen: Geburtstag, Wochenende, Ferien, Weihnachten, Muttertag, da hab ich mir geschworen, nie wieder in einem Bus zu schlafen.
V: Und – eingehalten?
J: Ich hab den Wunsch so gut visualisiert, dass ich überhaupt nirgends mehr schlafen kann außer in einem Bett. Allein!
V: Wie seid ihr dann eigentlich zu euren beiden Kindern gekommen? Durch Fernbefruchtung?

J: Na ja, lass mich nachdenken. Die erste ist passiert auf Mauritius, unter Palmen am Strand, bei Mondlicht, das Meer hat gerauscht. Super Atmosphäre. Verheiratet waren wir auch noch nicht.
V: Sehr romantisch. Und die zweite?
J: Tja, nach drei Jahren Ehe hat das ein bisserl anders ausgeschaut. Da hab ich mich während einem Fußballmatch in der Halbzeit kurz auf ihn draufgesetzt. Da hat er nicht einmal aus dem Fernsehsessel aufstehn müssen.
V: Sehr sportlich! Ich hoff, du hast ihm hinterher ein Bier gebracht.
J: Geh, das hat er eh schon in der Hand g'habt.
V: Wie der Mundl!
J: Dabei ist er aus Kärnten.
V: Hört man gar nicht.
J: Jetzt muss ich euch noch was erzählen über meine Kollegin.
V: Lieber nicht.
J: Nein, ist eh nix Unanständiges. Also bei unserer Lesungsplanung sind wir schon im Herbst 2018. Ich hab die Vero angerufen und gesagt: Komm, notier im Kalender, am 25. Oktober 2018 lesen wir im Schloss XY. Darauf hat sie gemeint: »2018? Bist gescheit? Wer weiß, ob ich dann noch leb.«
V: Und wissen Sie, was die gefühlskalte Person drauf gesagt hat?
J: Sorgen mach ich mir erst ab 2020!
V: Kein Respekt vor einer alten Dame.
J: Seit wann bist du eine Dame?
V: (verlegen) Na ja, eh nicht. Aber ›altes Weib‹ klingt halt auch nicht so prickelnd.
J: Du musst durchhalten. Unsere Schreibpläne gehen ja schon mindestens bis 2022.
V: Weil du so ein Streber bist. Erst hast mich zu dem kriminellen Reiseführer überredet …

J: Das ist ein Freizeitführer und heißt *Wer mordet schon in Niederösterreich* mit elf Krimis und 125 Freizeittipps.
V: Meinetwegen. Da morden wir uns dann durch halb Niederösterreich, nämlich durch das Industrieviertel.
J: (grinst) Ja, auch durch das Triestingtal.
V: Das haben die Leut doch eh schon gesehen!!
J: Na, manche fangen ja von hinten zum Lesen an.
V: Apropos Freizeitführer. In der Steiermark hast du ja auch schon gemeuchelt?
J: Genau. Die Claudia Rossbacher hat mich dazu gedrängt, einen Mörder in der Region Murau umgehen zu lassen.
V: Das ist echt hart. Wo es doch dort eh schon so viele Selbstmörder gibt! Die Geschichte ist ganz hinten im Buch. Ist die so schlecht?
J: Nein, das geht nach Alphabet.
V: Aha, wie heißt denn die Story?
J: *Herz aus Eis.*
V: Na aber ›H‹ kommt doch eher vorn dran.
J: Nicht nach Alphabet der Geschichten, sondern der Autoren. Mei!
V: Bin ich Hellseher?
J: Nein, nervig!
V: Du, wenn unser Freizeitplaner so erfolgreich wie *Feuchtgebiete* wird, dann wird nicht nur unser Bürgermeister schlecht auf mich zu sprechen sein, sondern des halbe Bundesland.
J: Aber geh. Hernstein hat dich eh schon auf der schwarzen Liste, weil du ihnen eine Leich in den Teich gelegt hast.
V: Nicht nur. In *Saupech* hab ich gleich zwei Morde bei der Pecherkapelle passieren lassen. In diesem Buch gibt's dort schon wieder einen Toten. Und das im heiligen Land Niederösterreich.
J: Na, dann kommt's auf ein paar Böse mehr auch nicht an. Außerdem passieren in ›Als Gott schlief‹ auch böse Sachen

in Niederösterreich. Deshalb hab ich zur Sicherheit ein fiktives Dorf genommen.

V: Glaubst du vielleicht ›Buchau‹ gibt's wirklich?

J: Nicht? Aber die Dorli schon, oder?

V: (winkt ab) Ich hab übrigens gesehen, dass du in einer der Geschichten hier im Buch Schleichwerbung für deinen Thriller machst.

J: Naja, heutzutage muss man klotzen.

V: Jaja, Bescheidenheit war noch nie dein Ding.

J: Damit kommt man heute auch nicht weit.

V: Und dann hast du die Idee gehabt mit einer Serie über echte Mordfälle …

J: Die Idee ist vom Gmeiner-Verlag. Hättest ja Nein sagen können.

V: Schwer. Die sind nämlich recht interessant. Gehst dann recherchieren in die Strafanstalt ums Eck?

J: Na sicher nicht. Es ist eh besser, wenn wir tote Mörder nehmen. Sonst verklagt uns noch einer wegen übler Nachrede.

V: Weißt du, was mir echt leidtut?

J: Na was?

V: Jetzt, wo du ein gedrucktes Buch hast, kann ich dich nicht mehr fragen, wie du jetzt ein E-Book signierst.

J: Du bist so was von ekelhaft.

V: Ja eh. Sonst tät ich Liebesschmonzetten schreiben und keine Krimis.

J: In meinem nächsten Thriller hast du eine Hauptrolle.

V: (erfreut) Echt? Als fiese Mörderin?

J: Als Opfer. Und du stirbst in Kapitel 1!

V: Erscheint der dann in zehn Jahren im Gmeiner-Verlag?

J: Woher soll ich das heute schon wissen? Und was heißt da in zehn Jahren? Wie du weißt, habe ich eine Agentin, die meine Sachen verkauft. Ich schreib nur. Schau, die Leser schlafen schon ein!

V: Aber nicht alle! Wenn Sie jetzt immer noch nicht genug von uns haben und mehr über uns erfahren wollen, dann besuchen Sie eine unserer kabarettistischen Lesungen. Details auf unseren Homepages:
www.grager.at
www.jennifer-b-wind.com
https://www.facebook.com/TriestingtalerMordsfrauen
J: Und falls Sie zu den Lesern gehören, die die Danksagung zuerst lesen, wünschen wir Ihnen jetzt viel Vergnügen bei der kriminell-literarischen Reise durch das Industrieviertel.
V: Falls Sie von vorne begonnen haben, lesen Sie gleich weiter. Sie finden unsere Bücher beim Buchhändler Ihres Vertrauens.
J: Und wenn Sie ein signiertes Buch haben wollen, schreiben Sie eine E-Mail. Männer mit dunklen Locken und tätowiertem Bizeps erhalten generell schneller eine Antwort von mir.
V: Geh, du bist schon wieder so fixiert! Ich signier alles und beantworte jede E-Mail, auch die von Ihrem Hund.
J: Wenn es Ihnen nicht gefallen hat, fluten Sie bitte nicht unsere Mailbox. Die ist ohnehin auf automatisches Löschen für Männer ohne Tattoos und Piercing eingestellt. Schenken Sie in diesem Fall das Buch einfach ihrem Erzfeind. *g*
V: Falls Sie begeistert sind, schicken Sie uns bitte keine Schokolade. Unsere Feinkostgewölbe sind ohnehin schon recht ausgeprägt.
J: Kleiden Sie Ihre Begeisterung in Worte (Rezension!), umarmen Sie uns persönlich bei der nächsten Lesung und empfehlen Sie uns weiter.
V: Vielen Dank, dass Sie unser Buch gekauft haben!
J: Und falls Sie es illegal runtergeladen haben, wollen wir das gar nicht wissen.
V: So, jetzt ist das doch noch so eine Art Danksagung geworden.

J: Haben wir dann nicht jemanden vergessen?
V: Wen denn? Du meinst jetzt aber ned unsere Ehemänner.
J: Geh bitte. Was haben denn die mit dem Buch zu tun? Am wichtigsten, dass es überhaupt erscheint, war doch die Claudia.
V: Was hat die Rossbacher damit zu tun?
J: Heute bist du wieder schwer von Begriff. Das Buch tät es ohne die liebe Claudia Senghaas gar nicht geben.
V: Da hast recht. Diesmal hat sie wirklich Schwerstarbeit geleistet.
J: Besonders bei der letzten Geschichte.
V: Und durch diesen Conference-Quargel hat sie sich auch durchquälen müssen.
J: So schlimm ist das aber nicht, es lachen doch immer massenhaft Leute bei unseren Lesungen drüber.
V: Geh, die Leute kommen doch immer nur wegen dem Gratis-Buffet.
J: Wurscht. Jetzt hab ich Hunger bekommen.
V: Buch zu. Eiskasten auf.
J: Besser könnt ich es auch nicht sagen.
V: Wow, dass du mir mal ein Kompliment machst – dass ich das noch erleben darf!
J: Tja, wenn du viel Wurst isst, wirst kein zweites mehr erleben.
V: Mahlzeit!

AUTORINNENVITEN FÜR PRAGMATIKER / INNEN

Veronika Anna Grager

Geboren 1948 in Wien und dort auf einem Bauernhof aufgewachsen. Mit dem Schreiben begonnen hat sie mit 13 Jahren. Allerdings kam sie nie auf die Idee, dass sie ihre Storys veröffentlichen könnte.

Volksschule Sacre Coeur, danach Realgymnasium Neulandschule, abgeschlossen mit Matura. Kurzzeitstudium der Chemie, nach eineinhalb Semestern abgebrochen.

Berufliche Laufbahn: chemische Analytikerin, EDV, langjährige Assistentin der Geschäftsleitung in einem Unternehmen der Elektroindustrie, Betriebsratsvorsitzende. Zuletzt sieben Jahre im Aufsichtsrat der österreichischen Tochter eines amerikanischen Konzerns. In ihren vielfältigen Jobs erhielt sie Einblick in recht unterschiedliche Lebenswelten.

Sie verließ Wien schon in jungen Jahren und lebt seit mehr als 30 Jahren in Niederösterreich. Aktuell mit ihrem Mann nahe Hernstein, mitten im Grünen, umgeben von Wald, Wiesen und Feldern. Auf den langen Spaziergängen mit ihren beiden Hunden entwickelt sie die Plots für ihre mörderischen Krimis.

Seit 2006 widmet sie sich ganz dem Schreiben, bevorzugt von Krimis und Thrillern, Kurzgeschichten und kabarettistischen Texten.

Von Jänner 2012 bis Februar 2014 gemeinsam mit Clementine Skorpil: Leitung der Plattform der Österreichischen Krimiautoren www.krimiautoren.at.

2012 war sie für den Liese-Prokop-Frauenpreis in der Sparte Literatur nominiert.

Sie ist Mitglied bei den Österreichischen KrimiautorInnen, bei den Mörderischen Schwestern und im Syndikat.

Bücher:

Tote nur nach Voranmeldung, Kral Verlag, 2010
Nanobots, Wissenschaftsthriller, p.machinery, 2011
Gnadenlos, Thriller, Resistenz Verlag, 2012
Saupech, Krimi, Emons Verlag, 2013
Sautanz, Krimi, Emons Verlag, 2014
Schlossteichleich, Krimi, Emons Verlag, 2015

*

Jennifer B. Wind

Geboren 1973 in Leoben; aufgewachsen in der Steiermark, später wohnhaft in Wien, verheiratet, zwei Töchter; wohnt im Bezirk Baden bei Wien. Die ehemalige Flugbegleiterin mit Klavier-, Gesangs- und Schauspielausbildung schreibt Romane für Jugendliche und Erwachsene, Drehbücher, Theaterstücke, Rezensionen und Kurztexte; zahlreiche Veröffentlichungen in Literaturzeitschriften, Zeitungen, Anthologien und Magazinen; 2011 erschienen mehrere Ratekrimis in der *Presse am Sonntag*. Sie schreibt auf Deutsch und auf Englisch. Seit November 2013 führt sie die Bücherkolumne im Blog-Stil auf dem mywoman on-line Portal der Frauenzeitschrift WOMAN. Sie ist Jurymitglied beim Zeilen.lauf Literaturpreis im Rahmen des Art.experience Festivals in Baden bei Wien. Ihr Debütroman *Als Gott schlief* stand vier Monate lang in der Top 10 Krimi/Thriller-Bestsellerliste bei Thalia in Österreich, Deutschland und der Schweiz, auf Platz 1 bei Amazon und Weltbild, und wurde für den Wiener Kriminachwuchspreis nominiert. Die erste Auflage war binnen weniger Wochen vergriffen. Sie ist Mitglied im Syndikat, den Österreichischen

KrimiautorInnen, dem Kulturnetzwerk Niederösterreich und bei den Mörderischen Schwestern, deren Website sie betreut.

Online: www.jennifer-b-wind.com

Auszeichnungen:

* 1. Platz beim Totenschmaus Kurz-Krimipreis 2013
* 1. Platz beim Zeilen.lauf Literaturwettbewerb 2011, im Rahmen des art.experience Kulturfestivals in Baden
* 2. Platz beim Broilerbar Kurzkrimiwettbewerb 2010
* Nominiert für den Wiener Krimipreis 2010 in der Sparte Nachwuchs
* Nominiert für den Liese-Prokop-Preis 2012

Bücher:

Als Gott schlief, Thriller, Gmeiner Verlag 2014
(auch als E-Book bei dotbooks und Hörbuch bei audible)
Last Christmas – Weihnachtskrimi, Gmeiner Verlag, 2016
Blutige Orchideen –Bloody Orchids, das bilinguale Serial
Teil 1 dendrobium – Verlag 110th Avenue, 2014
Außerdem im Gmeiner Verlag erschienen:
Herz aus Eis – Kurzkrimi in »Wer mordet schon in der Steiermark«, 2015

UND JETZT?

LICHT AUS!

☺

Das Neueste aus der Gmeiner-Bibliothek

Unser Lesermagazin

Bestellen Sie das kostenlose Krimi-Journal in Ihrer Buchhandlung oder unter www.gmeiner-verlag.de

Informieren Sie sich …

www … auf unserer Homepage: www.gmeiner-verlag.de

@ … über unseren Newsletter: Melden Sie sich für unseren Newsletter an unter www.gmeiner-verlag.de/newsletter

f … werden Sie Fan auf Facebook: www.facebook.com/gmeiner.verlag

Mitmachen und gewinnen!

Schicken Sie uns Ihre Meinung zu unseren Büchern per Mail an gewinnspiel@gmeiner-verlag.de und nehmen Sie automatisch an unserem Jahresgewinnspiel mit »mörderisch guten« Preisen teil!